짱워 중국사천성관광명소

이수헌 편저

中友

머리말

중국의 사천성이란 지명은 우리에게 그리 낯설지만은 않다. 중국 전통요리의 한 갈래로 회자되는 사천요리가 있어서 귀에 익고, 지리를 공부할 때 들어봤음직한 사천분지가 있기에 귀에 설지 않다. 하지만, 그곳이 어디쯤일지는 쉽게 짚어지지 않는다.

중국이라는 이름으로 떠올려지는 여러 가지 상징적 존재 중에 양자강(扬子江)이라고도 불리는 장강(长江)이 있고, 티베트로 불리는 청장고원(青藏高原)이 있으며, 서남부지역을 받치고 있는 운귀고원(云贵高原)이 있다. 그리고 조금은 생소하지만, 거대한 중국을 남북으로 가르는 지표로서의 진령(秦岭)산맥이 서쪽의 청장고원과 동쪽의 중원(中原: 화북평원)을 잇듯 가로놓여 있다. 중국 국토의 이러한 지표들이 사천성의 동서남북을 에워싸고 있어 중국지도를 들여다보면 쉽사리 그 위치를 가늠해 볼 수 있다.

사천성은 해발고도가 낮은 분지평야로부터 고도가 높은 티베트고원에 이르기까지에 그 지역이 걸쳐있어 곳곳에서 보여 지는 자연경관이 다양하고 아름답다. 또한 챵쟝(长江)유역의 사천성 지역에는 신석기시대 때부터 사람이 살면서 청동기문화(青铜器文化)와 수리문화(水利文化)를 꽃피웠으며, 3국시대(三国时代, AD220~280) 때는 유비(刘备)와 제갈량(诸葛亮)의 촉(蜀)나라가 있었기에 그 곳의 인문경관에서는 역사가 느껴진다.

사천성은 그 지리적 여건으로 말미암아 발달된 교통수단이 강구되기 전까지만 하더라도 외부로부터의 접근이 쉽지 않은 지역이었다. 때문에 청(清, 1616~1911)나라 후기부터 몰아닥친 내우외란으로부터 이 지역의 자연경관과 인문경관이 비교적 온전하게 보전될 수 있었으며, 오늘날에는 그것들이 관광자원으로서 빛을 발하고 있는 것이다.

사천성의 그러한 면모들을 접해보고자 자료들을 모아가지고 여행길에 나섰었다. 다방면으로 한계와 더불어 아쉬움을 느끼는 결과이지만, 그것을 책으로 묶어 내면서 사천성에 관한 우리의 시야를 넓히는데 다소나마 기여하기를 기원해본다.

2011. 11.
저자 씀

Contents

1부 여행지식

1. 사천성의 위치와 접근 8
2. 쓰촨성의 행정구획 8
3. 역사와 문화 10
4. 자연과 지리 12
5. 교통 15
6. 관광동선 25

2부 권역별 관광

제1장 청두시(成都市) 28
제2장 메이샨시(眉山市) 58
제3장 러샨시(樂山市) 62
제4장 야안시(雅安市) 88
제5장 이빈시(宜賓市) 94
제6장 루쪼우시(瀘州市) 115
제7장 쯔공시(自貢市) 122
제8장 네이쟝시(內江市) 131
제9장 쯔양시(資陽市) 135
제10장 쑤이닝시(遂寧市) 143
제11장 더양시(德陽市) 150

제12장 미앤양시(綿陽市) ······ 161	
제13장 광위엔시(廣元市) ······ 168	
제14장 난총시(南充市) ······ 188	
제15장 광안시(廣安市) ······ 200	
제16장 다쬬우시(達州市) ······ 203	
제17장 바쭁시(巴中市) ······ 212	
제18장 아빠짱족챵족자치주 ······ 217 　　　　(阿坝藏族羌族自治州)	
제19장 간즈짱족자치주 ······ 239 　　　　(甘孜藏族自治州)	
제20장 량산이족자치주 ······ 263 　　　　(凉山彛族族自治州)	
제21장 판쯔화시(攀枝花市) ······ 267	

3부 부록

1. 청두(成都) 티앤푸광장(天府廣場) ······ 274
　 문화등주(文化燈柱) 내용
2. 주요 볼거리 목록 ······ 288
3. 중국고유명사의 한국어 표기규준 ······ 291

1부 여행지식

1. 사천성의 위치와 접근
2. 쓰촨성의 행정구획
3. 역사와 문화
4. 자연과 지리
5. 교통
6. 관광동선

1 사천성의 위치와 접근

사천성(四川省, 쓰촨성)은 중국 전체로 볼 때, 동서 간으로는 중간쯤에서 약간 서쪽으로 있고, 남북 간으로는 남부에 속한다. 한마디로 중국의 서남지구에 위치한다.

우리나라에서 쓰촨성으로 가는 데는 여러 방안이 있을 수 있다. 비행기 편만으로 가는 경우에는 쓰촨성의 성회(省会, 수도)인 청두(成都)까지 직접 들어가기도 하고, 중국 국내의 다른 국제공항으로 일단 입국한 다음 국내항공·철도·육로 등을 통해 쓰촨성으로 들어가기도 한다.

청두(成都)를 종착역으로 하는 철도편의 시발역으로는 베이징(北京)·샹하이(上海)·난징(南京, 江苏省)·난닝(南宁, 广西壮族自治州)·쿤밍(昆明, 云南省)·광쪼우(广州, 广东省) 등이 있다.

2 쓰촨성의 행정구획

쓰촨성(四川省)은 중국의 서남지구, 챵쟝(长江) 상류에 위치한다. 성(省)의 정부(政府)는 청두(成都)에 있고, 간칭(简称)은 "촨(川, chuan, 천)" 또는 "슈(蜀, shu, 촉)"이다. 쓰촨의 전체 면적은 48만5,000㎢(남한의 5배)이며, 그 중 35%인 17만 ㎢가 분지(盆地)이다.

쓰촨성(四川省)은 18개 지급시(地级

쓰촨성 위치도

市)와 3개 자치주(自治州)로 구획되어 있으며, 모두 8,357만 명의 인구가 거주하고 있다.

성 전체의 평균인구밀도는 ㎢당 175인이다.

시주별(市州別) 현황은 다음 표와 같다.

쓰촨성 행정구획

(표) 쓰촨성 시주별 현황

시주별	면적 (㎢)	인구 (만명)	인구밀도 (인/㎢)	정부소재지
청두시(成都市)	12,132	1,060	874	칭양(青羊)
쯔공시(自贡市)	4,373	315	720	쯔리유징(自流井)
판쯔화시(攀枝花市)	7,440	107	143	동취(东区)
루쪼우시(泸州市)	12,247	474	387	쟝양(江阳)
더양시(德阳市)	5,818	381	655	징양(旌阳)
미앤양시(绵阳市)	20,281	529	261	푸청(涪城)
광위옌시(广元市)	16,314	305	187	쉬쭁취(市中区)
쑤이닝시(遂宁市)	5,326	377	708	촨샨(船山)
네이쟝시(内江市)	5,386	420	780	쉬쭁취(市中区)
러샨시(乐山市)	12,826	348	271	쉬쭁취(市中区)
난총시(南充市)	12,479	725	581	쉰칭(顺庆)
메이샨시(眉山市)	7,186	340	473	동푸오(东坡)
이빈시(宜宾市)	13,283	518	390	추이빙(翠屏)
광안시(广安市)	6,344	453	714	쉬쭁취(市中区)
다쪼우시(达州市)	16,591	637	384	통촨(通川)
야안시(雅安市)	15,398	154	100	위청(雨城)
바쫑시(巴中市)	12,301	360	293	바쪼우(巴州)
쯔양시(资阳市)	7.962	487	612	앤쟝(雁江)
아빠주(阿坝州)*¹	84,242	85	1	마얼캉(马尔康)
간즈주(甘孜州)*²	152,629	92	(0.6)	캉딩(康定)
량샨주(凉山州)*³	60423	426	71	시챵(西昌)

*1 : 아빠짱족창족자치주(阿坝藏族羌族自治州), *2 : 간즈짱족자치주(甘孜藏族自治州),
*3 : 량샨이족자치주(凉山彝族自治州)

3 역사와 문화

가. 역사

고고학에서의 연구결과에 의하면, 지금으로부터 200여만 년 전부터 이 지역에 인류가 활동했으며, 2만5,000년 전부터는 고촉문명(古蜀文明)이 싹트기 시작한다. 7~8천 년 전부터는 신석기시대로 접어들고, 그 당시의 유적지 2,000여 곳이 발견되는데, 그 대표적인 것이 광한(广汉, 미앤양시)의 싼씽뚜이(三星堆), 광위옌(广元)의 잉판량뚜이(營盘梁堆), 시챵(西昌)의 리쪼우뚜이(礼州堆) 등 유적지이다.

4,000~5,000년 전쯤 중원(中原)에서 하(夏)·상(商)·주(周)의 역사가 진행되는 동안, 이곳 쓰촨에서는 전설로 전해오는 바, 대우(大宇)가 강을 뚫어 홍수를 다스렸으며, 시대적으로는 노예사회인 촉국(蜀国)이 존재하고 있었다.

BC4세기경, 진(秦)나라가 촉국(蜀国)을 멸한 후, 이곳에 촉(蜀)과 한중(汉中)의 두 개 군(郡)을 설치하고, 진(秦)나라의 제도를 적용하면서 이제까지의 노예사회는 봉건사회로 전환된다. BC3세기 경, 촉군(蜀郡)태수 리빙(李氷)이 두장옌(渡江堰)을 비롯한 홍수방지·농업용수확보 목적의 토목사업을 대대적으로 일으켜 물산을 풍부하게 함으로써 진시황의 중국통일에 소요되는 물자의 공급지로 역할 한다.

서한(西汉, BC206~AD8)이후 이곳의 경제·사회·문화가 빠르게 발전하면서 관중지구(关中地区, 씨안을 중심으로 하는 샤안시 지역)를 앞서가기 시작하며, 토지가 비옥하고 천연자원이 풍부한 지역이라는 의미의 "천부지국(天府之国)"으로 불리기 시작한다. 또한 촉군(蜀郡) 태수 원웡(文翁)이 관영학교(官營学校) 턱인 원웡석실(文翁石室)을 세우니 학문이 크게 발전한다. 서한(西汉) 말에는 공손술(孔孙述)이 이 지역을 점령, 국호를 "청쟈(成家)"라 하고 청두(成都)를 도읍으로 삼는다.

AD221년부터 40여 년간은 유비(刘备)가 청두(成都)에서 나라를 일으켜 "촉한(蜀汉)"이라 했으며, 그 강토가 지금의 총칭(重庆)·쓰촨(四川)·꾸이쪼우(贵州)의 전부, 윈난(云南)의 대부분, 샤안시(陕西)·깐수(甘肃)의 일부에 걸쳤다. 당시 촉한(蜀汉)의 승상(丞相)이었던 쮸거량(诸葛亮, 제갈량)이 촉한의 발전에 크게 기여하였다.

이 촉한(蜀汉)이 조조(曹操)의 위(魏)나라, 손권(孙权)의 오(吴)나라와 더불어 중국 역사상의 3국을 이뤘던 것이다. 촉한은 위(魏)에 망하고, 16국(十六

国, 304~439)시대에 "성한(成汉)"이 되며, 수(随, 581~618)나라 이후 중국 중앙정부의 지방조직에 편제된다.

북송(北宋, 960~1127)의 3대 임금 진종(真宗, 997~1022)은 쓰촨성의 동부와 샤안시(陕西)의 한중(汉中)지구를 한데 묶어 4루(四路)로 편성한다. 이쪼우루(益州路, 쓰촨중부)·즈쪼우루(梓州路, 쓰촨동부)·리쪼우루(利州路, 쓰촨동북부)·쿠이쪼우루(夔州路, 쓰촨남부)가 그것인데, 이를 일컬어 촨샤쓰루(川峡四路, 천협4로)라 하고, 그냥 편하게 "쓰촨루(四川路)"라고 불렀다.

여기서 "루(路)"는 "길"을 일컬음이 아니고, 행정구역의 단위이다. 그 후 원(元, 1206~1386)나라가 개국되면서 이곳에 "쓰촨행성(四川行省)"을 설치하는데, 이로써 "쓰촨(四川)"이란 지명이 탄생되는 것이다.

나. 문화

쓰촨성(四川省)의 문화는 그 역사적 기반에 따라 파문화구(巴文化区), 촉문화구(蜀文化区), 반서문화구(攀西文化区), 천서고원구(川西高原区)의 4개 유형으로 나뉜다.

① **파문화구(巴文化区)**

지역상으로는 광위엔(广元)·바쫑(巴中)·난총(南充)·다쪼우(达州)·광안(广安) 그리고 총칭직할시(重庆直辖市)전역과 후베이성(湖北省)의 은쉬(恩市)지역을 포괄한다. 이곳은 춘추시대(春秋时代, BC770~476) 파국(巴国)의 영토였다.

② **촉문화구(蜀文化区)**

지역상으로는 청두(成都)·미앤양(绵阳)·더양(德阳)·쑤이닝(遂宁)·야안(雅安)·메이샨(眉山)·쯔양(孜阳)·러샨(乐山)·이빈(宜宾)·쯔공(自贡)·루쪼우(泸州)·네이쟝(内江) 등 12개시에 걸친다. 이곳은 춘추시대 촉국(蜀国)의 영토였다. 파국(巴国)과 촉국(蜀国)은 고대 중국 서남부에 있던 문명국가였으며, 쟈링쟝(嘉陵江)을 사이에 두고 마주하고 있었다.

쓰촨성의 문화구

③ 판시문화구(攀西文化区)

량샨이족자치주(涼山彝族自治州)와 판쯔화시(攀枝花市) 지역이 이에 해당된다.

④ 천서고원구(川西高原区)

아빠짱족챵족자치주(阿坝藏族羌族自治州)와 간즈짱족자치주(甘孜藏族自治州)가 포괄되며, 짱족문화(藏族文化)와 더불어 챵족문화(羌族文化)가 존재한다.

4 자연과 지리

가. 기후

쓰촨의 기후는 지역에 따라 현저하게 차이가 난다. 동부는 겨울에 따뜻하고, 봄에 건조하며, 여름에 덥고, 겨울에 비가 많이 온다. 전반적으로 구름이 많이 끼고, 일조량이 많지 않다. 서부는 겨울이 길고, 기본적으로 여름이 없다. 건기와 습기가 명확할 정도로 비가 우기에 집중되고, 일조량은 충분한 편이다. 쓰촨의 기후는 해발고도에 따라서도 차이가 난다.

쓰촨은 대체로 세 가지 유형의 기후구에 속한다. 쓰촨분지의 중아열대습윤기후구(中亚热带湿润气候区), 쓰촨 서남부 산지의 아열대반습윤기후구(亚热带半湿润气候区), 그리고 쓰촨북부 고산고원의 고한기후구(高寒气候区)가 그것이다.

중아열대습윤기후구는 쓰촨분지와 그 주변의 낮은 산지에 해당된다. 1년 내내 따뜻하고, 습도가 높다. 연평균기온은 16~18℃이며, 기온이 10℃이상인 날이 240~280일에 이른다. 기온의 일교차보다 연교차가 크다. 겨울은 따뜻하며, 여름은 덥다. 구름 낀 날이 많아 일조시간이 1,000~1,400시간에 불과한데, 이는 챵쟝하류 유역에 비해 600~800시간이 적은 수준이다. 연간 강우량은 1,000~1,200㎜수준이다.

아열대반습윤기후구는 쓰촨 서부와 남부의 산악지대에 해당된다. 연평균기온은 12~20℃이며, 기온의 연교차보다 일교차가 더 커서 아침에는 춥고, 한낮에는 따뜻하다. 연간 강수량은 900~1,200㎜이며, 그 90%가 5~10월에 내린다. 맑은 날이 많아 연간 일조시수(日照时数)가 2,000~2,600시간에 이른다.

고한기후구는 쓰촨의 서북부 산악지대에 해당된다. 해발고도차가 커 아열대(亚热带)·난온대(暖温带)·한온대(寒温带)·아한대(亚寒带)·한대(寒带)·빙동대(氷冻带) 등의 기후가 나타나고 있다. 총체적으로는 한온대기후로 대표되며, 하곡(河谷)은 건조하고 따뜻한 반면, 산지는 춥고 습하다. 연평균온도는 4~12℃, 연간 강수량은 500~900㎜, 연간 일조시수는 1,600~2,600시간이다.

나. 지형과 산하(山河)

쓰촨성은 그 전반적인 지세가 서북쪽으로 높고, 동남쪽으로는 낮다. 서쪽은 칭짱고원(青藏高原)과 맞붙어 있고, 북쪽으로는 친링(秦岭)과 다빠샨(大巴山)이 병풍처럼 둘러서있으며, 동쪽으로는 우샨(巫山)과 우링샨(武陵山, 무릉산)이 막아서고 있다. 그리고 남쪽으로는 윈꾸이고원(云贵高原)이 호위하듯 감싼다.

한편, 쓰촨성의 내부에는 서쪽으로부터 샤루리샨(沙鲁里山)·따쉐샨(大雪山)·총라이샨(邛崃山)·민샨(岷山)이 남북방향으로 나란히 놓여있고, 그 사이로 야롱쟝(雅砻江)·다두허(大渡河)·민쟝(岷江)이 흐르며, 분지 안에서는 투워쟝(沱江)과 쟈링쟝(嘉陵江)이 역시 북에서 남쪽으로 흘러 챵쟝(长江)과 합류한다.

또한 시짱(西藏)의 탕구라샨(唐古拉山)에서 발원하여 흘러내리는 진샤쟝(金沙江)은 쓰촨성의 서부와 동남부 경계를 돌아 총칭(重庆)에 이르는데, 그 도중의 판쯔화(攀枝花)에서는 야롱쟝이 합류되고, 이빈(宜宾)에서는 다두허(大渡河)와 민쟝(岷江)의 물이 합류된다. "쓰촨(四川)"이라는 지명이 이들 "네 하천(四川)"을 일컬음이라는 설도 있다.

다. 쓰촨분지의 내력

쓰촨분지는 지질학적으로 양즈육대(扬子陆台)에 속한다. "양즈육대"는 양즈강(扬子江, 챵쟝)이 자리 잡고 있는 땅덩어리를 의미한다. 쓰촨분지를 별도로 떼어 쓰촨육대(四川陆台)라고도 한다. 쓰촨육대는 역사적으로 여러 차례의 지각변동과 바닷물침수를 겪으면서 오늘날의 형태를 이룬 것이다.

지금으로부터 5억~2억5,000만 년 전의 고생대(古生代)에 두 차례의 커다란 지각변동이 있었다. 첫 번째 지각변동 때 이곳의 지반이 원통형으로 꺼져 내려갔고, 그리로 바닷물이 흘러들어 바닷물분지가 되었다. 두 번째 지각변동 때는 바닷물분지의 주변이 솟아올라 산이 되면서 분지바닥도 따라 올라왔다. 이로써 바닷물분지는 호수분지가 되고, 이 호수를 일러 "바슈호(巴蜀湖

쓰촨성의 산하

파촉호)"라고 했다. 당시 바닷물이 지층에 갇혀 바위로 변하기도 했는데, 이렇게 생긴 것이 즈공(自贡) 일대의 징옌(井盐, 우물소금)이다.

고생대에서 중생대로 넘어오면서 1억 년이 흐르는 동안 호수분지의 온난·습윤한 기후로 말미암아 키큰고사리류·소철류·피자식물류 등 장대한 식물들이 무성했고, 공룡들을 비롯한 각종 동물들이 무리지어 서식하였다. 이후 7천만 년 전의 백악기(白垩纪) 말에 강렬한 연산운동(燕山运动)이 일어나면서 주위의 산들이 융기하고, 지층이 단절되는데, 이때 쓰촨분지 서부의 룽먼산대단층(龙门山大断层)과 화잉산대단층(华蓥山大断层)이 생기고, 지상의 생물들이 매몰된다.

200여만 년 전의 히말라야조산운동 때는 쓰촨분지의 동쪽을 막아서고 있던 우샨(巫山, 무산)이 두 동강이가 나면서 그곳을 통해 바슈호의 물이 분지 밖으로 흘러나가기 시작한다. 이로써 그때까지의 내류분지(内流盆地)가 외류분지(外流盆地)로 바뀌면서 분지의 환경기조는 이제까지의 퇴적작용에서 침식작용으로 전환되고, 호수분지는 육지분지로 변해왔다.

지질의 제4기는 빙천(氷川)이 광범위하게 펴져있던 시기이다. 특히 분지의 서북산지에 빙천이 발달해 있었는데, 이 빙천이 녹아내리면서 대량의 침전물이 민쟝(岷江)과 투워쟝(沱江)을 통해 슈호(蜀湖)로 들어왔고, 이것이 쌓여서 청두평원(成都平原)을 형성하였다.

쓰촨분지는 평원(平原) 7%, 구릉(丘陵) 52%, 저산(低山) 41%이다.

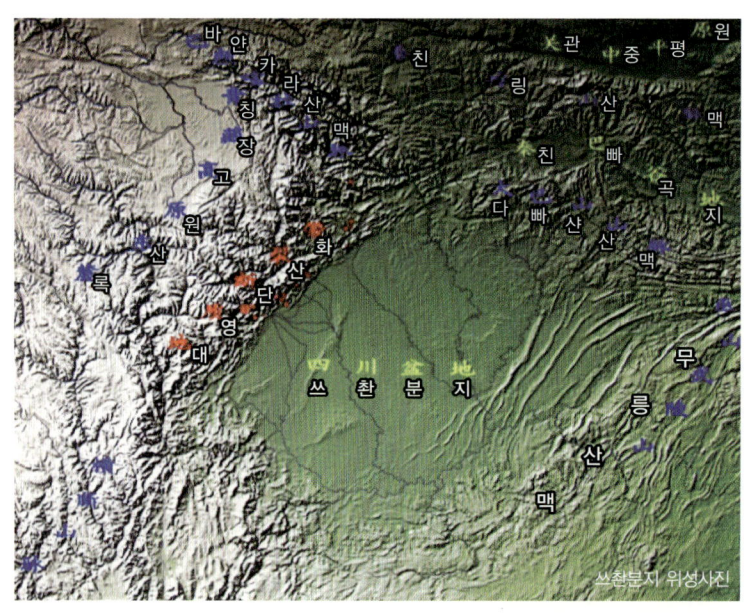

쓰촨분지 위성사진

5. 교통

쓰촨성의 교통은 성회(省会)인 청두(成都)를 중심으로 하여 철로(铁路)·육로(陆路)·공로(空路)·수로(水路)가 입체화되어 있다.

가. 철로(铁路)

철로는 쓰촨성 교통의 대동맥 역할을 하고 있다.

쓰촨분지의 서쪽으로는 전국단위 간선인 보성선(宝成线)과 성곤선(成昆线) 철도가 남-북 방향으로 지나고, 쓰촨분지의 동쪽으로도 상유선(襄渝线)과 천검선(川黔县)철도가 역시 남북방향으로 달리고 있다.

쓰촨성의 동부와 서부에서 남북방향으로 달리는 이들 두 철도노선을 횡으로 연결시켜주는 성유선철로(成渝线铁路)와 달성선철로(达成线铁路)가 있고, 성유선(成渝线)의 네이쟝(内江)과 룽창(隆昌)의 두 역에서는 남쪽으로의 창쟝(长江)에 인접한 이빈(宜宾)과 루쪼우(泸州)행 철로가 가지를 친다.

주요 노선을 이정(里程)과 더불어 개관하면 다음과 같다.

쓰촨성철도망도

① 보성선철로(宝成线铁路)

보성선철로는 샤안시성(陕西省)의 빠오지(宝鸡, 보계)와 청두(成都, 성도)를 잇는 철도노선으로 669km의 거리이다.

빠오지시(宝鸡市)는 중국 서쪽 끝단의 우루무치(乌鲁木齐)와 동쪽 끝단의 리앤윈강(连云港)을 연결하는 용해선철도(龙海线铁道)의 요충지이며, 보성선철로는 이를 통해 전국 각지로 연결된다.

다음 표는 보성선철로의 주요 경유지와 이정(里程)을 정리한 것이다.

이들 역 중, 광위엔에서는 러빠(乐坝)로 가는 노선이 갈리고, 더양(德阳)에서는 한왕(汉旺)으로 가는 노선이 벗어나며, 광한(广汉)에서는 위예쟈샨(岳家山)행 열차가 뜬다.

또한 칭빠이쟝(青白江)에서는 두쟝옌(渡江堰)으로 가는 열차로 환승할 수가 있다.

(표) 보성선 주요 경유 역

주 요 역	거리(km)	관할행정구역	
청두(成都)	0	쓰촨성	청두시
광한(广汉)	38	〃	더양시
더양(德阳)	61	〃	〃
미앤양(绵阳)	115	〃	미앤양시
쟝요우(江由)	157	〃	〃
마쟈오빠(马角坝)	214	〃	〃
쨔오화(昭化)	298	〃	광위엔시
광위엔(广元)	319	〃	〃
양핑관(阳平关)	398	샤안시성	한쫑시
뤠양(略阳)	454	〃	〃
펑쪼우(凤州)	578	〃	빠오지시
친링(秦岭)	624	〃	〃
빠오지(宝鸡)	669	〃	〃

② 성곤선철로(成昆线铁路)

성곤선철로는 청두(成都)와 윈난성(云南省)의 성회(省会)인 쿤밍(昆明)을 잇는 철도노선으로 1,054km의 거리이다.

이 노선 중에 쓰촨성 관내의 철도 길이는 800여km이다.

주요 경유 역을 보면 다음 표와 같다.

(표) 성곤선 주요 경유 역

주 요 역	거리(km)	관할행정구역	
청두(成都)	0	쓰촨성	청두시
펑샨(彭山)	77	〃	〃
메이샨(眉山)	92	〃	러샨시
러샨(樂山)	137	〃	〃
어메이(峨眉)	156	〃	〃
옌강(燕崗)	160	〃	〃
샤완(沙灣)	179	〃	〃
어비앤(峨邊)	232	〃	〃
진코우허(金口河)	299	〃	〃
한위옌(漢源)	325	〃	〃
간루워(甘洛)	365	〃	량샨주
위예시(越西)	412	〃	〃
푸숑(普雄)	441	〃	〃
시더(喜德)	528	〃	〃
미앤닝(冕寧)	563	〃	〃
만슈이완(漫水灣)	573	〃	〃
시창(西昌)	611	〃	〃
시창난(西昌南)	616	〃	〃
더창(德昌)	669	〃	〃
용랑(永郎)	708	〃	〃
미이(米易)	745	〃	판쯔화시
통쯔린(桐子林)	781	〃	〃
판쯔화(攀枝花)	803	〃	〃
위옌모우(元謀)	905	윈난성	츄송주
광통(廣通)	1,001	〃	〃
쿤밍(昆明)	1,054	〃	쿤밍시

③**상유선철로(襄渝线铁路)**

상유철로는 후베이성(湖北省)의 쌍판(襄攀, 상반)과 총칭(重庆, 중경)을 잇는 철도노선으로 899km의 거리이다. 이 노선 중에 북쪽 샤안시성(陝西省)과의 경계인 완위옌(万源)으로부터 남쪽 총칭직할시와의 경계인 화잉(华蓥)에 이르기까지가 쓰촨성 관내 노선이다. 거리로는 270km가량 된다. 다쪼우(达州)에서 챵쟝3협(长江三峡)으로 가는 완쪼우(万州)행 열차로 환승할 수 있으며, 싼후이쩐(三汇镇)에서는 청두행 열차로 갈아탈 수 있다. 다음 표는 쓰촨성을 지나가는 상유선철로(襄渝线铁路)의 주요 역을 정리한 것이다.

(표) 상유선 주요 경유 역

주 요 역	거리(km)	관할행정구역
썅판(襄攀)	0	후베이성 썅판시
구청(谷城)	74	〃　〃
쉬옌(十堰)	166	〃　쉬옌시
안캉(安康)	368	샤안시성 안캉시
완위옌(万源)	519	쓰촨성 다쪼우시
쎈한(宣汉)	596	〃　〃
다쪼우(达州)	644	〃　〃
싼후이쩐(三汇镇)	684	"　〃
취씨앤(渠县)	717	〃　〃
광안(广安)	755	〃　광안시
화잉(华蓥)	774	〃　〃
칭화(庆华)	795	총칭시 허촨구
뻬이뻬이(北碚)	848	〃　뻬이뻬이구
샤핑빠(沙坪坝)	890	〃　샤핑빠구
총칭(重庆)	899	〃　위쯍구

④ **천검선철로(川黔线铁路)**

천검선철로는 총칭시(重庆市)와 꾸이쪼우성(贵州省)의 성회인 꾸이양(贵阳)을 잇는 노선으로 463km의 거리이다. 그 중 간슈이(趕水)까지의 152km가 총칭직할시 관내이고, 통즈(桐梓)부터가 꾸이쪼우성 소관이다. 다음 표는 천검선 철로의 주요 경유 역을 정리한 것이다.

(표) 천검선 주요 경유 역

주 요 역	거리(km)	관할행정구역
썅판(襄攀)	0	후베이성 썅판시
총칭(重慶)	0	총칭시 위쯍구
샤핑빠(沙坪坝)	9	〃　샤핑빠구
치쟝(綦江)	96	〃　치쟝현
싼쟝(三江)	113	〃　〃
간슈이(趕水)	152	〃　〃
통즈(桐梓)	247	꾸이쪼우성 쭌이시
쭌이(遵義)	308	〃　〃
씨펑(息烽)	390	〃　꾸이양시
꾸이양(貴陽)	463	〃　〃

⑤ 달성선철로(达成线铁路)

달성선철로는 성회인 청두(成都)와 쓰촨 동북부의 다쪼우시(达州市)를 잇는 노선으로 397km의 거리이다. 이 노선은 다쪼우에서 다시 동쪽으로 157km가 이어지면서 총칭시의 완쪼우(万州)에 이르는데, 이 구간을 달만선(达万线)이라고 한다. 다음 표는 달성선(达成线)과 달마선(达万线)의 주요 경유 역을 정리한 것이다.

(표) 달성선 주요 경유 역

주요 역	거리(km)	관할행정구역	
청두(成都)	0	쓰촨성	청두시
탕(金堂)	42	〃	더양시
화이코우(淮口)	66	〃	〃
롱셩(隆盛)	79	〃	〃
지진(积金)	97	〃	〃
즈통(梓潼)	105	〃	〃
창샨쩐(仓山镇)	119	〃	〃
다잉(大英)	140	〃	쑤이닝시
쑤이닝(遂宁)	171	〃	〃
펑씨(蓬溪)	194	〃	〃
다통(大通)	207	〃	난총시
난총(南充)	238	〃	〃
펑안(蓬安)	279	〃	〃
잉샨(营山)	296	〃	〃
샤오챠오(小桥)	311	〃	〃
빠먀오(八庙)	328	〃	〃
투씨(土溪)	347	〃	〃
싼후이쩐(三汇镇)	357	〃	〃
다쪼우(达州)	397	〃	〃
마리유쩐(麻柳镇)	439	〃	〃
캬이쟝(开江)	455	총칭시	
량핑(梁平)	528	〃	
슈이스(分水寺)	486	〃	
완쪼우(万州)	523	〃	

⑥ 성유선철로(成渝线铁路)

성유선철로는 성회인 청두(成都)와 총칭시를 잇는 노선으로 504km의 거리이다.

성유선의 주요 경유 역을 보면 다음 표와 같다.

(표) 성유선 주요 경유 역

주 요 역	거리(km)	관할행정구역	
청두(成都)	0	쓰촨성	청두시
지앤양(简阳)	83	〃	쯔양시
쯔양(资阳)	122	〃	〃
쯔쫑(资中)	189	〃	네이쟝시
네이쟝(內江)	219	〃	〃
롱챵(隆昌)	257	〃	〃
롱챵(荣昌)	291	〃	롱챵현
다쭈(大足)	311	〃	다쭈현
용촨(永川)	339	〃	용촨시
쮸양씨(朱杨溪)	380	〃	〃
빠이샤(白沙)	402	〃	〃
쟝진(江津)	439	〃	쟝진시
통관이(铜罐驿)	460	〃	〃
샤핑빠(沙坪坝)	496	총칭시	샤핑빠구
총칭난(重庆南)	497	〃	위쭁구
총칭(重庆)	504	〃	〃

나. 도로(道路)

쓰촨성에는 8개 노선의 국도(国道)가 지나간다. 108번·210번·211번·212번·213번·317번·318번·321번의 국도가 그것이다. 중국은 국토가 넓기 때문에 지역의 위치를 가늠할 때 번호가 붙어있는 도로를 인용하기도 한다.

여기서 잠깐 | 중국의 도로

중국의 도로에는 국도(国道), 성도(省道), 향도(乡道)의 세 급(级)이 있다.

1. 국도(国道)

중국의 국도는 ①수도 베이징에서 각 성(省)·직할시(直辖市)·자치구(自治区)의 수도와 인구 30만 이상의 도시로 통하는 간선도로, ②주요항구·주요철도역·주요산업단지·주요관광도시 등으로 통하는 간선도로, ③출입국관리가 이루어지는 국경도시로의 간선도로, ④국방도로 등을 그 내역으로 한다.

이들 도로에는 세 자리 수자로 된 번호가 부여되는데, 도로가 향하는 방향에 따라 머리 수자가 "1", "2", "3"으로 달리진다. 1은 수도

베이징에서 방사선으로 뻗어나가는 도로이고, 2는 남북방향의 도로이며, 3은 동서방향의 도로이다. 중국 국도의 머리 수자별 도로노선 수와 총연장 거리는 다음과 같다.

(표) 중국국도 개황

머리 수자별	100단위	200단위	300단위	계
노 선 수	12	28	30	70
총연장(km)	22,787	37,604	48,226	108,617

2. 성도(省道)

성(省)·직할시(直辖市)·자치구(自治区)의 수도에서 지급(地级)의 시(市)·현(县)·자치주(自治州)·자치구(自治区)로 통하는 도로로서 국도(国道)와 같은 요령으로 번호를 부여한다. 다만, 국도와 구별할 수 있도록 도로 번호 앞에 영문자 "S"를 붙인다. S는 "sheng(省, 성)"의 머리글자이다.

3. 향도(乡道)

향촌(乡村) 내부 또는 향촌 간을 연결하는 도로이다.

주요국도 노선을 이정(里程)과 더불어 개관하면 다음과 같다.

① 108번국도

108번 국도는 총연장 3,331km로 베이징(北京)에서 서남방향으로 출발, 허베이(河北)·샨시(山西)·샨시(陕西)의 세 성(省)을 경유한 후 쓰촨성 관내로 들어온다. 쓰촨성을 동북쪽에서 서남쪽으로 종단한 후에는 윈난성으로 넘어가 종점인 쿤밍(昆明)에 이른다.

쓰촨성 지역에서는 청두(成都)를 경유하는데, 청두를 기점으로 108번 국도의 쓰촨성 관내 주요 경유지 및 이정(里程)을 보면 다음과 같다.

쓰촨성 도로망도

(표) 108번국도의 쓰촨성 관내 주요 경유지 및 이정

청두기준 북행(청두 → 광위엔)		청두기준 남행(청두 → 판쯔화)	
경유지	이정(km)	경유지	이정(km)
청두(成都)	0	청두(成都)	0
신두(新都)	19	솽리유(双流)	14
광한(广汉)	41	신진(新津)	36
더양(德阳)	60	총라이(邛崃)	73
루워쟝(罗江)	87	밍샨(名山)	128
미앤양(绵阳)	124	야안(雅安)	148
쟝요우(江由)	167	씽징(荥经)	193
지앤거(剑阁)	332	한위엔(汉源)	307
광위엔(广元)	390	쉬미엔(石棉)	359
-	-	미앤닝(冕宁)	467
-	-	시챵(西昌)	548
-	-	후이리(会理)	733
-	-	판쯔화(攀枝花)	870

② 210번국도

210번 국도는 총연장 2,967km로 네이멍구(內蒙古)의 바오토우(包头)에서 남쪽방향으로 출발, 샤안시성(陕西省)을 경유하여 쓰촨성으로 들어온다. 210번국도가 통과하는 쓰촨성(四川省)·총칭직할시(重庆直辖市) 관내의 주요도시와 이정은 다음과 같다.

(표) 210번국도의 쓰촨 총칭 관내 주요 경유지 및 이정

경유지	완위엔(万源)	다쪼우(达州)	다쭈(大竹)	린슈이(邻水)	위뻬이(渝北)	총칭(重慶)	빠난(巴南)	치쟝(綦江)
이정(km)	0	151	226	291	384	410	441	501

③ 212번국도

212번 국도는 총연장 1,302km로 깐수성(甘肃省)의 성회(省会)인 란쪼우(兰州)에서 남쪽방향으로 출발, 쓰촨성으로 들어온다.

깐수와 쓰촨의 두 성(省)은 서로 인접해 있으며, 쓰촨성을 지나가는 212번 국도는 총칭에서 끝이 난다.

(표) 212번국도의 쓰촨 총칭 관내 주요 경유지 및 이정

경유지	광유엔(广元)	위엔빠(元坝)	창씨(苍溪)	랑쯍(阆中)	난부(南部)	시총(西充)	난총(南充)	광안(广安)	허촨(合川)	베이뻬이(北碚)	샤핑빠(沙坪坝)	총칭(重庆)
이정(km)	0	24	128	154	189	253	291	367	406	445	481	493

④ 213번국도

213번 국도는 총연장 2,827km로 깐수성의 란쪼우에서 남쪽방향으로 출발, 쓰촨성으로 들어온다. 쓰촨성을 북에서 남으로 관통하는 213번 국도는 역시 윈난성을 북에서 남으로 관통, 라오스와의 국경지역인 무오한(磨憨)에서 끝이 난다.

213번국도의 쓰촨 관내 주요 경유지와 이정은 다음 표와 같다.

(표) 213번국도의 쓰촨 관내 주요 경유지 및 이정

청두기준 북행(청두 → 러얼가이)		청두기준 남행(청두 → 무촨)	
경유지	이정(km)	경유지	이정(km)
청두(成都)	0	청두(成都)	0
피씨앤(郫县)	20	런쇼우(仁寿)	97
두장옌(都江堰)	54	징옌(井研)	142
원촨(汶川)	110	우통챠오(五通桥)	175
마오씨앤(茂县)	154	치앤웨이(键为)	209
송판(松潘)	296	무촨(沐川)	253
러얼가이(若尔盖)	461	-	-

⑤ 317번국도

317번 국도는 총연장 2,043km로 쓰촨성의 청두(成都)에서 서쪽방향으로 출발, 인접한 시짱(西藏)으로 들어가며, 나취(那曲)가 종점이다. 317번 국도의 쓰촨 관내 주요 경유지와 이정은 다음 표와 같다.

(표) 317번국도의 쓰촨 관내 주요 경유지 및 이정

경유지	청두(成都)	피씨앤(郫县)	두장옌(都江堰)	원촨(汶川)	리씨앤(里县)	마얼캉(马尔康)	루훠(炉霍)	간즈(甘孜)	더거(德格)
이정(km)	0	20	54	149	206	394	661	756	960

⑥ 318번국도

318번 국도는 총연장 5,476km로 샹하이(上海)에서 서쪽으로 출발, 쩌쟝(浙江)·안후이(安徽)·후베이(湖北)의 세 성(省)과 총칭직할시(重庆直辖市)를 경유한 후 쓰촨성(四川省)으로 들어온다.

쓰촨성을 동에서 서쪽으로 횡단한 318번 국도는 시짱(西藏)으로 넘어가 네팔과의 접경인 니에라무(聂拉木)의 요우이챠오(友谊桥)에서 끝이 난다.

청두를 기점으로 하여 동서 양 방향의 경유지와 이정을 보면 다음과 같다.

(표) 318번국도의 총칭 쓰촨 관내 주요 경유지 및 이정

청두기준 동행(청두 → 완쪼우)		청두기준 서행(청두 → 빠탕)	
경유지	이정(km)	경유지	이정(km)
청두(成都)	0	청두(成都)	0
지앤양(简阳)	73	원장(温江)	14
러찌(乐至)	124	따이(大邑)	36
쑤이닝(遂宁)	213	총라이(邛崃)	73
펑씨(蓬溪)	275	밍산(名山)	128
난총(南充)	328	야안(雅安)	148
펑안(蓬安)	373	티앤취앤(天全)	185
취씨앤(渠县)	431	루딩(泸定)	311
다쮸(大竹)	475	캉딩(康定)	360
량핑(梁平)	573	야장(雅江)	511
완쪼우(万州)	655	리탕(理塘)	648
-		빠탕(巴塘)	819

⑦ 321번국도

321번 국도는 총연장 2,220km로 광뚱성(广东省)의 성회인 광쪼우(广州)에서 북쪽으로 출발, 광시(广西)와 꾸이쪼우(贵州)의 두 성(省)을 경유한 다음 쓰촨성으로 들어온다. 청두(成都)가 종점이다. 321번 국도의 쓰촨성 관내 주요 경유지와 이정을 보면 다음과 같다.

(표) 321번국도의 쓰촨 관내 주요 경유지 및 이정

경유지	청두(成都)	지앤양(简阳)	쯔양(资阳)	쯔쫑(资中)	네이장(内江)	롱창(隆昌)	루씨앤(泸县)	루쪼우(泸州)	나씨취(纳溪区)	쉬용(敍永)	구린(古蔺)
이정(km)	0	73	110	178	218	260	286	321	344	437	565

다. 공로(空路)

쓰촨성에는 청두시의 쐉리유(双流)국제공항을 비롯해서 모두 11개의 공항이 있다.

다음 표와 같다.

(표) 쓰촨성의 공항

소 재 지	공 항 명	비고
청두(成都)	쐉리유(双流, 쌍류)	국제공항
루쪼우(泸州)	란티앤(蓝田, 남전)	지방공항
지유짜이고우(九寨沟)	황롱(黄龙, 황룡)	〃
판쯔화(攀枝花)	바오안잉(保安营, 보안영)	〃

난총(南充)	까오핑(高坪, 고평)	지방공항
이빈(宜宾)	차이빠(菜坝, 채패)	〃
미앤양(绵阳)	난쟈오(南郊, 남교)	〃
시챵(西昌)	칭샨(青山, 청산)	〃
광위엔(广元)	판롱(盘龙, 반룡)	〃
다쪼우(达州)	허쉬(河市, 하시)	〃
광한(广汉)	광한(广汉, 광한)	〃

라. 수로(水路)

쓰촨성은 챵쟝(长江)이 남부지역을 동서방향으로 횡단하고, 민쟝(岷江)과 쟈링쟝(嘉陵江)이 남북방향으로 종단, 챵쟝과 합류함으로써 수운(水运)이 매우 발달해있다. 루쪼우(泸州)·이빈(宜宾)·러산(乐山)·난총(南充) 등의 지역에 항구가 형성돼있으며, 앞으로 쓰촨의 수운은 더욱 발달할 것으로 전망되고 있다.

⑥ 관광동선

쓰촨성은 지질학적으로 복잡한 과정을 거쳐 왔고, 역사 또한 길기 때문에 자연경관과 인문경관이 두루 빼어난 지역이다.

지역 또한 넓기 때문에 관광노선을 잘 잡아야 제한된 기간 내에 효율적으로 보아 넘길 수 있다.

흐름이 잡혀있는 관광동선을 정리해 보면 다음과 같다.

(표) 쓰촨성 주요 관광동선

노 선 별	경유지 및 소요일수	비 고
지유짜이고우(九寨沟)-황롱(黄龙)노선	청두(成都)-지유짜이고우(九寨沟)-황롱(黄龙)-송판(松潘)-청두(成都):4일정도	매우 이름난 관광지들임. 여행사의 관광 상품이 많음. 4일기준 1,000위안 정도 함.
청두(成都)주변노선	어메이샨(峨眉山): 당일 칭청샨(青城山): 당일 두쟝옌(都江堰): 당일 싼씽뚜이(三星堆): 당일	여행사들의 관광 상품이 많음. 개별 관광도 가능함. 어메이와 칭청샨은 500위안, 두쟝옌과 싼씽뚜이는 200위안정도 소요됨.
쓰꾸냥샨(四姑娘山)노선	청두(成都)-리롱(日隆)-쑹챠오고우(双桥沟)-챵핑고우(长坪沟)-리롱(日隆)-단빠(丹巴)-쟈쥐(甲居)-단빠(丹巴)-빠메이(八美)-타공(塔公)-신두챠오(新都桥)-캉딩(康定)-하이루어고우(海螺沟)-무워씨(磨西)-청두(成都): 7일정도	주마간산 격으로 휘둘러보는 관광노선임. 설산·짱족마을·전원·협곡 등 쓰촨의 서부지역 풍광을 감상함. 여행상품은 드물며, 개별여행시 3,000위안정도 소요됨.
다오청(稻城)노선	청두(成都)-캉딩(康定)-다오청(稻城)-야딩(亚丁)-다오청(稻城)-청두(成都) : 6일정도	개별여행도 가능하며, 여행사의 관광 상품도 있음. 2,000위안 정도임.

2부 권역별 관광

제1장　청두시(成都市)
제2장　메이샨시(眉山市)
제3장　러샨시(乐山市)
제4장　야안시(雅安市)
제5장　이빈시(宜宾市)
제6장　루쪼우시(泸州市)
제7장　쯔공시(自贡市)
제8장　네이쟝시(内江市)
제9장　쯔양시(资阳市)
제10장　쑤이닝시(遂宁市)

제11장　더양시(德阳市)
제12장　미앤양시(绵阳市)
제13장　광위옌시(广元市)
제14장　난총시(南充市)
제15장　광안시(广安市)
제16장　다쪼우시(达州市)
제17장　바쫑시(巴中市)
제18장　아빠짱족챵족자치주(阿坝藏族羌族自治州)
제19장　간즈짱족자치주(甘孜藏族自治州)
제20장　량산이족자치주(凉山彝族族自治州)
제21장　판쯔화시(攀枝花市)

권역별관광

청두시(成都市)

청두시의 위치

1. 전체모습

청두시(成都市)는 쓰촨성의 성회(省會, 수도)로서 쓰촨성의 중부, 청두평원(成都平原)의 중심에 있다. 청두시는 중국의 15개 부성급(副省級) 도시 중의 하나로 중국 서남지구의 중심도시이기도 하다. 동서길이 192km에 남북길이 166km의 12,390km²(제주도의 7배) 넓이이며, 2009년 현재로 1,348만 명의 인구가 살고 있다.

청두시는 9구(区)·4현급시(县级市)·6현(县)으로 나뉘어 있다. 9개 구(区)는 칭양(青羊)·진쟝(锦江)·진니유(金牛)·우호우(武侯)·청화(成化)·롱취앤이(龙泉驿)·칭빠이쟝(青白江)·신두(新都)·원쟝(温江) 등이고, 4개 현급시(县级市)는 두쟝옌(都江堰)·총쪼우(崇州)·총라이(邛崃)·펑쪼우(彭州) 등이며, 6개 현(县)은 솽리유(双流)·피(郫)·진탕(金堂)·다이(大邑)·푸쟝(蒲江)·신진(新津) 등이다. 이들의 대체적인 현황은 다음과 같다.

(표) 청두시의 행정구획

구시현별	면적 (km²)	인구 (만명)	인구밀도 (인/km²)	정부소재지
칭양(青羊)	66	48	727.3	-
진쟝(锦江)	61	39	639.3	-
진니유(金牛)	108	66	611.1	-
우호우(武侯)	77	65	844.2	-
청화(成化)	109	59	541.3	-
롱취앤이(龙泉驿)	558	53	95.0	-
칭빠이쟝(青白江)	392	40	102.0	-
신두(新都)	481	61	126.8	-
원쟝(温江)	277	32	115.5	-
두쟝옌(都江堰)	1,208	60	49.7	-
펑쪼우(彭州)	1,420	78	54.9	-
총라이(邛崃)	1,384	64	46.2	-
총쪼우(崇州)	1,090	65	59.6	-
진탕(金堂)	1,156	85	73.5	쨔오(赵)
솽리유(双流)	1,067	91	85.3	-
피(郫)	438	49	111.9	피통(郫筒)
다이(大邑)	1,387	50	37.7	위옌(晋原)
푸쟝(蒲江)	583	26	44.6	허산(鹤山)
신진(新津)	330	29	87.9	우진(五津)

2. 자연과 기후

청두시의 평균해발고도는 400m이고, 가장 높은 곳은 먀오지링(苗基岭)으로 해발고도 5,353m이다. 먀오지링은 청두시의 서남쪽, 야안시(雅安市)와의 경계에 있다.

청두는 아열대습윤계절풍기후구에

속하며, 따라서 기후는 온화하고 4계절이 분명하다. 다년간의 조사결과를 종합한 기온분포로는 연평균 16.2℃이며, 가장 덥다는 8월의 월평균기온은 16.2℃이고, 가장 춥다는 1월의 월평균기온은 5.6℃이다. 기록상으로 연중 가장 높았던 온도는 37.3℃이고, 가장 낮았던 기온은 -5.9℃였다. 강수량은 920㎜수준이며, 7~8월에 집중된다.

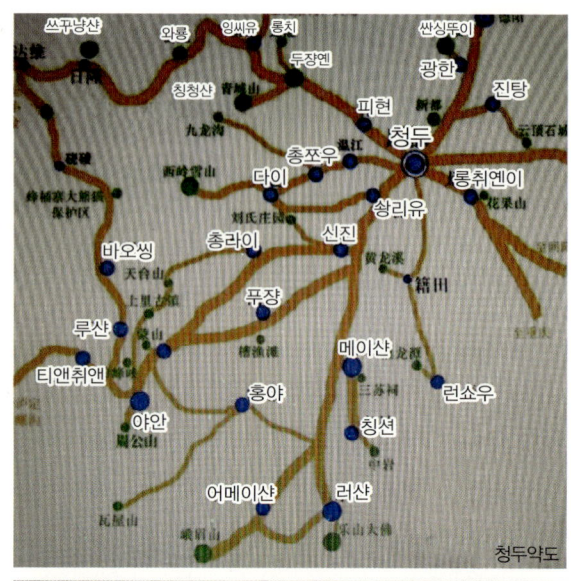

청두약도

3. 고장정서

청두에 대하여 "유구한 역사의 도시"·"고대문명의 도시"·"번화한 현대도시" 등으로 묘사하는데, 가장 적합한 표현은 "한가로운 도시"가 아닐까 한다.

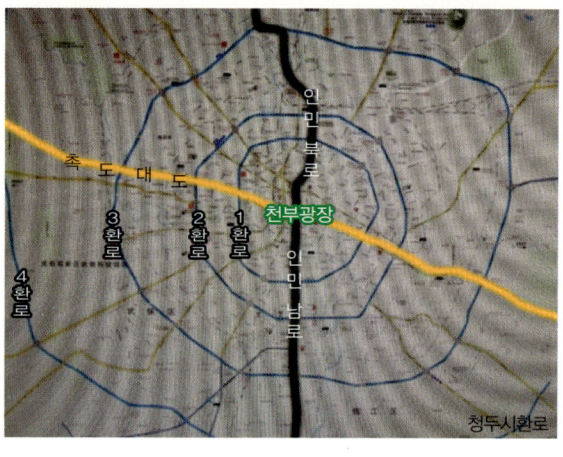

청두시환로

사람들은 강가에 나아가 햇볕을 쬐고, 차를 마시며, 한담을 즐긴다. 파리가 나는 음식점에 앉아 밥을 먹고, 술을 마시며, 거리구경을 한다. 이러한 한가로움은 청두평원의 비옥한 토양과 두장옌(都江堰)의 풍부한 물을 바탕으로 하여 문인묵객(文人墨客)의 시정(詩情)과 화의(畵意)가 마음껏 피어날 수 있었던데 기인하는 것으로 인문사회학자들은 분석하고 있다. 그러하기에 청두 사람들은 대체로 교만하지 않고, 진중하며, 솔직담백하고, 조그마한 부(富)에 만족한다.

그런가 하면, 청두는 중국에서 미녀가 많은 고장으로도 이름이 나 있다. 그러한 성가의 사실여부는 차치하고라도, 먹을거리가 풍족하고, 사람살기에 알맞은 기후환경으로 말미암았음인지 여인들의 피부는 곱고 희며, 아담한 체구는 균형이 잘 잡혀있다. 여인네들의 말투는 나긋나긋하고, 입고 있는 옷은 하늘하늘하여 여성미가 잘 들어난다.

청두는 또한 문화기반이 두터운 도시이다. 청두에는 규모가 큰 서점들도 많지만, 거리 곳곳에 소규모의 서점들이 진을 치고 있다. 그렇다고 청두가 마냥 정적(靜的)이기만 한 도시는 아니다. IT를 비롯한 현대산업이 빠르게 발전하고 있으며, 이를 통해 청두가 바깥세상에 널리 알려짐으로써 도시 발전의 동력을 끌어들이고 있다.

청두에 들어와서 또 하나 인상적인 것은 각양각색의 음식이 널려있다는 것이다. 있을 수 있는 음식은 모두 다 있는 것 같고, 몇날 며칠에 걸쳐서도 다 맛을 보기 어려울 지경이다. 그래서 청두를 일러 "천부지국(天府之國)"이라 하는지도 모르겠다.

4. 교통

청두시(成都市)는 시구(市区, 시취)로 불리는 칭양(青羊)·진쟝(锦江)·우호우(武侯)·진니유(金牛)·청화(成华) 등의 연이은 시가지가 있다. 이들 시할구로 짜여진 시가지는 시(市) 중심부의 티앤푸광챵(天府广场, 천부광장)을 중심으로 하는 세 번째의 순환도로(循环道路) 안쪽에 위치한다.

청두 시가지의 순환도로는 세 겹으로 돌고 있으며, 티앤푸광챵에 인접한 청두시인민정부청사(청두시청)를 중심으로 하고 있다. 제1환로(第一环路)는 시청을 중심으로 하여 2~3km의 거리를 두고 돌며, 그 길이는 19.4km이다. 제2환로(第二环路)는 제1환로 밖으로 돌며 1환로와는 1~2km의 거리이고, 그 길이는 28.3km이다. 제3환로(第三环路)는 2환로 밖으로 돌며, 2환로와는 2~5km의 거리이고, 그 길이는 51.4km이다. 3환로 밖으로는 4~9km의 거리를 두고 청두순환고속도로(成都绕环高速公路)가 돌며, 그 길이는 85km이다. 제4환로(第四环路)라고도 부른다. 제1환로 안쪽으로 칭양구(青羊区)·진쟝구(锦江区)·우호우구(武侯区)가 있고, 제2환로 안쪽으로 진니유구(金牛区)와 청화구(成华区)가 추가된다.

티앤푸광챵에서는 남북방향의 도로가 통과하면서 청두시 시취(市区) 북단의 청두 휘쳐베이쨘(成都火车北站, 성도기차북역)과 시취 남단의 청두휘쳐난쨘(成都火车南站, 성도기차남역)을 연결하는데, 이 길의 티앤푸광챵 남쪽 부분을 런민난루(人民南路, 인민남로)라하고, 그 북쪽 부분을 런닌뻬이루(人民北路, 인민북로)라고 한다. 또한 촉도대도(蜀都大道)가 티앤푸광챵을 동서방향으로 통과한다. 한편, 런민난루와 런민뻬이루의 도로를 따라 남북방향의 청두 지하철 1호선이 놓여있다. 2010년에 1단계 32km가 개통됐으며, 모두 17개 역이 경유된다.

　청두 시가지가 매우 넓다고는 하지만, 티앤푸광챵을 중심으로 하는 순환로와 교차로를 틀로 삼아 특정지역의 위치를 간편하게 가늠해 볼 수 있다. 예컨대, 유비와 제갈량의 사당인 무후사(武侯祠)의 위치에 대하여 "일환루(一环路) 안쪽, 인민난루(人民南路)와 촉도대도(蜀都大道) 사이"라고 표현할 수 있고, 그렇게 함으로써 대상지의 범위가 한정되는 것이다.

5. 역사

　"청두(成都)"라는 이름의 내력은 《태평환우기(太平环宇记)》에 나와 있다. 즉, 서주(西周, BC1046~BC771)의 태왕(太王)이 량샨(梁山)에서 찌샨(岐山)으로 옮겨와 첫해에 마을을 이루고 "청쥐(成聚)"라 했고, 2년차에는 마을을 키워 "청이(成邑)"이라 하더니, 3년차에 도시를 이루어 "청두(成都)"라고 하였다는 것이다.

　한(汉, BC206~AD220)나라 때에 이 고장에서는 무늬가 많이 들어가는 비단 짜기가 발달했고, 이것이 조정의 주요 수입원이 되면서 비단직조를 조정에서 관리하게 된다. 이런 연유로 해서 청두(成都)를 "금성(锦城)"이라고도 했다. 당(唐, AD618~907)나라에 이르러서는 청두의 비단직조와 그 거래가 더욱 활기를 띠게 되는데, 이로써 청두(成都)는 챵안(长安)·양쪼우(扬州)·둔황(敦煌)과 더불어 전국의 비단생산 4대도시 중 하나로 꼽히게 된다.

　청두는 옛 촉국문화(蜀国文化)의 발원지이다. 대량으로 출토된 유물들로 미루어 보건대, 일찍이 상(商, BC1675~BC1046)·주(周, BC1046~BC221) 시대에 옛 촉국(蜀国) 사람들은 고도의 청동문화를 이루었고, 이는 화하문화(华夏文化)의 일부분이 된다.

　서한(西汉, BC206~AD8)때 이곳의 군수 원웡(文翁)이 중국 역사상 최초의 국립학교를 청두에 세우고, 그 이름을 석실학당(石室学堂)이라 했는데, 이를 통해 많은 문인들이 배출되었다. 당(唐, 618~907)·송(宋, 960~1279) 시대에는 이곳의 경제가 발전하면서 문화도 꽃을 피우는데, 이때 이백(李白)·이상은(李商隐)·소식(苏轼) 같은 문인들이 활동하였다.

6. 특산품

가. 촉금(蜀锦)

　촉금(蜀锦)은 2000년의 역사를 지닌 청두(成都)의 비단이다. 난징(南京)의 운금(云锦), 수쪼우(苏州)의 송금

(宋锦), 광시(广西)의 장금(壮锦)들과 더불어 중국의 4대 비단으로 꼽힌다.

촉금은 종류가 다양하고, 촉감이 부드러우며, 색채가 아름답다. 촉금을 짜

여기서 잠깐 화하문화(华夏文化)

화하문화란 옛 중화민족이 창조한 문화를 일컬음이다. "화하(华夏)"의 "화(华)"는 번영을 뜻하고, "하(夏)"는 중국 사람을 의미한다. 역사적 개념으로는 중원(中原)사람을 의미한다.

신석기시대 황허(黃河)의 중하류에는 앙샤오문화(昂韶文化)와 롱산문화(龙山文化)가 형성되었다. 앙샤오문화란 베이징(北京) 랑팡시(廊坊市)의 앙샤오(昂韶)지역에서 출토된 신석기 유물을 통해 추론해 보는 그들 삶의 형상을 말하는 것으로 특징적인 것은 흙을 빚어 만든 그들의 도기가 붉은 색을 띤다는 것이다. 따라서 앙샤오문화를 채도문화(彩陶文化)라고도 부른다. 산뚱성(山东省) 쯔부오시(淄博市)의 롱산(龙山)지역에서도 신석기시대의 유물이 출토됐는데, 이 지역에 형성됐던 문화를 롱산문화라 하며, 도기가 검은 빛을 띠기 때문에 흑도문화(黑陶文化)라고도 한다.

앙샤오의 채도문화(彩陶文化)는 BC5000~BC3000년 사이이고, 롱산의 흑도문화(黑陶 文化)는 BC3000~BC2000년 사이로 보고 있으며, 이 시기들은 기본적으로 모계씨족사회였다. 이들 시기에 전설상의 황제(黃帝)들인 요(尧)·순(舜) 등이 존재하였으며, 모계씨족사회가 부계씨족사회로 변모해감과 아울러 부락끼리 연맹하면서 초기의 국가단계로 진입하기 시작한다.

BC2000년 이후 하(夏)·상(商)·서주(西周) 등 몇 개 왕조가 이어지고, 이들이 황허(黃河)의 지류인 펀(汾)·이(伊)·루워(洛)·웨이(渭) 등의 유역으로부터 허난(河南)의 지수(济水)에 이르기까지의 지역에서 부락간의 교류·투쟁·융합을 통해 화하문화의 핵심구역을 이룬다. 이곳이 중원(中原)인 것이다. 이 중원문화가 창장하류의 따시문화(大溪文化)와 허무두문화(河姆渡文化), 그리고 북방의 홍산문화(紅山文化) 등과 교류되면서 외연을 넓혀 화하문화(華夏文化)로 자리를 잡게 되는 것이다.

촉금

는 촉금직조기예(蜀锦织造技艺)는 국가급의 비물질문화유산(非物质文化遗产)으로 지정되어 있다.

나. 촉수(蜀绣)

촉수(蜀绣)는 쓰촨의 전통수공예품으로 수쪼우(苏州, 江苏省)의 소수(苏绣), 챵샤(长沙, 湖南省)의 상수(湘绣), 광쪼우(广州, 广东省)의 월수(粤绣)들과 더불어 중국의 4대 명수(名绣) 중 하나로 꼽힌다. 촉수는 수놓는 바늘놀림이 독특하며, 표현력이 강하고

예술성이 높은 것으로 평가된다.

촉수

아주 가는 대나무실을 도자기에 박아 넣는 것을 의미한다. 즉, 도자기를 굽기 전의 덜 굳은 상태에서 가늘게 쪼갠 대나무 실을 의도한대로의 문양이 나타나도록 박아 넣어 말린 다음 가마에 넣어 구어 내는 것이다.

다. 자태죽편(瓷胎竹编)

자태죽편은 청두에서 생산되는 죽편 공예품(竹编工艺品)으로 "죽사구자(竹丝扣瓷)"라고도 한다. 글자풀이로는

죽편

7. 볼거리

청두시의 주요 볼거리를 살펴보면 다음 표와 같다.

(표) 청두시의 주요 볼거리

경 점	개 요	소재지
무후사 (武侯祠)	촉한(蜀汉, AD221~263)의 승상 쮸거량(诸葛亮, 제갈량)의 사당으로 청두시 남부 교외에 있음. 서진(西晋, 265~316) 말년에 쮸거량을 기념하기 위해 건립됐으며, 현존 건물은 청(淸)나라의 4대 황제강희(康熙, 1661~1722)년간에 중건된 것임.	청두시내
두보초당 (杜甫草堂)	청두시 서부 교외에 있음. 당(唐, 618~907)나라 때의 시인 두보의 옛 집으로 현존 건물은 명(明, 1368~1644)나라 때 지은 것임.	〃
영릉 (永陵)	촉(蜀) 황제 왕건(王建)의 묘로 청두시 서문 밖에 있음. AD918년에 조성됨. 건축물이 웅장하며, 돌에 새겨진 조각들이 정교하고 아름다움. 중국 고대의 음악과 무용 및 조각예술 연구의 귀중한 자료로 평가됨.	〃
문수원 (永陵)	쓰촨성에서도 이름난 사찰로 청두시의 북문에 있음. 남조(南朝, 420~589) 때 창건됐으며, 현존 건물은 청(淸)나라의 강희 연간에 중건된 것임. 송(宋, 420~479)나라 때 주조된 철불상 10자리와 청(淸, 1616~1911)나라 때 주조된 동불상 100여 자리가 보존돼있음.	〃
청양궁 (淸羊宮)	노자(老子)의 유적지로 청두의 서부 교외에 있음. 노자가 청양(淸羊)을 타고 다녔던 데서 그 이름이 비롯됐다 하며, 당(唐, 618~907)나라 때 노자가 태상현원황제(太上玄元皇帝)로 봉해지면서 청양궁(淸羊宮)으로 승격됨. 현존 건물은 청(淸, 1616~1911)나라 때의 것임. 청두에서는	〃

경 점	개 요	소재지
	가장 오래된 도교(道敎) 건물임.	
쓰촨박물관 (四川博物馆)	쓰촨성의 박물관으로 1941년에 개관됐음. 파촉(巴蜀)청동기, 한대(汉代)의 도자기류, 고대서화, 근현대문물, 소수민족문물 등이 전시되어 있음.	〃
슈이징 (水井)	명(明, 1368~1644)·청(清, 1616~1911) 때의 술도가(酒坊) 터임. 옛 중국의 전형적인 술도가로 술 담그는 곳과 술파는 곳이 함께 자리 잡고 있음.	〃
루워다이쩐 (洛带镇)	촉한(蜀汉, AD221~263)때의 마을로 청두 시가지로부터 동쪽으로 17km 떨어진 롱취앤이(龙泉驿)에 있음. 현존 건물은 명(明)·청(清) 때의 것임. 연등사(燃灯寺)·약왕묘(药王庙)·광동회관(广东会馆)·강서회관(江西会馆)·천북회관(川北会馆)·호광회관(湖广会馆)·홍두림(红豆林)·옥대호(玉带湖) 등이 있음. 여행자들을 위한 숙식이 비교적 편리함.	롱취앤이 (龙泉驿)
보광사 (宝光寺)	동한(东汉, AD25~220) 때 창건된 사찰로 청두시 북쪽 19km되는 신두현(新都县)에 있음. 현존 건물은 청(清)나라 4대 황제 강희(康熙, 1661~1722)년간에 중건된 것임. 나한당의 577자리 조각상은 생동감이 있는 것으로 회자됨.	신두 (新都)
쉬쑨산 (石笋山)	총라이시(邛崃市)에 있는 돌산임. 이곳의, 높이 30~50m, 길이 130여m의 바위에 1,000여 개의 조각상이 새겨져 있음. 당(唐)나라 12대 임금 대종(代宗, 762~779)년간의 것으로 알려짐.	총라이 (邛崃)
두쟝옌 (都江堰)	전국(战国, BC475~BC221)시기에 지어진 수리시설로 두쟝옌시(都江堰市) 소재 민쟝(岷江)에 있음. 인근에 이왕묘(二王庙), 복룡관(伏龙观), 안난교(安澜桥) 등의 볼거리들이 있음.	두쟝옌 (都江堰)
롱치 (龙池)	두쟝옌시 서북쪽 롱시(龙溪)에 있음. 호수·암석·폭포·마을 따위가 한 데 잘 어우러져 있는 풍광을 볼거리로 하며, 인간선경으로 회자됨. 청두시의 서문버스터미널에서 그리로 가는 노선버스가 있음.	〃
용흥사 (龙兴寺)	당(唐, 618~907)나라 때 창건된 사찰로 펑쪼우시(彭州市)에 있음. 1999년에 세운 금강보좌탑이 유명함. 주탑(主塔)과 그 주위의 배탑(陪塔) 4개가 있음. 주탑은 그 높이가 81m이고, 배탑은 27m임. 금강보좌탑과 그 주위에는 입체물과 그림 등을 모두 합쳐 1만8,000여 개의 불상이 있음.	펑쪼우 (彭州)
황롱시쩐 (黄龙溪镇)	동한(东汉, AD25~220) 때 생긴 마을로 솽리유현성(双流县城) 남쪽 35km, 푸허(府河)와 루씨허(鹿溪河)의 두 강이 만나는 곳에 있음. 현존 건물들은 명(明)·청(清)시대의 것으로 전형적인 쓰촨 풍격을 지니고 있음.	솽리유 (双流)
리유씨장원 (刘氏庄园)	대지주 리유원차이(刘文彩)의 공관으로 다이현(大邑县)에 있으며, 14,000여 평의 부지에 연건평 6,300평 규모임. 1928년부터 14년간에 걸쳐 지었다고 함.	다이 (大邑)
시링설산 (西岭雪山)	청두 시가지로부터 서쪽으로 105km, 다이현성으로부터 서쪽으로 50km되는 곳에 있음. 주봉은 해발 5,364m의 높이이며, 일 년 내내 눈이 쌓여 있음. 일조금산(日照金山)·음음계(阴阴界)·삼림불광(森林佛光)의 풍광은 시링설산의 3대 자연기관(自然奇观)으로 꼽힘.	〃

<볼거리면모>

제갈량 동고

문수원 전도

문수원 경내

문수원경내

보광사

루워다이찐

쉬쭌산

용흠사

리유씨 장원 정문
리유씨 장원

황롱씨

시링설산

두보초당 대야당

영릉

롱치전경

롱치 산문

청두시가지(成都市街地)

청두시 거리관광의 주 대상은 티앤푸광챵(天府广场, 천부광장)과 그 주변의 콴쟈이썅즈(宽窄巷子, 관착항자)·티앤야쉬지에(天涯石街, 천애석가)·친타이루(琴台路, 금태로)·화씽지에(华兴街, 화흥가)·란팡지에(染房街, 염방가)·팡차오지에(芳草街, 방초가)·호우즈먼(后子门, 후자문) 등 옛 거리들을 꼽는다.

티앤푸 구조물

① 티앤푸광챵(天府广场)

티앤푸광챵은 청두시 시가지 한 가운데에 있는 광장이다. 2만6,800평 넓이이며, 그 것이 지니고 있는 의미는 베이징(北京)의 티앤안먼광챵(天安门广场)과 유사하다.

광장의 북쪽으로는 쓰촨과학기술관과 더불어 마오쩌뚱(毛泽东)의 동상이 있으며, 광장의 동쪽으로는 중국서남지역 최대의 예술전당인 진청예술궁(锦城艺术宫)이 있다. 가까이에 있는 런민샹챵(人民商场)은 전국적으로도 이름이

티앤푸치장물1

티앤푸치장물2

나있는 시장이고, 유명지하상가인 티앤쭈워샹청(天座商城)도 인근에 있다.

티앤푸광챵의 북쪽으로 촉도대도(蜀都大道)가 동서로 지나가며, 길 건너로 청두 시청이 있다. 티앤푸광챵에서 남북방향의 1호선 지하철과 동서방향의 촉도대도가 교차하는 것이다.

티앤푸광챵은 문화 공간으로 가꾸어져 있다. 광장의 가장자리를 따라 경당(经幢)모양의 12개 치장물이 서 있는데, 거기에는 쓰촨의 역사와 문화를 12부문으로 나누어 대표지역·내용·형상의 세 형태로 새겨놓고 있다. 12부문은 ①천하명성(天下名城), ②수윤천부(水润天府), ③천유백미(川有百味), ④파촉홍조(巴蜀红潮), ⑤민족화찬(民族花灿), ⑥과교화장(科教华章), ⑦선원고향(仙源故乡), ⑧고촉문명(古蜀文明), ⑨화해천사(和谐天使), ⑩문종재촉(文宗在蜀), ⑪지혜제갈(智慧诸葛), ⑫금성사관(锦城丝

티앤푸광챵

쓰촨과학기술관

管) 등이고, 치장물에 표시된 대표지역과 형상은 그 예가 그림에서 보는 바와 같다. 그 12부문의 내용은 번역하여 부록에 붙여놓았다.

② 콴쨔이쌍즈(宽窄巷子)

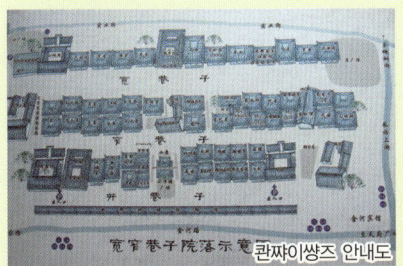
콴쨔이쌍즈 안내도

쨔이쌍즈 골목

콴쌍즈 경양식집

콴쨔이쌍즈로고

전통수예 상품

콴쨔이쌍즈는 청(淸, 1616~1911)나라 때부터 있어온 거리로 다츠스(大慈寺, 대자사)·원슈위엔(文殊院, 문수원)과 더불어 청두의 3대 역사문화보호지역이다. 콴쌍즈(宽巷子)·쨔이쌍즈(窄巷子)·징쌍즈(井巷子)의 세 골목이 있으며, 접하는 분위기가 각기 다르다. 콴쨔이쌍즈에 들어서면, 세월이 갑자기 먼 옛날로 돌아간 것 같은 느낌을 받는다. 콴(宽)에서는 "한가로움(闲)"을, 쨔이(窄)에서는 "느릿느릿함(慢)"을, 그리고 징(井)에서는 "새로움(新)"을 체험해 볼 수 있다. 청두시청에서 북쪽으로 1km 거리에 있다.

옛 골목, 옛 건물에서 전통이라는 이름의 물건과 행위가 상품으로서 관광객에게 선보이고 있으며, 먹을거리들이 곁들여져 있어 관광객들의 즐거움을 더해준다.

③ 티앤야쉬지에(天涯石街)

이런 이야기가 전해온다. 전설 중의 천상왕녀(天上王女) 여와(女娃)가 잠깐의 부주의로 손에 들고 있던 돌덩어리를 떨어뜨렸다. 그 돌은 하계(下界)의 한 작은 거리에 떨어졌다. 거리의 백성들은 갑작스레 날아온 돌에 질겁하여 무릎을 꿇고 절을 하며 자신들을 해치지 말아줄 것을 빌었다. 세월이 흐르면서 사람들은 그 돌이 위험하지 않다는 것을 알게 되면서 "천애석(天涯石)"이라 이름을 지어주고 친근하게 지냈다. 그렇게 오늘에 이르고 있는데, 이런 전설 때문인지 이 거리에는 다소간의 환상적인 정서가 깃들어 있다. 청두시청에서 동쪽으로 2km 거리에 있다.

④ 친타이루(琴台路)

친타이루는 청두시의 귀금속 거리이다. 청두시내의 대형 보석상들이 900m길이의 이 거리에 모여 있다. 청두 시청으로부터는 서쪽으로 1.5km의 거리이다. 친타이루는 쓰마쌍루

(司馬相如)와 그의 처인 쮸워원쮠(卓文君)의 애정고사(爱情故事)를 주제로 하여 그 환경이 조성되어 있다는데, 그 이야기는 다음과 같다.

쓰마썅루(司馬相如)와 그의 처 쮸워원쮠(卓文君)은 옛 친타이루 거리에 주막을 차렸다. 원쮠은 손수 목로에서 손님에게 술을 팔았다. 열은 화장에 수수한 차림의 원쮠이 항아리를 옆에 놓고 술을 파는 모습은 자연스럽고 의젓한 데가 있었다. 그녀의 남편도 그가 그리도 좋아하는 거문고를 타지 않고, 점원들과 같이 짧은 바지에 술잔을 나르고 술독을 가져냈다. 생활형편은 어려웠지만 웃음이 끊이지를 않았고, 집안에는 행복이 그득하였다.

원쮠은 본래 서한(西汉, BC206~AD8)의 쮸워왕쑨(卓王孙)의 딸로서 미모와 재주를 겸비했으며, 특히 북과 거문고에 능하였다. 일찍이 남편을 여의고 집에 틀어박혀있을 때 많은 명문가의 남자들이 구혼을 해왔으나, 그녀는 가난한 서생 쓰마썅루(司馬相如)를 마음에 두고 있었다. 썅루는 거문고를 잘 탔고, 시문에 능하였다. 이내 두 사람은 사랑하는 사이가 되었다. 그러나 썅루는 가진 것이 없었기에 두 사람은 야반도주하여 이곳 친타이루에서 주막을 차린 것이었다.

후에 원쮠의 부친이 이들을 찾아내 거두어 갔는데, 그 후로 썅루는 쮸워 집안의 도움을 받아 벼슬길에 오르면서 그의 이름도 널리 알려지게 되었다. 그가 멀리 있는 벼슬길에 나갔다가 헤어지자는 내용의 서찰을 원쮠에게 보내는데, 인간 도리와 애정이 담긴 원쮠의 답장을 받아보고 크게 후회하여 사죄한 다음 백발해로 하였다.

⑤ 화씽지에(華興街)

청두 시청에서 동쪽으로 1㎞거리에 있는 골목 거리이다. 이 거리에는 "창잉관즈(苍蝇馆子)"로 불리는 음식점들이 많다. 창잉관즈는 쓰촨 특유의 음식점 명칭으로 가게가 협소하고, 위생상태가 매우 좋지 않다. 그러면서도 이름이 나있고 사람들이 많이 들락거리는 이유는 음식이 맛있고, 값이 싸기 때문이다. 이곳을 들르는 외지인들은 그 음식맛과 가격에 찬탄을 마지않는다. 창잉관즈가 있는 거리로는 이곳 외에도 쓰촨대학 옆의 원화루(文化路), 동먼(东门) 옆의 왕핑지에(望平街), 촨이(川医) 옆의 황먼호우지에(黃门后街) 등이 있다.

⑥ 란팡지에(染房街)

어느 도시이고 간에 여성들이 대종을 이루며 출입하는 거리가 있게 마련인데, 청두의 그런 거리가 란팡지에 이다. 그 옛날 남정네들이 들일을 하고, 여인네들이 베를 짜던 시절에 빨래하고 염색하는 일은 여성들의 일이었다. 그런 배경에서 이곳에 란팡지에라는 이름이 붙게 되었다고 한다. 길 양편으로 늘어서있는 가게에는 화장품과 각종 장식품 등 여인용품 일색으로 진열되어 있다. 시청에서 동남쪽으로 600m 거리이다.

⑦ 팡차오지에(芳草街)

그 이름만으로도 사람의 기분을 좋게 하는 거리이다. 찻집·음식점·술집·커피점·책방·미용실 등의 점포가 거리를 우아하게 단장하고 있다. 청두의 낭만적인 분위기를 느끼면서, 그 하나하나를 체험해보는 재미도 쏠쏠하다. 시청에서 남쪽으로 4㎞거리에 있다. 1환로와 2환로 사이이다.

무후사(武侯祠, 우호우츠)

1. 개요

무후사는 중국고대 삼국시기(三國時期)의, 촉한(蜀汉 221~263)의 승상이었던 쮸거량(卓葛亮, 제갈량)의 사당이다. AD234년 8월에 쮸거량이 북벌에 나섰다가 전장에서 죽었을 때 그의 나이는 54세였다. 그는 살아있을 때 무향후(武乡侯)로 봉해졌었으며, 죽어서 받은 시호(谥号)는 충무후(忠武侯)였다. 그의 사당 명칭인 무후사(武侯祠)는 이 시호에서 비롯된 것이다. 쮸거량의 사당인 무후사는 청두 외에도 난양시(南阳市, 河南), 미앤현(勉县, 陕西), 치샨현(岐山县, 陕西), 펑지에현(奉节县, 重庆), 바오샨시(保山市, 云南) 등 모두 6곳에 있다. 이 중 대표적인 것이 청두(成都) 무후사(武侯祠)이다.

청두 무후사는 쓰촨성 청두시 남문 우호우츠다지에(武侯祠大街) 거리에 있다. 촉한(蜀汉) 임금 리유뻬이(刘备, 유비)의 묘인 혜릉(惠陵)도 이곳에 있다. 임금과 신하를 한 울타리 안에서 같이 제사를 지내는 곳은 중국을 통틀어 이곳 한 군데뿐이라고 한다. 경위는 다음과 같다.

> AD223년에 조성된 리유뻬이의 능침은 세월의 흐름과 더불어 많이 쇠락하였다. 그런가 하면 이웃해있는 리유뻬이의 사당인 소열묘(昭烈庙)와 쮸거량의 사당인 무후사(武侯祠) 역시 당(唐, 618~907)나라 이전에 세운 것이어서 낡을 대로 낡아 있었다. 명(明, 1368~1644)나라 초기에 리유뻬이의 능침인 혜릉과 그의 사당인 소열묘를 중건하면서 쮸거량의 무후사도 한 데 통합하였다. 현존 건물은 청(清)나라 4대 황제 강희(康熙 1661~1722)년간에 중건된 것이다. 1984년에 국가 제1급 박물관으로 지정되면서 "3국성지(三國圣地)"의 영예를 안게 되었다.

2. 구도

청두 우호우츠는 그 터가 모두 4만 5,400여 평의 넓이이며, 현분문물구(现份文物区:三国历史遗迹区)·원림구(园林区:三国文化体验区)·금리(锦里:锦里民俗区)의 3지구로 구획되어 있다. 그 개략적인 구도를 보면 그림과 같다.

무후사 경점분포

가. 현분문물구(现份文物区)

현분문물구는 전체적으로 남향이다. 고건축군(古建筑群)은 남쪽 맨 앞에서 뒤의 북쪽을 향해 대문(大门)-2문(二门)-한소열묘(汉昭烈庙)-과청(过厅)-무후사(武侯祠)-3의묘(三义庙)-결의루(结义楼)-희루(戏楼)의 순으로 배열되어 있고, 고건축군의 서쪽으로 류뻬이(刘备)의 능침인 혜릉(惠陵)이 자리 잡고 있다.

① 대문(大门)

무후사 정문

사람들이 "무후사(武侯祠)"라고 부르는 것과는 달리 대문의 편액은 "한소열묘(汉昭烈庙)"로 되어 있다. 대문 안으로 들어서면 짙은 그늘이 드리워져있는 가운데 오른쪽(동쪽)의 비랑(碑廊)에는 당비(唐碑)가 들어있고, 왼쪽(서쪽)의 비랑에는 명비(明碑)가 들어있다. 당비(唐碑)와 명비(明碑)라는 호칭은 각각 당나라와 명나라 때 세워졌던 데서 비롯된 것이다.

정원의 6개 석비(石碑) 중 당비가 가장 크며, 앞면에 "촉한승상제갈무후사당비(蜀汉丞相诸葛武侯祠堂碑)"라고 새겨져있다. 이 비석의 앞뒤에 새겨진 문장(文章)과 서체(书体) 및 각기(刻技)가 모두 뛰어나 "3절비(三絶碑)"라는 명성을 지니고 있다. 비문은 당(唐)나라의 명재상 배도(裴度)가 지었고, 글씨는 서예가 유공작(柳公绰)이 썼으며, 글자를 새기는 각자(刻字)는 명장(名匠) 로건(鲁建)이 하였다고 한다. 명비는 정면에 제갈무후사당비기(诸葛武侯祠堂碑记)라고 쓰여 있다.

② 이문(二门)

2문을 들어서면 홑처마 건물의 리유뻬이전(刘备殿, 유비전)이 정면으로 건너다보이고, 좌우 양 옆으로 리유뻬이전으로 이어지는 복도가 있다. 한소열묘(汉昭烈庙)인 것이다. 왼쪽복도로 들어가는 아취형 문 위에는 "영무(英武)"라 쓰여 있고, 복도의 벽에는 촉나라 무장(武将)들의 조각상들이 존치돼있다. 오른쪽복도의 문 위에는 "화문(华文)"이라 돼 있고, 문신(文臣)들의 조각상들이 들어있다. 문무 모두 50인이다. 리유뻬이전의 정중앙에는 흙으로 빚어 금빛을 칠한 리유뻬이의 소상(塑像)이 있고, 그 왼쪽으로 그의 손자 리유첸(刘谌)의 소상이 있다. 전해오기로는 리유뻬이의 아들 리유챤(刘禅)의 소상도 함께 있었으나, 어느 때부턴가 없어져버렸는데, 그 배경이 다음과 같이 전해온다.

> 리유뻬이(刘备, 유비)의 아들 리유챤(刘禅)은 어리석고 무능하여 나라를 지키지 못하고 위(魏)나라에 항복하였다. 이에 그의 아들 첸(谌)이 할아버지인 리유뻬이(刘备)의 묘 앞에서 통곡을 한 후 가솔들의 목을 베고, 자신도 자결하였다.
>
> 이 후 송(宋, 960~1279)나라와 명(明, 1368~1644)나라를 거쳐 내려오는 동안 유챤(刘禅)의 소상이 여러 차례에 걸쳐 훼손되는 일이 생겼고, 그럴 때마다 다시 만들어 세웠으나 계속 훼손됨에 따라 리유챤의 소상을 새로 만들지 않기로 하였다.

유비조각상

관우조각상

장비조각상

리유뻬이전의 동쪽으로는 관위(关羽, 관우) 부자의 소상이 있고, 서쪽으로는 짱페이(张飞, 장비)의 조손 3대 소상이 자리를 잡고 있다.

③ 과청(过厅)

리유뻬이(刘备, 유비)와 쮸거량(诸葛亮, 제갈량)은 군신(君臣)의 관계이기에 쮸거량의 사당 건물인 쮸거량전(诸葛亮殿)은 리유뻬이전(刘备殿)보다 그 지대가 낮다. 때문에 몇 계단을 내려가야 하는데, 그래서 두 건물 사이에 건물을 앉히고 과청(过厅)이라 하였다. "무후사(武侯祠)"라는 편액이 걸려있다. 쮸거량의 살아있었을 때 작위는 "무향후(武乡侯)"였다. "향후(乡侯)"는 작위의 종류를 나타내는 것으로 "정후(亭侯)", "향후(乡侯)", "현후(县侯)" 순으로 내려간다. 관위(关羽)의 작위가 "한수정후(汉寿亭侯)"였다.

무후사

④ 쮸거량전(诸葛亮殿)

쮸거량전에는 "명수우주(名垂宇宙)"라고 쓴 편액이 걸려있다. "우주에 그 이름을 길이 남기다"라는 의미일 터이다. 쮸거량전의 정중앙에는 쮸거량의 3대조손이 자리를 잡고 있다. 흙으로 빚어 금빛을 칠한 쮸거량의 소상(塑像)은 머리에 두건을 쓰고, 손에는 깃털부채를 들었다. 쮸거량전에는 구리 북이 놓여있는데, 사람들은 이 북을 일러 "쮸거량구(诸葛亮鼓)"라고 한다. 이 북에는 정교하고 치밀한 꽃무늬

쮸거량전(诸葛亮殿)

쮸거량 조각상

그림이 들어있는데, 진귀한 역사문물로 꼽힌다.

⑤ 삼의묘(三义庙)

삼의묘(三义庙, 싼이먀오)는 유비·관우·장비의 세 사람이 도원(桃园)에서 결의한 것을 기념하기 위해 지은 사당으로, 원 건물은 청(清)나라의 4대 황제 강희(康熙, 1662~1722)년간에 청두(成都) 시내의 제독가(提督街)에 지은 삼의사(三义寺)였다. 삼의묘는 배전(陪殿)·

삼의묘

한소열릉

대전(大殿)·양랑(兩廊)으로 조성되어 있으며, 대전에는 유비·관우·장비의 니소상(泥塑像)이 존치되어 있다. 조형(造型) 면에서 리유삐이전(刘备殿)의 그것들 보다 문학적이고 민속적인 티가 난다.

⑥ 결의루(结义楼)

결의루

봉분의 일부

보고 8월에 장례를 지냈다는 기록이 《3국지·선주전(三国志·先主传)》에 나와 있다. 혜릉에는 리유삐이의 간(甘)·우(吳) 두 부인이 합장되어 있으며, 묘 앞

혜릉 묘비

의 "한소열황제지릉(汉昭烈皇帝之陵)"이라 쓴 석비는 청(清)나라의 6대 황제 건륭(乾隆, 1735~1796)년간에 세운 것으로 되어 있다.

나. 원림구(园林区)

원림구는 무후사박물관 후면 서쪽에 자리 잡고 있다. 원래는 중화민국 국민당 쓰촨성정부 주석 리유썅(刘湘)의 묘원(墓园)이었으나 1953년에 남교공원으로 됐다가 2003년에 무후사박물관의 원림구로 편입되었다. 400여 m의 중축선(中轴线)을 따라 대문(大门)·3동문(三洞门)·4방정(四方亭)·다각정(多角亭)·천형당(荐馨堂, 지앤씬탕) 등의 건축물들이 있다.

천형당(荐馨堂)은 중화민국(中华民国, 1912

도원결의 주역 석상

삼의묘 뒤편으로 결의루가 있다. 유비·관우·장비가 도원에서 결의를 했던 것을 이곳에 재현한 것이다.

⑦ 리유삐이 묘

쮸거량전 서쪽에 혜릉(惠陵)으로 불리는 리유삐이의 묘가 있다. 쮸거량이 손수 묘 자리를

천형당

금리패방

금리 황룡담

~1949)시절에 쓰촨성 정부의 주석을 지낸 리유쌍(刘湘, 1888~1938)의 묘원(墓园)으로 원림구에서 가장 큰 건물이다.

다. 금리(锦里)

금리거리

금리는 일찍이 3국시기(三国时期, 220~280) 때부터 전국적으로 이름이 나있던 상업고장이었다. 전체길이 350m의 거리에 찻집·여인숙·주점·극장·토속음식점·토산품가게 등 옛 청두(成都) 생활의 정수를 모아놓고 있다. 현재는 무후사박물관(武侯祠博物馆)의 민속구(民俗区)로 편입되어 있으며, 이곳에서 쓰촨 민속풍속의 독특한 매력을 체험해 볼 수 있다.

Close Up

청양궁(青羊宮)

청양궁은 쓰촨성 서부지역에서 제일 큰 도교사원(道教寺院)이다. 청두시 서남교외에 있으며, 남쪽으로는 백화담(百花潭)과 무후사(武侯祠)가 있고, 서쪽으로는 두보초당(杜甫草堂)과 마주보고 있다. 청양궁의 경점들은 산문을 들어서면서부터 혼원전(混元殿)-팔괘정(八卦亭)-삼청전(三清殿)-두모전(斗姆殿)-후원3대(后苑三台)-옥황전(玉皇殿)으로 이어진다.

① 산문(山门)

명(明, 1368~1644)나라 때 세워진 것이다. 날아오르려는 듯 살짝 치켜진 두 겹 처마가 달려있고, 처마와 기둥들에는 용과 호랑이 등 상서로운 동물들이 새겨져 있다. 산문에는 금빛 글씨의 "청양궁(青羊宫)" 편액이 걸려있는데, 이 글씨는 청두 화양현(华阳县)의 현령(县令)인 안홍덕(安洪德)이 쓴 것으로 필력이 강건

청양궁 산문

청양궁 풍광

혼원전

혼원상덕황제

자항도인

하여 청양궁의 일대(一大) 문물로 되어있다.

　산문의 왼쪽으로는 흙으로 빚어 만든 토지신과 청룡 소상(塑像), 그리고 구룡비(九龙碑)가 있고, 오른쪽으로는 백호상(白虎像)·돌사자·용왕정(龙王井)·칠성장(七星桩)·용봉장(龙凤桩) 등이 있다. 장(桩)은 말뚝을 의미한다.

② 혼원전(混元殿)

　혼원전은 청양궁에서 삼청전(三清殿) 다음으로 치는 대전이다. 청(清)나라의 8대 황제 도광(道光, 1820~1850)년간에 중건된 것으로 바닥면적 187평(616㎡)이며, 돌기둥 26개와 나무기둥 2개가 위를 받치고 있다. 기둥에는 허공을 주시하는 사슴과 달을 바라보는 봉황, 그리고 공을 희롱하고 있는 두 마리의 사자들이 조각되어 있는데, 그 형상이 살아 움직이는 것 같다.

　송(宋)나라의 진종(真宗, 997~1022)이 도교를 숭봉하여 태상노군(太上老君)을 혼원상덕황제(混元上德皇帝)로 봉하는데, 그를 존치한 곳이 혼원전(混元殿)이다. 혼원전에 존치된, 자상한 모습의 혼원조사(混元祖师)는 손에 "혼원건곤권(混元乾坤圈)"이라 불리는 둥근 고리를 들고 있는데, 이 고리를 잡아당기면 "一"자(字)가 된다. 혼돈의 세계는 이러한 이치에서 비롯됨을 나타내는 것이라고 한다.

　혼원전의 후전(后殿)에는 자항도인(紫航道人)이 존치되어 있다. 불교에서는 "관음(观音)"으로 불리는 존재이다. 도교에서 말하기를 자항(紫航)은 도교의 12 금선(金仙) 중 하나로 본래는 남성이었다. 그가 보아하니 세상에는 험한 일이 많고, 그래서 여성은 출가 수행하는 사람이 없는지라 여성도 그리 할 수 있음을 보여 주고자 자기 자신이 여성으로 변신한 것이라고 한다.

③ 팔괘정(八卦亭)

팔괘정

삼청정

청동양 1

청동양 2

팔괘정은 도교의 교리와 특징을 나타내는 표지성 건축물로 혼원전과 삼청전 사이에 있다. 터를 두 단계 높이고, 그 위에 지은 정자형 건물로 바닥은 4각형이며, 정자는 원형이다. 하늘은 둥글고 땅은 네모졌다는 "천원지방(天圓地方)"사상을 구현한 것이다.

정자의 높이는 20m이며, 폭은 17m이고, 가장자리에는 돌난간을 둘렀다. 2중의 날아오를 것 같은 처마, 거북무늬의 격문(隔门), 꽃구름을 새긴 창, 12간지의 동물과 태극무늬를 새긴 남향의 정문 등이 팔괘정의 품위를 한껏 높인다.

④ 삼청전(三淸殿)

삼청전은 무극전(无极殿)이라고도 하며, 청양궁의 주전(主殿)이다. 청(淸)나라의 4대 황제 강희(康熙, 1661~1722)년간에 중건되었다. 삼청전의 터는 한 변의 길이가 40m인 정사각형으로 485평(1,600m²)의 넓이이다. 대전의 왼쪽으로는 명(明)나라 때 주조된, 무게 3톤짜리의 "유명종(幽冥钟)"이 있고, 오른쪽으로는 북(鼓)이 있다. 매달 초하루와 보름날, 그리고 경축일에는 새벽에 종을 울리고, 저녁에는 북을 쳤다고 한다.

대전의 양쪽으로는 12 금선(金仙)의 소상(塑像)이 있다. 대전에는 큰 기둥 36개가 위를 받치고 있다. 그 중 나무기둥은 8개로 도교의 8대천왕(八大天王)을 상징하고, 28개의 돌기둥은 하늘의 28 별자리를 나타낸다.

삼청전의 앞에는 황동(黃铜)으로 주조된, 길이 90cm에 높이 60cm크기의 양 두 마리가 있다. 그 중 뿔이 하나인 양은 12간지(十二干支) 동물의 특징을 모두 갖추고 있다. 즉, 귀는 쥐를, 코는 소를, 손톱은 호랑이를, 등은 토끼를, 뿔은 용을, 꼬리는 뱀을, 입은 말을, 수염은 양을, 목은 원숭이를, 눈은 닭을, 배는 개를, 볼기는 돼지를 각각 닮은 것이다. 또 다른 한 마리의 양은 뿔이 두 개가 있으며, 금방이라도 무슨 말을 하려는 것 같은 표정을 짓고 있다. 사람들은 이 양들을 신성시하고 있다.

⑤ 두모전(斗姥殿)

두모전

두모조각상

두모전은 명(明)나라 때 지어진 단층 건물로 도교(道教)의 여신 두모(斗姥)가 존치되어 있다. 자광부인(紫光夫人)이라고도 불리는 두모(斗姥)는 눈이 셋에 머리가 넷이며 팔이 여덟인 모습을 한 천신(天神)으로 옥황(玉皇)을 비롯한 9 황제를 낳았으며, 인간의 생사와 길흉화복을 관장하고 있는 것으로 되어 있다. 두모의 오른쪽으로는 천상 여선녀(女仙女)의 우두머리인 서왕모(西王姆)가 존치되어 있다.

⑥ 후원3대(后苑三台)

후원3대는 경사지에 자리 잡고 있다. 남북 축선을 따라 한 가운데에 당왕전(唐王殿)이라고도 불리는 자금대(紫金台)가 있고, 이곳에 당왕(唐王) 이연(李淵) 부부와 그 아들의 소상이 있다. 자금대의 왼쪽으로 강생대(降生台)가 있다. 백발의 갓난쟁이 소상(塑像)이 있는데, 이는 노자(老子)의 태어났을 때 모습이라고 한다. 자금대의 오른쪽으로는 설법대(说法台)가 있으며, 이곳에는 노자가 설법하는 모습의 소상이 있다. 이들 3대(三台)는 중축선(中轴线)을

당왕전

강생대

설법대

따라 대칭으로 자리 잡고 있으며, 평면상으로는 하늘의 삼태성(三台星)과 같은 모양으로 분포되어 있다. 청양궁 전체의 배열에서 눈에 띠는 분포이다.

⑦ **옥황전**(玉皇殿)

현존 건물은 1995년에 중건한 것이다. 본래의 것은 청(清)나라 8대 황제 도광(道光, 1820~1850)년간에 지은 것이었다. 두모(斗姥)의 아들들인 옥황상제(玉皇上帝)와 자미대제(紫微大帝) 등이 존치되어 있다.

옥황전

Close Up

두장옌(都江堰)

가. 개요

두장옌은 전국(战国, BC475~BC221) 말기, 진소상왕(秦昭襄王, BC325~BC251)년간에 건설돼 지금까지 이용되고 있는 수리시설로 쓰촨성 두장옌시의 서쪽에 자리 잡고 있다. 댐이 없이 필요한 만큼의 물을 끌어 쓰는 이 수리시설은 "세계수리문화(世界水利文化)의 비조(鼻祖)"라는 영예를 안고 있다.

나. 건설배경

"천부지국(天府之国)"으로 불리는 청두평원(成都平原)은 고대에는 가뭄과 홍수가 극심했던 지역이다. 이 지역을 흐르는 민장(岷江)은 쓰촨성(四川省)과 깐수성(甘肅省)의 접경인 민샨(岷山, 5,588m)에서 발원, 793km를 흘러 창장(长江)으로 합쳐지는데, 두장옌 위쪽을 상류로, 두장옌으로부터 러산(乐山)까지의 1200여 km를 중류로, 러산으로부터 창장까지의 130여 km를 하류로 각각 구분 짓는다.

민장의 상류지역은 우기가 되면 중국에서도 비가 많이 내리는 지역이고, 중류지역은 경사가 심하여 1km 거리에 지면의 높이가 5.5m 꼴로 낮아진다. 이러한 기후환경과 지리적 여건으로 말미암아 건기에는 물 부족으로 가뭄이 극심하고, 우기에는 민장이 범람하여 백성들은 기아지경을 헤어나지 못했다.

진소상왕(秦昭襄王, BC325~BC251)은 진시황(秦始皇)이 중국을 통일하는 데 그 기반을

리빙 부자 조각상

쌓은 왕이다. 그는 청두평원의 전략적 가치를 일찌감치 발견하고, 수리전문가 리빙(李氷)을 촉국군수(蜀國郡守)로 삼아, 그로 하여금 민장(岷江) 유역의 자연재해를 극복하도록 한 것이다.

다. 건설과정

리빙은 그의 아들과 함께 선인들의 치수경험을 수집하고, 현지 수리환경을 조사한 다음, 현지 사람들을 이끌고 수리사업에 착수하는데, 그 기본은 민장의 흘러넘치는 물을 청두평원의 농업용수로 활용함으로써 물 부족과 홍수범람을 동시에 해결하고자 하는 것이었다. 이를 위해 리빙은 강물을 두 줄기로 나누고, 물 흐르는 양을 조절할 수 있는 기능을 창안한다.

① 보병구(宝瓶口) 수로개통

보병구 개통은 민장의 물을 청두평원으로 끓어들일 수 있는 통로를 마련하기 위해 민장과 청두평원 사이를 가로막고 있는 위레이산(玉垒山)의 산 뿌리를 끊는 공정이었다. 당시는 아직 화약이 발명되기 전이었기 때문에 바위에 열을 가해 균열이 생기게 한 다음 이를 쪼개어내는 공법을 활용하면서 폭 20m, 높이

40m, 길이 80m의 통로를 확보한 것이다. 그 모양이 마치 도기 항아리의 주둥이 같다하여 보병구(宝瓶口, 바오핑코우)라 했고, 떼어 놓은 것 같은 산 뿌리를 "리투이(离堆)"라고 했다. 리투이는 지금 공원으로 되어 있다.

② 위쭈이(鱼嘴) 조성

청두평원으로 민장의 물을 끌어들이기 위해 위레이산을 끊어 수로를 마련했으나 보병구가 있는 쪽의 강바닥이 높아 물 유입량이 기대에 미치지 못했다. 이를 극복하기 위해 강의 한가운데에 물 흐름을 따라 세로로 긴 둑을 쌓음으로써 물 흐름을 두 줄기로 나눈 다음 원래의 물줄기를 외강(外江)으로 하고, 보병구로 통하는 물줄기를 내강(内江)으로 하였다. 그리고 내강으로 물을 조절해 보낼 수 있도록 외강에 수문을 설치하였다. 이와 같이 물길을 둘로 나누기 위해 쌓은 둑의 머리 부분이 마치 물고기의 부리처럼 생겼다 해서 위쭈이(鱼嘴)라 했다.

③ 비사언(飞沙堰) 조성

위쭈이(鱼嘴)의 조성과 외강의 수문 설치로

내강의 물 흐름은 좋아졌지만, 우기에 위로부터 쏟아져 내리는 격랑과 모래자갈로 말미암아 보병구가 메워지고, 홍수가 졌다. 이러한 문제를 해결하고자 리빙 부자는 보병구의 수용능력을 초과하는 물과 모래자갈을 외강으로 흘려보내기 위해 비사언(飞沙堰)을 조성한다.

우선 위쭈이가 있는 금강제(金剛堤) 둑의 아래쪽, 보병구 가까이에 자갈을 담은 철망덩어리로 인자제(人字堤) 둑을 쌓고, 그 사이에 물 쉼 공간을 둠으로써 강우기에 내강으로 쏠리는 물이 1차적으로는 물 쉼 공간에서 유속을 줄이게 되며, 이때 보병구로 못 다 들어가는 물은 모래자갈들과 함께 비사언을 넘어 외강으로 빠져나가게 한 것이다.

한편, 보병구를 통과한 물은 난챠오(南桥) 다리 밑을 지나 여러 곳으로 나뉘어 보내지는데, 이때 물의 양을 조절하기 위해 수로 세 군데에 갑문을 설치하였다. 양티앤워쨔(仰天窝闸)수문, 쪼우쟝쨔(走江闸)수문, 푸바이챠오쨔(蒲柏桥闸)수문 등이 그것이다.

다. 역사적 의의

두장옌은 리빙(李冰) 부자와 현지 주민들의 8년간에 걸친 노력 끝에 완성되었다. 이에 대해 학자들은 중국고대 수리역사의 신기원이며, 진시황(秦始皇)이 중국을 통일하는데 있어 필요한 물자를 공급하는 원동력이 됐다고 평가한다. 더불어 두장옌은 사람과 지리와 물이 과학적인 틀 위에서 고도로 맞물려 돌아가는 종합시스템으로 이 지역 발전에 밑거름이 되고 있다고 평가하는데 인색하지 않다.

라. 주요경관

두장옌의 볼거리로는 두장옌 수리시설과 주변의 인문경관이다. 주된 것으로 위쭈이(鱼嘴), 비사언(飞沙堰), 보병구(宝瓶口), 이왕묘(二王庙), 복룡관(伏龙观), 안란쑤워챠오(安澜索桥) 등을 꼽을 수 있다.

위쭈이

① 위쭈이(鱼嘴)

두장옌의 맨 위쪽에 있다. 백장제(百丈堤)·마사(杩槎)·금강제(金剛堤) 등 두장옌의 큰 둑들과 한 틀이 되어 민쟝의 물 흐름을 내강과 외강으로 가르는 기능을 한다.

② 비사언(飞沙堰)

보기에는 평범한 둑의 일부이지만 두장옌에서 기능하는 그 역할은 매우 중차대하다.

③ 보병구(宝瓶口)

보병구는 두장옌의 전체적인 기능이 조절되는 부분이다. 내강으로의 물 들어오는 양이 일차적으로 이곳에서 좌우된다.

④ 이왕묘(二王庙)

이왕묘는 위쭈이(鱼嘴)와 금강제(金剛堤)를 내려다 보는, 민쟝 강변의 산비탈에 자리 잡고 있다. 원래는 촉왕(蜀王) 망제(望帝)의 사당이었으나 제(齐)나라의 건무(建武, 494~498)년간에 리빙(李冰)의 사당으로 개축하면서 숭덕사(崇德祠)라 하였다. 이후 송(宋, 960~1279)나라 때 리빙 부자(父子)가 왕으로 책봉되면서 사람들은 "이왕묘(二王庙)"로 부르기 시작했으며, 사당 안에는 리빙 부자의 소상(塑像)이 존치되어 있다. 1만5,000여 평(50,000㎡)의 부지에 동원(东苑)과 서원(西苑)으로 나뉘며, 3,000여 평의 사당 건물은 서원에 자리 잡고 있다. 동원은 원림이다.

⑤ 복룡관(伏龙观)

복룡관은 리투이공원(离堆)에 있다. 리투이는 보병구가 뚫리면서 위레이샨(玉垒山)에서 떨어져나간 부분으로 원래는 지앤산(湔山) 자락의 호두암(虎头岩)이었다.

이 호두암은 관양10경(灌阳十景) 중 한 곳이었으며, 호두암 아래의 깊은 연못에 용이 살았다는 전설이 있는데, 복룡관이라는 이름은 그 전설에서 비롯된 것이다. 복룡관에는 동한(东汉, 25~220)시대에 세운 리빙의 석상(石像)이 서 있다. 이 석상은 1974년에 위쭈이 부근에서 출토됐으며, 양 소매 옷깃에 "고촉군수

복룡관

이빙, 건녕 원년 윤달 25일 제조, 石人 珍水(석인진수)는 万岁(만세)에 이어질 것이다."라고 새겨져 있다.

⑥ 안란쑤워챠오(安澜索桥, 안란삭교)

안란챠오

"안란챠오(安澜桥, 안란교)", "푸치챠오(夫妻橋, 부부교)"로도 불린다.

500m 길이의 삭교(索桥)로 내강과 외강 위를 가로질러 간다.

송(宋, 960~11279)나라 이전에 놓였을 것으로 추정하는 당초의 다리는 명(明, 1368~1644)나라 말기에 전쟁으로 불탔으며, 청(清)나라의 7대 황제 가경(嘉庆, 1796~1820)년간에 새 다리가 놓이면서 "안란교"로 명명되었다.

중국고대의 5대 교량중 하나로 꼽힌다. 다음과 같은 이야기가 전해온다.

청(清)나라 7대 황제 가경(嘉庆, 1796~1820)년간인 1803년 5월 15일에 이곳 나루터에서 배가 뒤집혀 백 명이 넘는 사람들이 물에 빠져 죽었다. 그 참상을 본 이곳의 서당 훈장 허씨앤더(何先德)와 그의 부인은 이와 같은 참사가 또 일어나서는 안 되겠다는 생각에서 이곳에 다리를 놓기로 하고 주변 지형을 살피고, 필요한 준비를 함과 아울러 틈틈이 수리전문가와 토목기술자들로부터 자문을 구했다.

어느 정도 준비가 갖춰지자 허씨앤더는 관가에 알리고, 필요한 자금을 모아 1804년 5월

에 원근 마을 사람들과 더불어 다리 놓기 사업에 착수하였다. 공사는 순조롭게 진행되어 완공을 코앞에 둔, 어느 바람 부는 날에 공사하는 사람들의 만류에도 불구하고 다리를 건너던 나무꾼들이 다리에서 떨어져 죽었다. 다리가 놓이면 나룻배 수입이 줄어들 것에 불만을 품은 나루터 토박이들에게는 다리 공사를 중단시킬 절호의 기회가 온 것이다.

이들은 허씨앤더를 모함함과 아울러 관부를 매수하여 그를 참형에 처하도록 하였다. 이에 허씨앤더의 부인은 비분강개했으며, 지아비의 뜻을 이어받아 다리를 완공하는데, 그 모양은 삭교(索橋)로서 바닥에는 널빤지가 깔려있고, 양 옆으로는 대나무로 엮은 난간이 붙어 있었다.

허씨앤더 부부상

다리를 완공하고 나서 허씨앤더의 부인은 다리 이름을 안란챠오(安瀾桥, 안란교)라고 했다. 이는 사람들로 하여금 파란(波瀾)을 겪지 않고 평안하게 건너다니게 하는 다리라는 의미였다. 이후 사람들은 허씨앤더 부부의 공덕을 기려 그 다리를 푸치챠오(夫妻桥, 부처교)라고 불렀다.

⑦ 기타

규광탑(奎光塔), 홍구경구(虹口景区), 남교(南桥), 원명궁(圓明宮), 청계원(淸溪园) 성황묘(城隍庙), 위레이관(玉垒?), 진언루(秦堰楼), 위레이샨공원(玉垒山公园), 청성외산경구(青城外山景区), 행복대도(幸福大道), 취월호(翠月湖), 영암사(롯岩寺) 등이 있다.

마. 교통

청두에서 두쟝옌으로 가는데는 ①청두 기차역에서 챠디앤즈(茶店子)역까지 간 다음 두쟝옌행 기차로 갈아타는 방법, ②청두에서 청성산(青城山)행 기차를 타고 가다가 두쟝옌에서 내리는 방법, ③청두 챠디앤즈 버스터미널에서 두쟝옌으로 가는 버스를 타는 방법 등 다양한 방법이 있다.

가장 대중적인 것은 촉도대도와 인민북로 서편 사이의 3환로 바깥쪽에 있는 챠디엔즈커윈짠(茶店子客运站)을 이용하는 것이다. 커윈짠(客运站)은 버스터미널을 의미한다.

챠디앤즈커윈짠에서는 중국 서북지역의 여러 곳으로 가고 오는 버스가 들어오고 나간다.

두쟝옌행은 자리가 차면 떠나는 방식으로 운행되며, 많은 사람들이 이용한다.

티앤푸광창(天府广场)에서라면 62번 공쟈오쳐(公交车, 시내버스)를 타고 챠디앤즈 정류소에 내린 다음 그 자리에서 4번 공쟈오쳐를 타고 종점까지 간다. 차를 갈아타고부터 10분 정도 소요된다.

칭청샨(青城山, 청성산)

가. 개요

칭청샨은 중국도교의 발원지 중 하나로 청두시 동쪽 68km, 두쟝옌 서남쪽 10km되는 곳에 있다. 총라이샨(邛崍山, 공래산)의 지맥(支脈)으로 예전에는 쟝런샨(丈人山, 장인산)이라 했으며, 주봉인 라오샤오딩(老宵顶, 노소정)은 해발 1,260여m의 높이이다. 온 산의 임목이 사철 푸르고, 36자리의 산봉우리들이 마치 성곽처럼 이어져 있어 푸른 성이라는 의미의 청성산(青城山, 칭청샨)으로 불린다. 이 산의 특징은 "청성천하유(青城天下幽)"로 표현된다. "유(幽)"는 "그윽함"을 의미한다.

칭청샨 관람도

칭청샨(青城山)은 그 뒤로 민쟝(岷江)이 흐르고, 앞으로는 청두평원(成都平原)을 내려다 보고 있다. 옛 사람들의 기록에 의하면, 200km²넓이의 경구(景区)에 36개의 산봉우리, 8개의 큰 동굴, 72개의 작은 동굴, 108곳의 볼 만한 경치가 있다고 했다. 칭청샨은 전산(前山, 앞산)과 후산(后山, 뒷산)으로 나누어 관광한다. 15km²넓이의 앞산 쪽에는 주로 인문경관 중심의 볼거리가 많고, 후산(后山, 뒷산)은 자연경관 중심의 풍경구이다.

칭청샨(青城山)의 기후는 아열대온습형기후구(亚热带温湿气候区)에 속한다. 연평균기온은 15.2℃이고, 기록상의 최고온도는 34.2℃, 최저온도는 -7.1℃였다. 연간 평균 강수량은 1,225㎜이고, 상대습도는 81%이다. 칭청샨의 지질은 단암(丹岩)의 붉은 바위와 붉은 계곡이 특징적이며, 삼림은 아열대의 상록활엽수와 상록침엽수가 뒤섞여 있다.

나. 전산경구(前山景区)

앞산에는 천연도화방(天然图画坊)·천사동(天师洞)·조사전(祖师殿)·조양동(朝阳洞)·상청궁(上清宫)·노군각(老君阁)·원명궁(圆明宫)·옥정궁(玉清宫)·건복궁(建福宫) 등의 주요 경점들과 쉼터로서의 여러 초막들이 있고, 이들 초막과 경점들은 칭청샨 정상인 라오샤오딩(老宵顶, 1,260m)을 오르고 내리는 길에 자리 잡고 있다. 등산을 겸하여 즐기는 듯한

칭청샨 산문

관광객들로 늘 북적인다고 한다.

① **천연도화방**(天然图画坊)

청(清)나라 8대 황제 도광(道光, 1820~1850)년간에 지어진 정자형 건물로 롱쥐샨(龙居山) 패방(牌坊) 언덕의 등성이에 있으며, 6.3m의 높이에 2중 처마가 달려있다. 이곳에서 바라다 보이는 주변 경관은 마치 그림과 같다 해서 천연도화방이라는 이름이 붙었다고 한다.

천사동

천연도화방

② **천사동**(天师洞)

동한(东汉, 25~220) 말년, 천사도(天师道)를 창시한 쨩다오링(张道陵)이 수련, 포교하던 곳으로 본래의 건물들은 훼멸됐고, 현존건물은 청(清, 1616~1911)나라 때 중건 된 것이다. 삼청전(三清殿)·삼황전(三皇殿)·황제사(黄帝祠)의 세 겹 건물이다.

주전(主殿)인 삼청전(三清殿)은 2중처마의 누각식 건물로 청(清)나라의 4대 황제 강희(康熙, 1661~1722)가 썼다는 "단대벽동(丹台碧洞)" 네 글자의 편액이 걸려있고, 노자(老子)의 도가사상(道家思想)이 집약돼있다는 "일생이(一生二), 이생삼(二生三), 삼생만물(三生万物);지법천(地法天), 천법도(天法道), 도법자연(道法自然)"의 대련 글귀도 걸려있다.

삼청전에는 도교 지고무상(至高无上)의 세 신(神)이 존치되어 있다. 옥청선경(玉清仙境)의 "원시천존(元始天尊)", 상청선경(上清仙境)의 "영보천존(灵宝天尊)", 태청선경(太清仙境)의 "도덕천존(道德天尊)"이 그들로서, 이들이 천하의 만사만물(万事万物)을 창시관장(创始管掌)하는 것으로 도교에서는 여긴다.

삼황전(三皇殿)에는 복희(伏羲)·신농(神农)·황제(黄帝)의 석각상(石刻像)들이 존치돼 있다. 당(唐)나라의 10대 임금 현종(玄宗, 712~756)년간에 새겨진 좌상으로 1m높이이다. 도교에서는 황제(黄帝)와 노자(老子)를 조사(祖师, 창시자)로 삼고 있다.

황제사(黄帝祠)는 수(隋, 581~618)나라 때 세워진, 천사동 최초의 건물이며, "고황제사(古黄帝祠)"라고 쓴 편액이 걸려있다.

③ **조사전**(祖师殿)

현존 건물은 청(清)나라 10대 황제 동치(同治, 1861~1875)년간에 지어진 것으로 작고 깜찍한 느낌의 4합원 형식으로 되어 있다. 조사전에는 진무대제(真武大帝)와 삼풍조사(三丰祖师)의 상(像)이 존치되어 있다.

삼풍조사는 형식에 구애를 받지 않은 도사(道士)였다. 한번 본 것은 잊지 않았고, 추우나 더우나 한 벌 옷에 거적때기 하나로 지냈으며, 먹을 때는 잔뜩 먹고, 안 먹을 때는 몇 달 씩

굶었다. 그는 앞날을 내다보는 법력도 지니고 있었다. 그는 명(明, 1368~1644)나라 초기에 입산수행하면서 황제들로부터 "통미현화진인(通微显化真人)", "도광상지진선(韬光尚志真仙)", "청허원묘진군(清虚元妙真君)" 등의 칭호를 받았으며, 사람들은 그를 "무당파조사(武当派祖师)"로 받들면서 그의 상을 빚어 이곳에 존치하였다.

조양동

조사전

④ 조양동(朝阳洞)

조양동 절벽

조양동은 5m사이를 두고 나있는 두 개의 동굴이다. 그 중 큰 것은 높이 5m, 폭32m, 깊이 24m이며, 작은 것은 높이 3m, 폭 11m, 깊이 5m이다. 푸른 바위벽, 똬리산길, 오래된 등나무, 기봉괴석 등으로 둘러싸인 조양동은 해가 뜰 때면 그 주위가 안개로 자욱해지는데, 오직 동굴 입구에서만은 앞이 확 트이고, 떠오르는 햇빛을 받아 찬란하게 빛나는 암벽들과 금가루를 뿌려놓은 듯 반짝이는 청두평원이 한눈에 들어온다고 한다.

⑤ 상청궁(上清宫)

상청궁은 칭청산(青城山) 제일봉의 동쪽 기슭에 있다. 오랜 세월이 흘러내리는 동안 상청궁은 전설중의 신선 도사들이 살던 곳이기도 했고, 제왕(帝王)들이 묵어가는 행궁이기도 했으며, 농민봉기군의 본거지이기도 했다.

현존 건물은 청(清)나라의 동치(同治)년간에 지은 것으로 태상노군(太上老君)·순양조사(纯阳祖师)·장삼풍(张三丰) 등의 소상(塑像)이 존치되어 있다. 상청궁의 동쪽 끝으로 있는 문무전(文武殿)에는 공자(孔子)와 관우(关)의 상이 있다.

상청궁

⑥ 노군각(老君阁)

노군각

칭청산 제일봉인 라오쌰오딩(老宵顶, 1,600여m)에 자리 잡고 있다. 120여 평(400㎡)의 터에 세워진, 하방상원(下方上圆)의 6층 건물이며, 이런 형태는 "하늘은 둥글고, 땅은 모가 나있다"는 천원지방(天圆地方) 사상을 나타내는 것이다. 이곳에 있는 노군상(老君像)은 소를 타고 있으며, 총 높이는 소의 키 2.4m를 포함해서 16m이다.

⑦ 원명궁(圆明宫)

장인봉(丈人峰) 뒤쪽으로 두 개의 산봉우리가 솟아있는데, 하나는 위엔바오산(元宝山)이고, 다른 하나는 무위샨(木鱼山)이다. 이 두 봉우리의 산비탈에 원명궁(圆明宫)이 있다. 이 건물은 명(明)나라 14대 황제 만력(万历, 1572~1620)년간에 지은 것으로, 산문을 들어서면 호법신왕 링관(灵官)을 존치한 영조전(灵祖殿), 북두칠성의 모친인 원명도모천존(圆明道母天尊)을 존치한 두모전(斗女殿), 3청(三清)의 여러 신을 존치한 후전(后殿) 등이 있다.

⑧ 건복궁(建福宫)

장인봉(丈人峰) 아래에 있다. 당(唐)나라 현종(玄宗, 712~756)년간에 지어졌으며, 송(宋) 960~1279)나라 조정에서 "회경건복궁(会庆建福宫)"이란 칭호를 내렸다. 이 이름에는 "제이회창(帝以会昌); 신이건복(神以建福)"이라는 의미가 담겨있다. 황제는 백성들의 번창함을 생각하고, 신은 백성들에게 복 내림을 생각한다는 의미일 터이다. 현존건물은 청(清)나라 11대 황제 광서(光绪, 1875~1908)년간에 중건된 것이다. 산문을 들어서면 정전(正殿)이 있고, 닝펑즈(宁封子)와 두광(杜光)의 소상(塑像)이 있다.

건복궁

다. 후산경구(后山景区)

후산경구는 두장옌시의 타이안썅(泰安乡) 경내가 된다. 산수가 빼어나고, 숲이 그윽하며, 산이 웅장한 자연풍경구이다. 100여 ㎢의 넓이이며, 서북쪽의 와룡(卧龙)자연보호구와 동북쪽의 조공산(赵公山)에 닿아있다. 동쪽으로는 천창산(天仓山)과 건원산(乾元山) 넘어에 전산경구(前山景区)가 된다.

후산경구는 차편을 이용하여 둘러보게 되는데, 칭청샨 대문의 왼쪽 도로에서 서쪽으로 가는 차를 탄다. 청계교(青溪桥)-후산문(后山门)-비선정(飞仙亭)-비선관(飞仙观)-향수동(响水洞)-백석년(白石碾)-금편정(金鞭亭)-팔괘대(八挂台)-공차정(贡茶亭)-영선정(迎仙亭)-삼용정(三龙殿)으로 이어진다.

권역별관광

2 메이샨시(眉山市)

메이샨시의 위치

1. 전체모습

메이샨시(眉山市)는 쓰촨성 청두평원(成都平原)의 서남부, 민쟝(岷江, 민강) 중류와 칭이쟝(青衣江, 청의강) 하류의 부채꼴 지대에 자리 잡고 있다.

이 지역은 두 강이 형성한 충적평야로 해발높이는 대체로 500~1,500m 범위이며, 산지토양은 중생대(中生代)의 홍색암(红色岩)을 바탕으로 하고 있어 단하지모(丹霞地貌)를 형성하고 있다.

메이샨시는 전체면적 7,186km²(제주도의 4배)에 349만 명의 인구가 살고 있으며(2007년), 행정상으로는 동포어구(东坡区)의 1시할구(市辖区)와 런쇼우(仁寿)·펑샨(彭山)·홍야(洪雅)·단렁(丹稜)·칭션(青神)의 5현(县)으로 나뉘어 있다. 그 대체적인 현황은 다음과 같다.

(표) 메이샨시의 행정구획

구현별	면적 (km²)	인구 (만명)	인구밀도 (인/km²)	정부소재지
동포어(东坡)	1,331	83	623.6	쑤츠(苏祠)
런쇼우(仁寿)	2,606	162	621.6	원린(文林)
펑샨(彭山)	465	33	709.7	펑밍(凤鸣)
홍야(洪雅)	1,948	34	174.5	홍촨(洪川)
단렁(丹稜)	449	17	378.6	단렁(丹稜)
칭션(青神)	387	20	516.8	칭청(青城)

메이샨교통약도

메이샨의 구릉과 평야지대는 중아열대습윤기후대(中亚热带湿润气候带)에 속한다. 따라서 4계절은 분명하면서도 극한의 겨울과 혹서의 여름은 없다. 연평균기온은 17.1℃에 극단 최저기온 -3.5℃, 극단 최고기온 38.6℃이며, 연평균 강우량은 1,000㎜ 정도이다.

山)·청두(成都)-야안(雅安)의 두 고속도로와 213번 국도가 관내를 지난다. 또한 청두(成都)의 쌍리유공항(双流机场)이 40km 거리에 있다.

2. 교통

메이샨에는 철로(铁路)·도로(道路)·항로(航路)가 모두 통한다. 청쿤선(成昆线: 成都-昆明, 1,108km)철로가 남북으로 달리고, 청두(成都)-러샨(乐

3. 볼거리

메이샨의 주요 볼거리로는 다음과 같은 것들이 있다.

(표) 메이샨시의 주요 볼거리

경 점	개 요	소재지
싼쑤츠 (三苏祠)	싼쑤츠(三苏祠)는 북송(北宋, 960~1127)시대의 문학가인 쑤쉰(苏洵, 1009~1066)·쑤쉬(苏轼, 1037~1101)·쑤쩌(苏辙, 1039~1112) 등 3인의 사당으로 메이샨 시가지 서남부에 있음. 쑤쉬(苏轼)는 소동파(苏东坡)이고, 쑤쉰(苏洵)은 소동파의 부친이며, 쑤쩌(苏辙)는 동파의 동생임. 당초에는 쑤쉰의 집이었던 것을 원(元, 1206~1368)나라 때 그들의 사당으로 바꿔지었음. 명(明)나라 말기에 병화(兵火)로 소실된 것을 청(清)나라의 4대 황제 강희(康熙, 1661~1722)년간에 다시 지었으며, 1984년에 메이샨싼쑤박물관(眉山三苏博物馆)으로 개편됨. 17만평의 부지에 연면적 3,500평의 건물이 들어서 있으며, 주요 건축물로는 정문(正门)·전청(前厅)·정전(正殿)·계현당(启贤堂)·래봉헌(来凤轩)·동서상방(东西厢房)·운서루(云峨楼)·파풍사(披风榭)·백파정(百坡亭) 등이 있음. 싼쑤츠는 오랜 세월에 걸쳐 수많은 사람들이 참배하고, 성현들이 모여 담론을 벌이던 곳으로 지난날의 흔적을 붉은 담장 안의 푸른 대나무 숲이 잘 간직해오고 있음.	동포어 (东坡)
와우샨 (瓦屋山)	와우샨은 해발고도 3,522m의 역사문화명산임. 중국도교 발원지 중 하나이며, 당(唐, 618~907)·송(宋, 960~1279)시대 때는 어메이샨(峨眉山)과 더불어 "촉중2절(蜀中二绝)"로 꼽혔음. 지각작용으로 동서 양쪽으로 경사가 졌으며, 그 모양이 마치 기와지붕 같다하여 와우샨(瓦屋山)이라 함. 쥐샨(居山)·슈샨(蜀山)·라오쥔샨(老君山) 등으로도 불림. 운해(云海)·일출(日出)·불광(佛光)·성등(圣灯) 등의 신비한 현상을 볼 수 있으며, 산꼭대기의 300만평 원시림에는 희귀동식물이 서식하고 있음. 와우샨 일대 210㎢가 국가삼림공원으로 지정돼있음.	홍야 (洪雅)
라오어샨 (老峨山)	산의 모양이 어메이샨(峨眉山)과 매우 흡사하다 하여 어메이샨의 자매산으로 불림. 해발 1,142m의 높이에 11.8㎢의 넓이이며, 빼어난 자연경관과 더불어 여러 불교유적이 전해옴.	단렁 (丹稜)

싼쑤츠 정문

싼쑤츠 풍광

와우샨

와우샨 설경

라오어샨

라오어샨 풍광

라오어샨

권역별관광 3

러샨시(乐山市)

러샨시의 위치

1. 전체모습

 러샨은 쓰촨분지의 서남부, 민쟝(岷江)·다두허(大渡河)·칭이쟝(青衣江)의 세 강이 만나는 곳에 자리 잡고 있다. 청두로부터는 130km의 거리이다.

 러샨의 전반적인 지세는 서남쪽으로 높고 동북쪽으로 낮은 가운데 산지(山地)·구릉(丘陵)·평지(平?)의 세 지대(地带)로 전개 되며, 그 구성은 67:21:12 이다. 가장 높은 지역은 어비앤이족자치현(峨边彝族自治县)의 마안 샨(马鞍山)으로 해발 4,288m이고, 가장 낮은 지역은 민쟝(岷江)이 러샨시(乐山市)를 벗어나는 지앤웨이현(犍为县)으로 해발 307m이다. 상대고도차가 3,981m에 이르는 것이다.

러샨은 12,827㎢(제주도의 7배)의 면적에 354만 명의 인구가 살고 있으며, 행정상으로는 4시할구(市辖区) · 1현급시(县级市) · 4현(县) · 2자치현(自治县)으로 나뉘어 있다. 시할구는 쉬쭝(市中) · 샤완(沙湾) · 우통챠오(五通桥) · 진코우허(金口河)이고, 현급시는 어메이샨(峨眉山)이며, 현은 지앤웨이(犍为) · 징옌(井研) · 쟈쟝(夹江) · 무촨(沐川) 등이다. 그리고 자치현은 어비앤(峨边)과 마비앤(马边)이다. 그 대체적인 현황은 다음과 같다.

(표) 러샨시의 행정구획

구현별	면적 (㎢)	인구 (만명)	인구밀도 (인/㎢)	정부소재지
쉬쭝(市中)	825	56	678.8	-
샤완(沙湾)	617	20	324.2	-
우통챠오(五通桥)	474	32	675.1	-
진코우허(金口河)	598	6	100.3	-
어메이샨(峨眉山)	1,168	43	368.2	-
지앤웨이(犍为)	1,375	57	414.6	위진(玉津)
징옌(井研)	841	41	487.5	옌청(研城)
쟈쟝(夹江)	749	35	467.3	옌청(焉城)
무촨(沐川)	1,401	26	185.6	무씨(沐溪)
어비앤(峨边)	2,395	14	58.5	샤핑(沙坪)
마비앤(马边)	2,383	18	75.5	민지앤(民建)

2. 역사

러샨의 역사는 유구하다. 지금으로부터 3,000여 년 전의 바슈(巴蜀, 파촉)시대에 이미 촉(蜀)나라의 도읍이었으며, 당(唐, 618~907) · 송(宋, 960~1279) 시대의 역사에서 이 고장을 묘사하여 "산천수발(山川秀发), 상고훤전(商贾喧阗)"이라 적고 있다. 산천은 빼어나게 아름답고, 거리는 온통 상인들로 북적인다는 의미일 터이다.

일찍부터 이렇듯 풍광이 수려하고, 물산이 풍부하였을 뿐만 아니라 어메이샨(峨眉山, 아미산)-러샨다포어(乐山大佛, 낙산대불)로 대표되는 자연경관과 인문경관이 있어 오늘날에는 관광명소로도 그 이름이 널리 알려져 있다.

러샨 약도

3. 자연과 기후

러샨은 쓰촨분지의 서남쪽 변두리에 위치한다.

이곳은 분지와 산지가 맞닿는 곳이며, 기후 상으로는 중아열대기후구(中亚热带气候区)에 속한다. 따라서 4계절이 뚜렷하고, 연평균기온은 16.5~18.0℃ 이다. 연간 강수량은 1,500㎜ 수준이며, 그 80%정도가 여름철에 내린다.

4. 교통

러샨(乐山)은 교통이 매우 편리한 고장이다. 러샨의 교통구조를 압축해서 "1중심(枢纽)·양항(两航)·5철(五铁)·8고속(高速)"이라고 말한다.

1중심은 러샨종합교통기지(乐山交通枢纽)를 이름이고, 양항은 러샨공항(乐山机场)과 민쟝공항(岷江机场)을 일컬음이며, 5철은 ①청두(成都)-미앤양(绵阳)-러샨(乐山)간 철도, ②청두(成都)-꾸이쪼우(贵州)간 철도, ③청두(成都)-쿤밍(昆明)간 복선철도, ④러샨(乐山)-야안(雅安)간 철도, ⑤러샨(乐山)-쯔공(自贡)-루쪼우(泸州)간 철도를 말한다. 또한 8고속은 ①러샨(乐山)-이빈(宜宾), ②러샨(乐山)-야안(雅安), ③러샨(乐山)-어메이(峨眉), ④러샨(乐山)-쯔공(自贡), ⑤러샨(乐山)-한쫑(汉

中), ⑥러샨(乐山)-청두(成都), ⑦러샨순환(乐山循环), ⑧러샨(乐山)-청두(成都)복선화 등을 말한다.

러샨에서 청두(成都)의 솽리유국제공항(双流国际机场)까지는 150km거리로 중국내 최고수준의 고속도로로 연결돼있고, 시내 도처에서 항공권을 구입할 수 있어 매우 편리하다.

철도로는 청두(成都)-쿤밍(昆明)간의 성곤선(成昆线)이 쟈쟝(夹江)·어메이샨(峨眉山)·샤완(沙湾)·어비앤(峨边)·진코우허(金口河)를 지난다.

또한 서로 다른 지급(地级) 행정구역을 연결하는 성제고속철로(城际高速铁路)로서의 성면락철로(成绵乐铁路: 成都-绵阳-乐山)는 샤허바오(沙河堡)·쟝요우(江由)·솽리유(双流)·러샨(乐山)으로 이어지며, 러샨(乐山)·어메이샨(峨眉山)·어메이천하명산역(峨眉天下名山站)으로 이어지기도 한다.

어메이천하명산역에서 어메이샨풍경구까지는 걸어서 10분 정도 걸린다.

청두(成都)-러샨(乐山)은 고속도로로 162km거리 이다.

청두의 신난먼(新南门), 쉬양쟝(石羊场), 청두훠쳐짠(成都火车站) 등지에서 출발한다. 또한 러샨과 어메이샨은 31km의 거리로 매 10분마다 버스가 운행

러샨 교통도

되고 있으며, 총칭(重庆)·네이쟝(内江)·쯔공(自贡)·이빈(宜宾)·야안(雅安) 등 여러 곳으로 정기여객버스가 운행되고 있다.

4. 먹을거리

러샨지역의 먹을거리는 기본적으로 쓰촨 음식의 특색 그대로이다. 러샨의 먹을거리는 그 이름이 아주 오래 전부터 이어져 내려오고 있으며, 청두(成都) 음식의 상당수가 그 근원을 러샨 음식에 두고 있다고 한다. 러샨의 먹을거리를 정리해보면 다음과 같다.

(표) 러샨의 먹을거리

음식명	개요
시빠도우푸 (西坝豆腐)	러샨(乐山)을 본고장으로 하는 두부 요리로 그 모양과 맛이 다양한 성찬요리임.
챠오쟈오니유로우 (跷脚牛肉)	러샨 사람들의 정서에 깊숙이 들어앉아있는 요리임. 거리 곳곳에서 큰 솥을 걸어놓고 탕을 끓이는 음식점을 볼 수 있는데, 그렇게 끓여진 탕에 밥이나 면을 말아 먹음.
부오부오지 (钵钵鸡)	닭고기와 두부 등 여러 식재료를 조각내어 꼬치에 꿴 후 양념한 탕(汤)에서 익혀낸 것임.
파이구미앤 (排骨面)	파이구미앤은 국수발 위에 갈비를 얹은 음식으로 "갈비국수"라는 의미임. 다른 고장에서의 국수에 얹는 갈비는 기름과 설탕에 재어 살짝 익혀내는데 비해 러샨의 갈비는 뼈에 붙어있는 살도 넉넉하려니와 갈비도 콩가루를 푼 계란에 재어 숙성시켰다가 솥에서 푹 익혀냈기에 고기도 연함.
러샨도우푸나오 (乐山豆腐脑)	순두부 요리로서 야들야들한 순두부에 당면·만두·순대·육류 등을 넣어 끓인 것임. 러샨도우푸나오는 형식에 따라 니유화도우푸나오(牛华豆腐脑)와 어메이도우푸나오(峨眉豆腐脑)로 나뉘는데, 어메이도우푸나오는 니유화도우푸나오에 쇠고기튀김을 더 얹은 것임. 기본적으로 니유화도우푸나오는 얹히는 육류가 소고기이며, 이것이 닭고기일 때 지쓰도우푸나오(鸡丝豆腐脑)가 되고, 튀긴 소고기를 얹었을 때 쑤로우도우푸나오(酥肉豆腐脑)로 불리기도 한다.
러샨황먼지 (乐山黄?鸡)	"황먼(黄焖)"은 중국 요리법의 하나로 소량의 간장을 넣고 졸이는 것이고, "지(鸡)"는 닭을 말함. 고압솥에서 졸여내는 닭고기는 연하고 맛이 깊음.
러샨샤오카오 (乐山烧火烤)	"샤오카오(烧火烤)"는 불에 구운 육류식품들을 일컫는 것임. 돼지고기·우렁이·왕새우 등을 야식으로 즐겨먹음.
러샨쟈오마지 (乐山椒麻鸡)	"쟈오마(椒麻)"는 산초나 파 따위를 혼합한 양념을 말하며, 쓰촨요리에서 많이 사용됨. 쟈오마지는 그런 양념으로 조리된 닭고기이며, "쯔앤빠이웨이지(紫燕百味鸡)"와 같은 연쇄점이 있을 정도로 인기가 높음.
러샨량펀 (乐山凉粉)	"량펀(凉粉)"은 녹두묵을 말함. 여름철 더위를 식히는 음식으로 각광을 받고 있음.
러샨량미앤 (乐山凉面)	참기름·겨자·마늘·간장 등의 양념을 얹어 먹는 냉국 국수임.
쟈쓰도우푸간 (夹丝豆腐干)	기름에 튀긴 연두부에 채친 무채를 섞어 여러 양념과 함께 먹는 음식임. 쓰팡도우푸간(四方豆腐干)이 널리 알려짐.

시빠도우푸(西土贝豆腐, 서패두부)

시빠도우푸는 그 맛과 모양새가 다양한 두부요리의 성찬으로 러샨의 이름난 음식이다. 러샨다포어(乐山大佛)로부터 민쟝 아래쪽 20km쯤의 우통챠오취(五通桥区) 시빠쩐(西坝镇) 고장이 시빠도우푸의 탄생지이며, 명(明)나라 14대 황제 만력(万历, 1572~1620) 때의 문헌에 그 이름이 등장하는 것으로 보아 400년 전부터 있어왔던 것으로 추정된다.

그 탄생 배경으로 다음과 같은 이야기가 전해온다.

시빠쩐 마을에 무오라오얼(莫老二)이라는 젊은이가 모친을 공양하면 살았는데, 집안이 워낙 가난하여 나이 30이 넘도록 장가를 못 갔다. 천상의 선녀인 차이윈(彩云)은 그 근면하고 성실하며 효심이 지극한 무오라오얼 청년이 그렇게 지내는 것을 못내 안타까워하다가 빌어먹는 시골처녀로 변신, 저녁 무렵에 무오라오얼 집에 들어 하룻밤 유숙할 것을 청하였다.

이 처자에게 저녁밥을 먹이며 이런 저런 이야기를 하다가 그 처지를 불쌍히 여긴 라오무오얼 모자는 그녀를 식구로 맞아들이기로 했고, 오래지 않아 아들을 낳았다.

한편 천상(天上)에서는 왕무냥냥(王姆娘娘)이 없어진 차이윈을 찾다가 하계로 내려간 것을 뒤늦게 알아차리고 천군을 풀어 차이윈을 잡아오라 명하였다. 차이윈이 그들에게 잡혀 하늘로 오를 적에 배고파 우는 아이의 울음소리는 그녀의 애간장을 있는 대로 녹아내리게 했다. 비통함에 통곡을 하던 차이윈은 정신을 차리고 남편에게 이르기를 집 앞 "량슈이징(凉水井)"우물물에 콩을 불려 갈아 끓여서 아이에게 먹이라고 하였다. 과연 아이는 그 콩물을 먹으면서 잘 자라 5~6세가 되었다.

장난기가 있는 그 아이는 어른이 없는 사이에 소금자루에서 흘러내려 고인 물을 콩물 그릇에 쏟아 부었고, 시간이 흐르면서 콩물이 엉겨 몽글몽글한 덩어리가 생겼다. 집에 돌아와 이를 본 무오라오얼은 아이를 달래가며 그 경위를 물은 후 맛을 보는데, 부드럽고 구수했다. 이렇게 시작된 원초적 두부는 그 후 사람들의 머리와 손이 되풀이 가해지면서 오늘날의 시빠도우푸로 진화한 것이다.

시빠쩐 쉬즈샨(狮子山) 산자락에 있는 량슈이징(凉水井) 우물은 물이 넘치거나 줄어드는 일이 없이 예나 이제나 늘 그대로 샘솟고 있으며, 이 고장 사람들은 지금도 일 년 내내 이 물을 아껴가며 마신다.

챠오쟈오니유로우(跷脚牛肉, 교각우육)

큰 솥에 여러 음식재료를 넣어 끓인 탕(汤) 에 밥이나 면을 말아 먹는 음식으로 그 기원 에 관해 다음과 같은 이야기가 전해온다.

> 1930년대 초, 러샨지방도 예외는 아니어서 번갈아 닥치는 기아와 질병에 사람들은 기진 맥진해 있었다. 당시 러샨에 약초에 통달한 의원이 있었는데, 백성들의 그러한 질곡을 가슴 아파하던 차에 부자들이 소를 잡아먹으면서 그 내장 등 부산물을 하천에 내다버리는 것을 보고, 그는 이 부산물들을 백성들의 고통을 덜어주는 일에 활용하기로 하였다.
>
> 그는 쑤지쩐(苏稽镇, 소계진) 거리의 자기 집 앞에 커다란 무쇠 솥을 걸고, 감기·위장병·치통 등에 효과가 있는 약초와 함께 소의 부산물을 넣고 탕을 끓여 길가는 사람들로 하여금 먹게 하였다. 이 탕약은 사람들의 허기도 메워주고, 질병의 고통도 덜어주어 매우 인기가 높았으며, 그 구수함을 맛보고자 사람들이 줄을 이었다. 따라서 그의 집은 그 탕 죽을 먹으러 오는 사람들로 늘 발 디딜 틈도 없이 북적거렸고, 사람들은 이 구석 저 구석에서 쭈그리고 앉아 탕 죽을 먹었다. "챠오쟈오(跷脚)"는 그러한 형상을 의미하는 어휘이고, "챠오쟈오니유로우(跷脚牛肉)" 음식은 그렇게 시작된 것이다.
>
> 세월이 지나면서 들어가는 재료들도 품질이 향상되면서 오늘날에 이르고 있는데, 소고기도 품질이 좋은 것을 쓸 뿐만 아니라 들어가는 약재도 대추 구기자 당귀 등 20여 종이나 된다.

5. 볼거리

예로부터 이르기를 천하풍광은 촉에 있고(天下风光在蜀), 촉의 으뜸경치는 쟈쪼우에 있다(蜀之胜在嘉州)고 하였다. 쟈쪼우(嘉州)는 러샨(乐山)의 옛 이름이다. 러샨의 볼거리들을 정리해 보면 다음과 같다.

(표) 러샨의 주요 볼거리

경 점	개 요	소재지
러샨다포오 (乐山大佛)	러샨다포어(乐山大佛)는 미륵불좌상(弥勒佛坐像)으로 링윈다포어(凌云大佛)로도 불림. "링윈(凌云)"은 세월을 초월한다는 의미를 지니고 있음. 당(唐, 618~907)나라 때 새겨진 것임.	러샨 (乐山)
어메이샨 (峨眉山)	러샨 시가지로부터 서쪽으로 37km되는 곳에 있음. 주봉은 해발 3,079m 높이이며, 산 위에 여러 사찰 등 인문경관이 있고, 자연경관	〃

경점	개요	소재지
	도 빼어남.	
찬씨쮸하이 (川西竹海)	해발 450m 높이의 붉은 빛 단샤디마오(丹霞地貌) 지대에 펼쳐진 2,400㎢넓이의 대나무 숲임. 단샤디마오(丹霞地貌, Danxia landform)는 붉은 빛의 사력암(砂砾岩)을 모암으로 하여 생성된 토양·구릉·절벽 등의 땅거죽 모양을 일컫는 것임.	
루워청쩐 (罗城镇)	명(明, 1368~1644)나라 때 생긴 마을로 지앤웨이현(犍为县) 현성 동북쪽 30㎞되는 산간지역에 있음. 마을의 중심을 꿰뚫는 길의 폭이 마을의 한 가운데는 넓어 20m이고, 마을로 들어서고 마을을 빠져나가는 길목 쪽으로는 좁아져 5m가 됨. 이 길을 위에서 내려다보면 그 모양이 배와 같기에 촨청(船城)이라고도 부름.	
궈무오러구쥐 (郭沫若故居)	러샨 출신의 작가이자 시인·고고학자·사회활동가인 궈무오러(郭沫若, 1892~1978)의 옛집으로 샤완(沙湾)에 있음.	샤완 (沙湾)
샤완메이뉘펑 (沙湾美女峰)	샤완취(沙湾區) 시가지의 남쪽 6㎞거리에 있는 메이뉘펑(美女峰, 미녀봉)은 어메이산에서 세 번째로 높은 봉우리로 해발 2,027m의 높이임. 여인이 반듯하게 누워있는 모습과 같다 하여 붙여진 이름으로 이 곳 출신의 시인 궈무오러가 잠자는 미인이라는 의미의 슈이메이런(睡美人, 수미인)이라 읊었던 데서 그 이름이 비롯됨.	〃
우통챠오 (五通桥)	러샨 시가지에서 남쪽으로 25㎞떨어진 곳, 망씨허(茫溪河)와 용쓰쟝(涌斯江)의 두 강이 만나는 곳에 있음. 풍경이 수려하여 "샤오시후(小西湖)"로도 불림. 매년 단오절(端午节) 때면 이곳에서 물놀이 행사가 열림.	우통챠오 (五通桥)
링윈스 (凌云寺)	러샨시를 흐르는 민쟝 동쪽 기슭의 링윈샨(凌云山)에 있음. 낙산대불의 부속사찰임. 당(唐, 618~907)나라 초기에 창건됐고, 청(清)나라 6대 황제 건륭(乾隆, 1735~1796)년간에 중건됨. 천왕전(天王殿)·미륵전(弥勒殿)·장경루(藏经楼)·동파정(东坡亭)·경수정(竟秀亭)·해사동(海师洞) 등의 볼거리들이 있음.	
링바오타 (凌宝塔)	링윈샨(凌云山) 링바오펑(凌宝峰)에 있음. 당(唐, 618~907)·송(宋, 960~1279)년간에 창건됨. 높이 30m의 4각13층탑으로 처마가 촘촘히 붙어 올라갔음.	
무오야쉬커 (摩崖石刻)	링윈샨의 아홉 봉우리에 걸쳐있는 석벽(石壁)에는 옛 시문(诗文)과 불상 등이 새겨져 있는데, 이를 일러 링윈샨구무오야쉬커(凌云山古摩崖石刻, 릉운산고마애석각)이라 함. 링윈샨의 아홉 봉우리는 지펑(集凤)·치루안(栖鸾)·링바오(凌寶)·단샤(丹霞)·용추이(涌翠)·왕취(望去)·지유리(就日)·두이위예(兑悦)·쮸롱(祝融) 등이며, 이들을 한 데 묶어 "지유딩판(九顶品, 구정품)"이라 함. 러샨의 풍치를 일컬어 "민쟝의 위쪽으로는 어메이(上潮峨眉)이고,	

경 점	개 요	소재지
	그 이래로는 지유딩(下潮九顶)"이라고도 함.	
동푸오로우 (东坡楼)	송(宋, 960~1279)나라 때의 문학가 쑤쉬(苏轼, 837~1101)의 사당임. 그의 호(号)인 둥푸오(东坡)를 따서 붙인 이름이며, 그의 조각상이 있음. 동푸오로우(东坡) 앞에 소동파가 먹을 갈고 붓을 씻었다는 세묵지(洗墨池)가 있음. 러산의 특산물 중 동파묵어(东坡墨鱼)가 있는데, 검은 빛이 도는 잉어이며, 그 검은 빛은 세묵지의 먹물에서 비롯된 것이라 함. 낙산대불풍경구에 있음.	
마하오야무 (麻浩崖墓)	"마하오(麻浩)"는 민장 강변의 한 지명임. "하오(浩)"는 쓰촨지방의 언어로 강의 폭이 넓고, 물 흐름이 유유한 지역을 일컬음. 마하오는 러산다포어(乐山大佛)와 우요우스(乌尤寺)절의 중간쯤에 있으며, 이곳에 천연의 흑색사암(黑色砂岩) 절벽을 파고 들어가 묘를 만든 야무(崖墓애묘)가 집중돼있음. 이곳 야무는 동한(东汉, AD25~220)시대의 것으로 보고 있으며, 현재 애묘박물관이 조성되어 있음. 낙산대불풍경구에 있음.	
우요우스 (乌尤寺)	선종불교(禅宗佛教)의 사찰로 당(唐, 618~907)나라 때 창건됨. 산비탈의 위와 아래를 잘 조화시켜 경내가 돋보임. 천왕전·미륵전·관음전·대웅전·나한당 등이 있으며, 3m높이로 향장목(香樟木)을 깎아 만든 석가모니·문수·보현의 3존 불이 존치되어 있음. 낙산대불풍경구에 포함됨	
천연대불 (天然大佛)	러산의 우요우(乌尤)-링윈(凌云)-꾸이청(龟城) 등 세 산이 이어지면서 나타내는 모습이 마치 부처가 누워있는 자태와 흡사하다 하여 "거형천연수불(巨型天然睡佛)" 또는 "천연대불(天然大佛)"이라고 함. 우요우산(乌尤山)은 부처의 머리에, 링윈산(凌云山)은 부처의 몸체에, 꾸이청산(龟城山)은 부처의 다리에 상응함.	
쟈장천불암 (夹江千佛岩)	쟈장현(夹江县) 현성 서쪽 3km되는 곳에 있음. 이곳을 흐르는 칭이장(青衣江) 석벽에 200여개의 굴이 늘어서 있고, 그 안에 들어있는 조각상이 2,400여개를 헤아림. 수(隋, 581~618)나라 때부터 시작하여 당(唐, 618~907)-명(明, 1318~1644)-청(淸, 1616~1911)에 이르기까지 이어지고 있으며, 그 조형미와 조각 솜씨가 뛰어나 석각예술의 진수를 보여주고 있는 것으로 평가됨.	쟈장 (夹江)
흐이쮸고우 (黑竹沟)	어비앤이족자치현(峨边彝族自治县)의 밀림 속 깊이에 들어있는 계곡지대로 180km²넓이이며, 해발높이는 2,000~4,300m 범위임. 사람이나 가축이 그리로 들어가면 대부분의 경우 되돌아오지 못하므로 사람들은 이곳을 일러 "마귀삼각주(魔鬼三角洲)"라고 했다함.	어비앤 (峨边)
다펑딩 (大风顶)	마비앤이족자치현(马边彝族自治县)에 있는 자연보호구역으로 동서 폭 15.3km에 남북길이 37km의 크기임. 쓰촨분지와 원꾸이고원이 이어지는 지대로 평균경사 36°이며, 경내의 가장 높은 곳은 해발 4,042m이고, 낮은 곳과의 상대고도차는 3,000m에 이름.	마비앤 (马边)

러산다포어풍경구(乐山大佛风景区)

1. 개요

러산다포어풍경구는 크게 러산다포어(乐山大佛, 낙산대불), 동팡포어두(东方佛都, 동방불도), 마하오야무(麻浩崖墓, 마호애묘), 우요우쓰(乌尤寺, 오우사)의 네 구역으로 나뉜다. 이 풍경구의 관람노선은 일반적으로 북문매표소에서 표를 산 후, 관리소 측에서 제공하는 관광자동차를 타고 1km거리의 동문으로 가서 입장한다. 이 러산다포오의 동문은 동팡포어두의 정문이기도 하며, 이곳에서부터 동팡포어두를 둘러보고 대불(大佛, 다포어) 쪽으로 넘어 가서 나머지 지역을 관람한다. 동팡포어두는 링윈산(凌云山)의 남쪽기슭 골짜기에 있고, 다포어(大佛, 대불)는 링윈샨의 북쪽기슭, 민쟝 강변에 있다.

러산다포어풍경구 약도

(宗教)·조각(雕刻)·원림(园林)이 종합적으로 어우러진, 8만평넓이의 공원으로 이곳에 모두 3,000여 자리의 불상이 있다. 이들 불상은 중국뿐만 아니라 세계 여러 나라의 불상까지도 모방해서 앉혀놓은 것이다.

동팡포어두의 관람동선은 거형와불(巨型卧佛)-불교전설부조예술벽(佛教传说 浮雕艺术墙)-나한동(罗汉洞)-천불탑(千佛塔)-만불동(万佛洞)-대불만(大佛湾)-연심산(连心山)-천수관음동(千手观音洞) 등으로 이어진다.

2. 주요경점

가. 동팡포어두(东方佛都, 동방불도)

동팡포어두는 러산다포어(乐山大佛)의 산 넘어 골짜기 속에 들어있다. 러산다포어와 연계, 불교문화의 신장을 도모하고자 1994년에 문을 연 동팡포어두는 종교

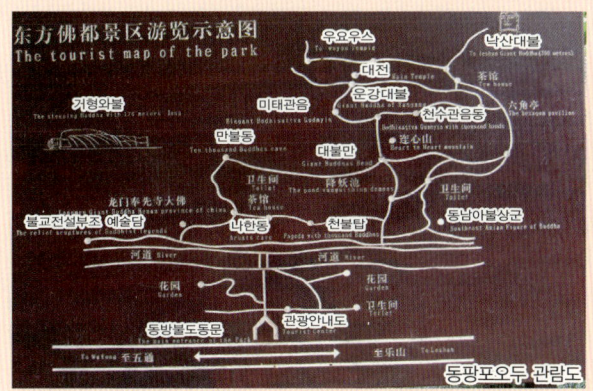

동팡포오두 관람도

71

거형와불(巨型卧佛)은 동문을 들어서면서 왼쪽11시 방향으로 보이는 산비탈에 누워있는 부처로 길이 170m에 폭 33m의 크기이다. 산의 모양새를 그대로 살려 새겨놓은 석가모니불(釋迦牟尼佛)인 것이다. 남쪽으로는 부처의 어깨 윗부분을, 그리고 북쪽으로는 부처의 무릎 아랫부분을 새겨놓고, 그 가운데의 몸통은 자연상태의 수목을 그대로 놔둠으로써 땅을 침상으로 삼아 누워 산천초목을 덮고 있는 형상을 나타내고 있다.

거형와불

불교전설 부조예술벽(浮雕艺术墙)은 거형와불 아래쪽의 암벽에 길게 새겨져 있다. 부조(浮雕)라 함은 돋을새김으로 조각을 한 것을 말한다. 그 전설들의 내용을 요약하면 다음과 같다.

○. 앵무새 고사 : 형제간인 두 마리의 앵무새가 있었다. 무오루워치리(摩罗祁梨)란 이름의 형은 현세불(現世佛)이었다. 어느 날, 현세의 마왕(魔王)인, 부오쉰(波旬)이란 이름의 흉악한 매(鷹)가 아우앵무새를 낚아채갔다. 공덕이 두터워 성불(成佛)을 앞둔 형 앵무새는 지략을 써서 마왕을 제압하고, 아우앵무새를 구하였다.

○. 공작왕의 고사 : 공작왕은 부처의 화신이다. 그는 주술로써 사람들의 병을 고칠 수가 있었다. 공작왕은 자신이 아끼는 암컷공작 500마리로 하여금 청작(青雀, 고지새)를 따라가게 하였다. 공작왕은 암암리에 주선해 놓기를 이들이 사냥꾼에게 잡혀가 국왕에게 보내지도록 한 것이다. 그렇게 하여 그들로 하여금 질병으로 고통 받는 백성을 구제하고자 한 것이었다. 그러나 국왕은 어의가 이들 암컷공작을 탐탁하게 여기지 않자 모두 날려 보냈다. 이를 본 공작왕은 국왕이 참으로 어리석다고 하였다.

○. 유룡(虬龙)이 원숭이의 심장을 먹으려 했다는 고사 : 망망대해에 유룡(虬龙, 뿔이 난 작은 용)이 있었다. 그는 마왕 부오쉰(波旬)이 변신한 것이다. 이 유룡의 새끼를 밴 처자가 원숭이의 심장을 먹고 싶어 하자 유룡은 우담바라 열매를 먹으러 가자고 한 원숭이를 꼬였다. 그러나 그 원숭이는 부처의 화신이었다. 흉계를 간파한 원숭이는 나뭇가지에 허상의 원숭이 심장을 걸어놓고 마왕으로 하여금 그것을 따게 하였다. 이로써 마왕은 원숭이의 간을 취할 수가 없었다.

○. 사냥꾼이 새를 잡으려했던 고사 : 마왕 부오쉰이 사냥꾼으로 변신하여 풀 더미 속에 몸을 감추고 있었다. 몰래 숨어 있다가 새가 다가오면 낚아채려는 속셈이었다. 부처가 작은 새로 변신하여 조심조심 그 풀 더미를 피해 지나가니 마왕 사냥꾼은 잡을 수가 없었다. 부처가 법력으로 마왕의 흉계를 꿰뚫고 있었던 것이다.

○. 정원사와 거북이의 고사 : 마귀 부오쉰(波旬)이 정원사로 변신하여 물속의 거북이로 하여금 물으로 올라오게 한 다음 꽃을 선사하였다. 부처의 화신인 거북이는 육통신력(六通神力)으로 그 정원사의 흉계를 알아차리니 마귀인 부오쉰도 어쩌할 수가 없었다.

○. 사슴부부의 고사 : 수사슴 한 마리가 있었는데, 부처의 화신이었다. 예슈투워루워(耶輸

陀羅)라 불리는 암사슴이 수사슴을 따라 고행수도하고 있었다. 어느 날, 수사슴이 사냥꾼에게 잡혀 묶였는데, 암사슴이 사냥꾼에게 청하기를 자신이 대신 묶일 터이니 수사슴을 풀어주라고 하였다. 사냥꾼이 수사슴의 포박을 풀고 암사슴을 묶으려 하자 두 사슴은 그 짬을 틈타 함께 도망갔다.

　ㅇ. 왕자가 목숨을 바친 고사 : 부처가 아난(阿難)에게 이렇게 말했다. 엔푸티쪼우국(閻浮提州國)에 마허싸츄이(摩訶薩陲)라는 어린 왕자가 있었는데, 마음씨가 어질고 착하여 중생을 어여삐 여겼다. 그가 산에서 새끼 호랑이 두 마리에게 젖을 먹이는 어미 호랑이를 보았는데, 몹시 허기가 져있고, 젖은 나오지 않았다. 이를 불쌍히 여긴 왕자는 자신의 몸을 그 어미 호랑이에게 주었다.

　이와같은 여러 전설고사를 형상화한 부조예술벽화의 전체 사진과 그것을 4등분하여 확대한 사진은 다음과 같다.

나한동(罗汉洞)은 불교의 18나한을 존치해 놓은 동굴로 앞과 뒤가 열려있다. 나한(罗汉, 루워한)은 아라한(阿罗汉)을 줄인 말이다. 아라한(阿罗汉)은 해탈한 존재로 중생들로 하여금 인생의 번뇌를 떨쳐버리게 하고, 고통 받는 윤회의 고리를 끊을 수 있도록 도와준다고 한다. 이곳의 18나한들은 서로 다른 여러 형태로 생동감 있게 조각되어 있어 감상해볼만 하다.

천불탑(千佛塔)은 12m높이의 6면체 탑으로 한 면에 12자리씩의 불상이 새겨져 있다. 대불만(大佛湾)은 연심산(连心山)의 가파른 산비탈자락으로 안위예와불(安岳卧佛)·둔황대불(敦煌大佛)·비래봉대두미륵불(飞来峰大肚弥勒佛) 등 중국의 이름난 대불들을 본떠 새긴 조각상들이 빙 둘러 자리 잡고 있다. 가파른 경사의 연심산자락 위로는 연등불(燃灯佛)로 불리는 운강대불(云刚大佛)이 있고, 그 양쪽으로 보살동(菩萨洞)과 천수관음굴(千手观音窟)이 있다. 보살동의 미태관음상(媚态观音像)은 그 자태가 아름답고 귀여워 보는 이의 눈길을 사로잡는다. 천수관음굴은 관음의 전설고사를 조각으로 표현해 놓은 곳이다.

나한동

만불동(万佛洞)은 세계 여러 나라 불상을 본떠 만든 부처가 존치되고, 석가모니에 관한 여러 전설들을 형상화하여 새겨놓은, 일종의 불상 전시관 같은 곳이다. 경주가 고향인 우리나라의 불상도 거기에 있다.

연심산 연등불

천불탑

미태관음상

천수관음상

나. 러샨다포어(乐山大佛, 낙산대불)

러샨다포어(乐山大佛)는 미륵불좌상(弥勒佛坐像)으로 링윈다포어(凌云大佛, 릉운대불)로도 불린다. 러샨다포어가 자리 잡고 있는 곳은 민장(岷江)·다두허(大渡河)·칭이장(青衣江)의 세 강이 합류하는 곳이다. 러샨 시가지에서 강가에 나와 강 건너의 링윈산(凌云山)을 바라보면 그 절벽에 새겨진 큰 불상을 볼 수 있는데, 그것이 러샨다포어(乐山大佛, 낙산대불)인 것이다. 또한 러샨다포어가 있는 링윈산과 그 좌우로 있는 산을 망라해서 보면 그 자체가 하나의 와불(卧佛, 누워있는 부처)로 보이는데, 이를 일컬어 거형천연수불(巨型天然睡佛)이라고 한다. 수불(睡佛)은 잠자는 부처를 말한다.

링윈산 절벽에 새겨져있는 이 대불의 전체 높이는 71m이고, 부위별로는 머리높이 14.7m, 머리 폭 10m, 부처 머리의 작은 상투들인 파지(发髻) 1,021개, 귀 길이 7m, 코 길이 5.6m, 눈썹 길이 5.6m, 목 높이 3m, 어깨 넓이 24m, 손가락 길이 8.3m, 무릎에서 발까지의 길이 28m, 발 폭 8.5m 등이다.

이 러샨다포어의 머리는 산등성이에 이르러 있고, 발은 강가에 닿아있다. 양손은 무릎 위에 가지런히 놓였으며, 온 몸체는 균형이 잘 잡혀 있다. 대불의 좌우 양편 절벽에는 10m 높이의 호법무사(护法武士)가 새겨져 있으며, 절벽의 수많은 불감(佛龛) 속에도 불상들이 새겨져 있다. 가히 불교석각예술의 총 본산이라 할만하다.

강에서 본 러샨다포어

러샨다포어 주변도

거형천연수불

위에서 본 러샨다포어

대불의 왼쪽으로 "동천(洞天)"을 따라 내려가면 500m길이의 링윈짠다오(凌云栈道, 능운잔도)가 시작된다. 오른쪽으로는 지우취짠다오(九曲栈道, 구곡잔도)가 있다. 짠다오(栈道)는 절벽에 마련된 계단 길을 의미한다. 절벽에 불상을 다 새긴 후 13층의 누각을 지어 덮고 대불각(大佛阁)이라 했었는데, 전란으로 훼멸되고, 지금은 그 대불각을 지을 때 대들보를 박았던 구멍 수십 개만이 절벽에 남아있다.

러샨의 바위 층인 홍사암(红砂岩)은 그 강도가 무르다. 따라서 대불을 조각함에 있어서는 비교적 수월한 면도 있었으나, 그 후 장구한 세월이 흐르는 동안 받아야 했던 침식과 풍화로 말미암아 대불은 만신창이가 됐고, 본래의 모습이 많이 사라졌다. 이에 중국 정부는 1962년과 1990년에 대대적으로 전면보수하고, 절차를 밟아 UN의 세계문화유산으로 등록하였다.

기록상으로 나타난 낙산대불의 암벽조각 착수 자는 해통화상(海通和尚)이다. 해통은 당(唐)나라 10대 임금 현종(玄宗, 712~756) 초년에 꾸이쪼우(贵州)에서 태어났으며, 12세에 출가하였다. 24세 때부터 중국 각지를 돌아다니다가 이곳 링윈산(凌云山)에 이르러 초막을 짓고 불법 수행에 정진하였다. 그가 강변 절벽에 대불을 새기게 된 배경과 경위가 다음과 같이 전해온다.

링윈산 아래 강가는 민쟝(岷江)·다두허(大渡河)·칭이쟝(青衣江)의 세 강물이 합류하는 곳으로 수많은 말들이 흥분해 날뛰는 듯 물결은 사납고 거칠었으며, 그 물소리 또한 뇌성벽력과 같았다. 환경이 이렇다보니 배가 뒤집히고, 사람이 죽는 일은 다반사였다. 게다가 여름 홍수 철이 되면 물은 더욱 늘어나 사람들은 강물만을 바라보며 탄식만 할 뿐이었다. 이를 불쌍하게 여긴 해통선사는 고심 끝에 인간세상에서 가장 큰 미륵불상을 강가 절벽에 새기고 그 원력으로 강물을 가라앉힘으로써 백성들이 편안하게 지낼 수 있도록 하고자 마음을 먹었다.

해통선사의 그러한 결심이 알려지자 원근의 석공들이 몰려왔으며, 해통선사는 그들을 이끌고 불상조각에 착수 하였다. 그 착수 첫날에 하늘을 진동시키는 요란한 소리와 더불어 산이 무너지는 듯 요동을 치고, 강물은 시뻘겋게 뒤집히며 더욱 거세게 날뛰었다. 이런 현상은 그간에 물속 깊숙이에 박혀서 온갖 못된 짓을 하던 수괴(水怪)들이 당황하여 우왕좌왕 좌충우돌하는 가운데 생기는 현상이었다.

불상 새기기가 시작되면서 해통화상은 비용마련을 위해 수시로 시주를 구하려 다녔으며, 그렇게 여러 해가 지나면서 대불의 윤곽이 들어났다. 그리고 그에 따라 미친 듯이 날뛰던 강물도 점차 잦아들어갔다. 그러던 중에 쟈쪼우(嘉州) 군수가 해통화상에게 돈이 많다는 소문을 듣고 아전들을 몰고 와 돈을 내놓도록 협박하였다. 이에 해통은 의연하게 자신의 눈동자를 빼어주는 한이 있더라도 부처의 재물은 줄 수 없다고 하였다. 해통의 그 의연함을 자신에 대한 멸시로 여긴 쟈쪼우 군수는 부끄럽고 분한 나머지 해통선사에게 눈알을 내놓으라 하였다. 설마 자신의 눈을 파내기야 하랴 싶었던 군수는 해통이 한 점 망설임도 없이 단정히 꿇어앉아 눈알을 빼어 구리쟁반에 담아 건네자 대경실색 혼비백산하여 도망쳤고, 그 소문이 빠르게 퍼지면서 사람들의 대불축조에 거는 기대와 시주는 날로 커져갔다. 그러나 애석하게도 해통화상은 그 대불이 완공되기 전에 입적하는데, 이로써 대불공사도 중단되었다.
　이후 당(唐)나라 13대 임금 덕종(德宗, 779~805)년간에 이르러 웨이까오(韦臯)가 서천절도사(西川节度使)로 부임하여 그 위업을 이어 받으니, 공사가 중단 된지 10년만의 일이었으며, 덕종 때인 803년에 드디어 대불이 완성되었

해통선사 조각상

다. 이렇게 해서 세계 최대의 석각불상이 탄생됐으며, 그 모습을 시인묵객들은 다음과 같이 읊었다.

　　산 자체가 한 분 불상이고(山是一尊佛),
　　그 부처가 한 자리 산을 이루네(佛是一座山).
　　뭇 산을 거느리시고(带领群山来),
　　연이은 강변에 우뚝 스셨구려(挺立大江边).

　러샨다포어(乐山大佛)의 부속 건축물로 링윈스(凌云) 절이 있다. 17세기에 중건된 천왕전(天王殿)·대웅보전(大雄宝殿)·장경루(藏经楼) 및 좌우배전(左右配殿) 등이 있으며, 경색(景色) 면에서 서남제일(西南第一)이란 평판을 지니고 있다.
　링윈산은 그 해발 높이가 448m이고, 그 둘레길이는 3.5㎞이며, 전체 넓이는 0.6㎢이다. 나무가 무성한 이 산의 아래로는 민(岷)·다두(大渡)·칭이(青衣)의 세 강이 합쳐지는데, 그 경치가 아름다워 역대 문인묵객들이 이르기를 서남산수(西南山水)의 으뜸이라 하였다. 이런

링윈스 불상

링윈스 미륵불

배경에서 이곳에 동푸어로우(东坡楼)가 있다. 동푸오로우는 송(宋, 960~1279)나라 때의 문학가 쑤쉬(苏轼 837~1101)의 사당이다. 그 이름은 쑤쉬의 호(号)인 동푸오(东坡)를 따서 붙인 것이며, 그 안에 동푸오(东坡)의 조각상이 있다. 동푸오로우(东坡楼) 앞에 소동파가 먹을 갈고 붓을 씻었다는 세묵지(洗墨池)가 있다. 러샨의 특산물 중 동파묵어(东坡墨楼)가 있는데, 검은 빛이 도는 잉어이며, 그 검은 빛은 세묵지의 먹물에서 비롯된 것이라는 얘기가 전해온다.

다. 우요우스(乌尤寺, 오우사)

우요우스(乌尤寺) 절은 링윈샨(凌云山)과 잇대어 있는 우요우샨(乌尤山) 등성이에 자리 잡고 있다. 링윈샨과 우요우샨이 이어지는 부분이 민쟝(岷江)·칭이쟝(青衣江)·다두허(大渡河)의 세 강이 합류하는 지점이다. 우요우스 절은 원래 당(唐, 618~907)나라 때 혜정(惠净)이라는 승려에 의해 창건된 정각사(正觉寺)였으나, 북송(北宋, 960~1127) 때 개명됐으며, 당초의 건물들은 명(明, 1368~1644)·청(清, 1616~1911) 때의 전란으로 훼멸됐다. 현존 건물은 청나라 말기에 중건된 것이다.

산문을 들어서면 천왕전(天王殿)이 있고, 천왕전을 지나면 미타전(弥陀殿)이 다가온다. 미타전은 민쟝을 내려다보는 절벽 위에 있다. 미타전 안에는 금칠을 한, 5m높이의 아미타불상이 있고, 그 뒤로 48가지의 소원을 각자 하나씩 들어준다는 48자리의 불상이 존치돼있다.

대웅전(大雄殿)에는 1m크기의 금빛 글자로 새겨진 "대웅전(大雄殿)" 편액이 걸려있다. 청나라 말의 서예가 황운괄(黄云鹄)이 쓴 것이라 하며, 그 장중한 필체가 명필 중의 명필인 것으로 회자되고 있다. 또한 대웅전의 정중앙 처마기둥에는 근대시인 조향송(赵香松)이 지었다는 시(诗)가 대련으로 써져있는데, 그 내용이 마치 석가모니가 입적할 때의 적막하고 공허한 분위기를 느끼게 한다고들 말한다. 시구(诗句)는 다음과 같다.

동푸오로우

동푸오로우정음각

널려 피어있는 흰 빛 연꽃이 천상지하에 홀로 빛난다.
(遍飞曼陀罗花, 唯我独存, 天上地下.)

이곳이야말로 불국정토, 문을 나서서 밖을 보니 산은 공허하고 물은 깊다.
(此地即宝庄严土, 出门一望, 山虚水深.)

초의 나한들은 문화혁명 초기에 파괴됐고, 지금의 것은 1986년에 복원된 것이다.

라. 마하오야무(麻浩崖墓)

마하오야무(麻浩崖墓)는 링윈샨과 우요우샨 사이로, 합류된 세 강의 물이 들어차있는 곳의 동쪽기슭에 있다. 마하오(麻浩)는 그곳의 지명이며, 야무(崖墓)는 옛날에 유행했던, 사람 사는 집을 본떠 만든 묘를 일컫는 것이다.

마하오(麻浩)에는 동서길이 200m, 위아래 폭 25m의 범위에 544개의 야무(崖墓)가 마치 벌집처럼 층을 이루어 있다. 이곳에 러샨한야무박물관(乐山汉崖墓博物馆)이 들어서 있다.

우요우스 정문

우요우스 경내

마하오 풍광

우요우스 대웅전

마하오야무경구 정문

대웅전에는 불교에서 화엄3경(华严三经)이라 일컫는 석가모니불(释迦牟尼佛)·문수보살(文殊菩萨)·보현보살(普贤菩萨)의 세 불상이 존치돼있다. 향장목(香樟木)으로 정교하게 새긴 후 금을 입인 것으로 3m높이이다. 우요우스 절의 나한당에는 500나한이 들어있다. 당

마하오야무 묘살

어메이산풍경명승구(峨眉山风景名胜区)

가. 개요

어메이산은 쓰촨분지의 서남부에 위치하며, 어메이시(峨眉市)와는 서남쪽으로 7㎞, 러샨시(乐山市)와는 서쪽으로 27㎞ 떨어져 있다. 행정상으로는 러샨시 관내이다. 샨시(山西)의 우타이샨(五台山, 오대산), 쩌쟝(浙江)의 푸투오샨(普陀山, 보타산), 안후이(安徽)의 지유화샨(九华山, 구화산) 등과 더불어 중국 불교의 4대 명산으로 꼽힌다. 어메이샨풍경구(峨眉山风景名胜区)는 그 면적이 154㎢로 따어(大峨)·얼어(二峨)·싼어(三峨)·쓰어(四峨)의 네 산으로 조성된다. 그 중 따어(大峨)가 어메이샨의 주봉이며, 통상적으로 이야기하는 어메이샨은 따어(大峨)를 지칭하는 것이다.

어메이샨 등산로

나. 등산로

어메이샨 등산은 바오궈스(报国寺, 보국사)에서 출발한다. 등산로는 좌우로 나뉘는데 각각 다음 표와 같이 이어진다. 좌우등산로는 시쌍치(洗象池)에서부터 같이 간다.

어메이샨의 등산로의 주요 거점별 거리를 정리해보면 다음과 같다.

(표) 어메이샨 등산로(시쌍치부터는 같은 길임)

좌측 등산로	우측 등산로
푸후스(伏虎寺, 복호사)→	롱먼동(龙门洞, 용문동)→
칭인거(清音阁, 청음각)→	빠이롱동(白龙洞, 백룡동)→
홍츈핑(洪椿坪, 홍춘평)→	완니앤스(万年寺, 만년사)→
씨앤펑스(仙峰寺, 선봉사)→	화옌딩(华严顶, 황엄정)→
시쌍치(洗象池, 세상지)→	시쌍치(洗象池, 세상지)→
레이동핑(雷洞坪, 뢰동평)→	레이동핑(雷洞坪, 뢰동평)→
지에인디앤(接引殿, 접인전)→	지에인디앤(接引殿, 접인전)→
진딩(金顶, 금정)→	진딩(金顶, 금정)→
완포어딩(万佛顶, 만불정)	완포어딩(万佛顶, 만불정)으로

(표) 주요 거점 간 거리

구 간	거리(km)
어메이샨 시가지 - 보국사(报国寺, 바오궈스)	6.6
보국사(报国寺, 바오궈스) - 복호사(伏虎寺, 푸후스)	1.0
복호사(伏虎寺, 푸후스) - 청음각(清音阁, 칭인거)	10.0
청음각(清音阁, 칭인거) - 홍춘평(洪椿坪, 홍츈핑)	6.0
홍춘평(洪椿坪, 홍츈핑) - 구로동(九老洞, 지유라오동)	15.0
구로동(九老洞, 지유라오동) - 세상지(洗象池, 시썅치)	12.5
세상지(洗象池, 시썅치) - 뢰동평(雷洞坪, 레이동핑)	7.5
뢰동평(雷洞坪, 레이동핑) - 접인전(接引殿, 지에인디앤)	1.5
접인전(接引殿, 지에인디앤) - 금정(金顶, 진딩) : 케이블카	6.0
청음각(清音阁, 칭인거) - 만년사(万年寺, 완니앤스)	2.0
만년사(万年寺, 완니앤스) - 세상지(洗象池, 시썅치)	14.0
청음각(清音阁, 칭인거) - 오현강(五显岗, 우씨앤강)	1.5
청음각(清音阁, 칭인거) - 생태후구(生态侯区, 셩타이호우취)	1.5
금정(金顶, 진딩) - 만불정(万佛顶, 완포우딩)	3.0

어메이샨을 관광함에 있어 도보관광은 시간이 많이 소요되고, 체력이 뒷받침 돼야 하므로 용이하지 않다. 따라서 차량(중형버스)을 이용, 레이동핑(雷洞坪)까지 올라간 다음 그곳에서부터 도보로 움직이는 것이 일반화 돼있다. 버스는 천하명산광장(天下名山广场)과 일산정(一山亭)의 중간쯤에 있는 객운중심(客运中心, 버스터미널)에서 출발하며, 레이동핑까지 2시간 정도 소요된다.

레이동핑에서 버스를 내리면 접인전(接引殿, 지에인디앤)까지 1.5km를 걸어서 올라가며, 그곳에서 다시 케이블카를 타고 계곡을 건너 어메이샨 관광의 핵심구역인 진딩(金顶)으로 올라간다. 진딩의 공기는 맑고, 고산(高山)의 정취가 물씬 느껴진다. 이곳 등성이에 전각(殿阁)인 진딩(金顶)이 자리 잡고 있다. 진딩(金顶)은 봉우리의 이름이자 그 봉우리에 있는 전각의 이름이기도 하다.

다. 4대 자연기관(自然奇观)

어메이샨(峨眉山)에서 볼 수 있는 자연의 여러 현상 중에 운해(云海)·일출(日出)·불광(佛光)·성등(圣灯)의 네 가지를 일컬어 "어메이샨의 4대기관(四大奇观)"이라고 한다.

〈운해(云海)〉

어메이샨 운해

운해는 산봉우리 아래에 펼쳐진 구름이 마치 바다와 같다고 해서 그리 부르는 것이다. 멀리 총라이샨(邛崍山)의 우뚝 솟은 은색 봉우리가 건너다보이는 가운데, 골짜기마다에서 피어난 안개가 온 세상을 뒤덮고 나면, 그 높았던 산들도 봉우리만이 남아 마치 바다 위에 떠다니는 한 조각 배 같아 보인다. 불가(佛家)에서는 그러한 운해를 "은색세계(銀色世界)"라 부른다. 중국의 근대 시인인 쨔오퍄오츄(赵朴初)는 다음과 같이 읊었다.

> 하늘은 놀 옷을 떨쳐입고 해를 맞으며,
> (天著霞衣迎日出),
>
> 산봉우리들은 구름바다에 배가 되어 떠다닌다.
> (峰騰云海作舟浮).

〈일출(日出)〉

어메이샨은 쓰촨분지의 서쪽 변두리에 솟아 동쪽의 종횡천리에 펼쳐진 천부평원(天府平原)을 내려다보고 있다. 새벽에 동이 트고, 동쪽 지평선에 해가 떠오르면 어메이샨은 온통 금빛 외투를 떨쳐입듯 위에서 아래로 휘황찬란해지는데, 그 풍경이 참으로 장관이다. 이를 보는 사람들의 가슴도 환희가 넘쳐흐르고, 자연과 하나 됨을 느끼게 된다는 평이다.

〈불광(佛光)〉

어메이샨의 불광

진딩(金顶)의 셔션앤(攝身岩, 섭신암) 바위 근처에서는 여름철에서 초겨울에 이르기까지의 시기에 "불광(佛光)" 또는 "어메이샨(峨眉山)의 보광(宝光)"이라 일컫는 신비한 현상이 일어난다. 홍(紅)·등(橙)·황(黄)·녹(绿)·청(青)·남(蓝)·자(紫)의 일곱 가지 색이 둘레를 이룬 원형무지개가 뜨고, 그 안의 흰 부분에는 보는 이의 그림자가 나타난다. 이 때 보는 사람 기준으로 하여 해는 서쪽에 있고, 불광은 동쪽에 나타난다. 즉, 보는 이는 서쪽의 해를 등지고 동쪽을 향해 서있는 것이다.

불광은 빛이 빚어내는 자연현상이다. 빛의 광선 중에 파장이 짧은 것은 중간에 장애물을 만나면 더 나가지 못하고 후방으로 반사한다. 그 때 생기는 것이 그림자이다. 반면에 파장이 긴 광선은 중간에 장애물이 있더라도 뱀이 담장 넘듯 진행을 계속하게 되는데, 이를 광학에서는 회절(回折)이라 하고, 이 광선으로 말미암아 무지개가 뜨는 것이다. 이렇듯 불광은 단파장 광선의 중간 반사와 장파장 광선의 회절 작용으로 나타나는 현상인 것이다. 사람들 여럿이 바짝 붙어 서서 불광을 바라볼 때는 둥근 불광의 가운데에 그림자가 무리로 나타날 때도 있으며, 때로는 사람들의 움직임까지도 선명하게 들어난다.

〈성등(圣灯)〉

진딩(金顶)의 셔션옌(攝身岩) 아래쪽 계곡에는 칠흑 같이 어두운 밤이면 반딧불이 같은

어메이산 성등

〈영빈석탄(迎賓石灘)〉

영빈석탄은 영빈광장의 표지성 경관이다. 이곳에 관광안내센터와 어메이산박물관이 있으며, 절벽의 바위에는 청나라 4대 황제 강희(康熙, 1661-1722)의 어필로 알려진 "아미산(峨眉山)" 세 글자가 크게 새겨져 있다. 광장 뒤쪽으로 일산정이 있다. 왕휘지가 손수 쓴 "어메이산(峨眉山)" 편액이 걸려있다.

빛이 날아다닌다. 처음에는 조금씩 나타나 나르다가 어느 순간 그 발광체들로 온 계곡이 그득해진다. 불가에서는 이를 일러 성등(圣灯, 셩딩)이라 하며, 보현보살(普贤菩萨)이 밝히는 불로 인식하고 있다.

라 주요 경점

〈천하명산패방(天下名山牌坊)〉

천하명산패방

일산정

강희의 어필 아미산

어메이산풍경구로 들어서는 대문으로 어메이산의 첫 번째 마을인 황완썅에 있다. 북방건축의 장엄한 기세와 남방건축의 섬세함을 겸비하고 있으며, 패방의 머리 부분은 어메이산 민가의 전형적인 교각(翘角)수법을 채용하고 있다. 교각이라 함은 날아오르는 듯 위로 치켜진 형태를 일컫는다.

어메이산풍경구의 관리행정과 운수 사무가 이곳에서 관장된다.

〈바오궈스(报国寺)〉

바오궈스는 어메이산에서 그 규모가 가장 큰 사찰로 어메이산의 산기슭에 자리 잡고 있다.

명(明)나라 14대 황제 만력(万历, 1572~1620)년간에 창건됐으며, "보국사(报国寺)" 편액의 세 글자는 청(清)나라 4대 황제 강희(康熙, 1661~1722)의 친필로 알려져 있다.

바오궈스의 세 보물로 칠불전(七佛殿)의 거형자불(巨型瓷佛), 7m높이의 14층 자동화엄탑

바오궈스

〈완니앤스(万年寺)〉

완니앤스

(紫铜华严塔), 2.3m높이의 25톤짜리 대동종(大铜钟)을 꼽는다.

〈푸후스(伏虎寺)〉

푸후스(伏虎寺, 복호사)는 어메이산에 오를 때 반드시 거쳐 가는 곳으로 바오궈스에서 얼마 안 떨어져있다. 당(唐, 618~907)나라 때 창건됐으며, 청(清, 1616~1911)나라 초에 중건됐다. 뒷산의 모양이 쭈그리고 앉은 호랑이 같다하여 그렇게 불린다.

푸후스

보현기상동상

푸후스 경내

완니앤스는 어메이산에서 가장 오래된 사찰이다. 동진(东晋, 317~420) 말년에 창건되어 푸씨앤스(普贤寺, 보현사)로 명명되었다가 명(明)나라 14대 황제 만력(万历, 1572~1620)년간에 확장보수 하면서 완니앤스(万年寺, 만년사)로 개명되었다. 명(明)나라풍의 대전(大殿) 안에 송(宋, 960~1279)나라 때 주조된, 7.9m높이에 무게 62톤인 보현기상동상(普贤骑象铜像)이 존치되어 있다. 보현보살이 코끼리를 타고 있는 모습을 구리로 빚어 만든 것이다.

완니앤스(万年寺)에는 산문(山门)·미륵전(弥勒殿)·전전(砖殿)·위아보전(魏峨宝殿)·대웅전(大雄殿) 등 다섯 채의 건물들이 남아 있는데, 그 중 전전(砖殿)은 400년 동안의 18차례 지진을 겪으면서도 전혀 손상이 없어 사람들은 이를 일러 중국의 건축사상 기적이라고 말들 한다.

〈칭인거(清音阁)〉

칭인거(清音阁)는 바오궈스(报国寺)로부터 15km 거리의 니유신링(牛心岭, 우심령) 아래에 있다. 칭인거의 뒤쪽으로는 흐이슈이(黑水)와 빠이슈이(白水)의 두 내(川)가 흐르는데, 이 두 물 흐름이 만나는 곳에 소 심장 모양의 우심석(牛心石)이 있고, 흘러내리는 물이 우심석을 때리면서 물보라를 일으킨다. 그리고 더불어 아주 맑고 청명한 소리가 울려 퍼진다. 칭인거(清音阁, 청음각)라는 이름은 그 물소리를 나타낸 것이다.

칭인거는 당(唐, 618~907)나라 22대 임금 희종(僖宗, 873~888) 년간에 혜통(慧通)선사가 창건, 지원거(集云阁, 집운각)라고 했는데, 청(清)나라 4대 황제 강희(康熙, 1661~1722) 년간에 중건하면서 칭인거로 개명됐다. 이곳에 석가(释迦)·보현(普贤)·문수(文殊)의 세 부처 불상이 존치되어 있다.

〈일선천(一线天)〉

일선천은 칭인거(清音阁) 서쪽 1km되는 곳의 흐이롱장협곡(黑龙江峡谷)에 있다. 깎아지른 두 절벽이 3~6m간격으로 마주 서있어 위로 보이는 하늘이 마치 한 올의 실 같다 해서 일선천이라 불린다.

칭인거

〈홍츈핑(洪椿坪)〉

홍츈(洪椿)의 "츈(椿)"은 참죽나무이고, "홍(洪)"은 크다는 의미이다. 어메이산의 중턱, 해발높이 1,100m되는 곳에 명(明, 1368~1644)나라 때 창건된 천불암(千佛岩)이 있는데, 그 앞에 매우 큰 참죽나무 세 그루가 서 있어 그

칭인거 우심석

홍츈핑

일대를 "홍츈핑(洪椿坪)"이라고 부른다. "핑(坪)"은 산악지대에서의 평지를 의미한다. 이곳은 전체 어메이산에서 가장 시원하고 지내기 좋은 곳이다. 한 때 쌍지에쉬(张介石, 장개석)가 이곳에 머물렀다고 한다.

〈씨앤펑스(仙峰寺)〉

원래의 씨앤펑스(仙峰寺, 선봉사)는 송(宋) 960~1279)나라 때만 해도 작은 사당에 불과했다. 명(明)나라의 14대 황제 만력(万历, 1572~1620)년간에 번종(本炯)화상이 늘려지으면서 인접한 씨앤펑옌(仙峰岩) 바위의 이름을 따서 씨앤펑스(仙峰寺)로 개명하였다.

해발 1,752m의 높이에 있으며, 앞쪽으로 화옌딩(华严顶)이 푸른 옥의 병풍처럼 펼쳐져 있고, 절 뒤쪽으로는 신선들이 즐겨 지냈다는 지우라오동(九老洞)이 있다. 현존 건물들은 청(清)나라 6대 황제 건륭(乾隆, 1735~1796)년간에 중건된 것으로 재신전(财神殿)·대웅보전(大雄宝殿)·사리전(舍利殿) 등이 있다. 절 주위로는 원숭이 떼들이 모여 다니며 사람들에게 먹을 것을 달라고 한다. 소지품을 채가는 경우가 있으므로 주의를 요한다.

〈시썅치(洗象池)〉

시썅치는 쓰촨분지의 서남쪽 변두리에서 칭짱고원(青藏高原)으로 이어지는 지대에 자리

시썅치전경

시썅치 산문

잡고 있다. 전해오는 말로는 석가모니의 제자인 보현보살이 코끼리를 타고 산에 오를 때 이곳에 있는 연못에서 물을 길어 그 코끼리를 씻어주었다 하며, 그런 연유로 그 이름이 유래되었다고 한다. 청(清)나라의 4대 황제 강희(康熙, 1661~1722)년간에 이곳에 절이 창건됐으며, 관광객의 내왕이 잦아지면서 그들을 위한 객사가 증축되어 현재는 그 규모가 1,100평으로 늘어났다.

〈진딩(金顶)〉

진딩(金顶)은 해발 3,077m 높이의 봉우리이며, 이 봉우리 위에 금빛이 찬란한, 진딩(金顶)이라는 이름의 전각이 있다. 전각에 비친 햇살의 되쏨 광선이 금빛으로 아름다워 금딩(金顶, 금정)이라 이름 지어졌다고 한다. 진딩으로 오르기 전의 넓은 평지에 48m높이의 보현보살 동상이 있으며, 그 주위로 금전(金顶)·은전(银殿)·동전(铜殿)의 전각들이 그 위용을 펼쳐 보이고 있다.

진딩에서는 청두평원과 더불어 민쟝(岷江)·칭이쟝(青衣江)·다두허(大渡河) 등의 대하(大河)들과 따쉐산(大雪山)·와우산(瓦屋山)·공가산(贡嘎山) 등의 천산만령(千山万岭)이 한눈에 들어온다. 또한 이곳은 어메이산의 4대기경(四大奇景)인 운해(云海)·일출(日出)·불광(佛光)·성등(圣灯)을 감상하는 최적지이기도 하다.

보현보살상 풍광

보현보살상풍광

보현보살상

〈치앤포어딩(千佛顶)·완포어딩(万佛頂)〉

　치앤포어딩(千佛顶, 천불정)은 해발 3,045m 높이의 봉우리로 어메이샨에서 세 번째로 높으며, 진딩의 서쪽 2㎞거리에 있다.
　완포어딩(万佛顶, 만불정)은 치앤포어딩으로부터 서쪽으로 다시 2㎞를 더 가며, 해발 3,099m의 높이로 어메이샨 최고봉이다. 완포오딩에는 21m높이의 만불각(万佛阁)이 장중한 모습으로 서있으며, 누각에 걸려있는 축원고종(祝愿古钟)이 한껏 위엄 있어 보인다.

진딩

완포어딩

권역별관광 4

야안시(雅安市)

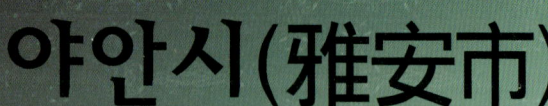

야안시의 위치

1. 전체모습

야안시(雅安市)는 쓰촨분지에서 칭짱고원(青藏高原)으로 올라가는, 쓰촨분지와 칭짱고원 간의 접합부에 위치하며, 청두(成都)로부터의 거리는 120 km이다.

이곳에서 108번국도(北京-昆明: 3,348km)와 318번국도(上海-日喀则: 5,476km)가 만난다.

야안은 역사적으로 이곳을 중심으로

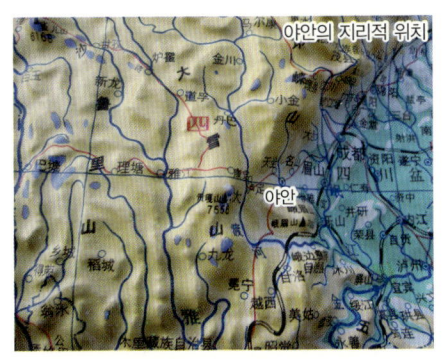
야안의 지리적 위치

했던 시캉성(西康省)의 성회(省会)였다. 지금의 간즈장족자치주(甘孜藏族自治州)·량샨이족자치주(凉山彝族自治州)·판쯔화시(攀枝花市)·야안시(雅安市)와 시짱자치구(西藏自治区, 티베트)의 챵두지구(昌都地区, 西藏)·린찌지구(林芝地区, 西藏) 등의 지역을 기반으로 했던 시캉성(西康省)은 기본적으로 장족(藏族) 중심의 소수민족 거주지였다. 시캉성은 중화민국(中华民国, 1912~1949)년간인 1928년에 설치됐다가 중화인민공화국(中华人民共和国, 1949~현재)이 건국된 지 7년 째 되던 해에 폐지되었다.

남북방향으로 길고 동서방향으로 좁은 모양의 야안은 북쪽으로 아빠장족챵족자치주(阿坝藏族羌族自治州)와, 서쪽으로 간즈장족자치주(甘孜藏族自治州)와, 남쪽으로 량샨이족자치주(凉山彝族自治州)와, 그리고 동쪽으로는 청두(成都)·메이샨(眉山)·러샨(乐山)의 3시(市)와 각각 접해있다. 이러한 지리적 위치로 말미암아 야안(雅安)을 일컬어 "촨씨옌호우(川西咽喉, 촨서인후)"·"시짱원호우(西藏门户, 서장문호)"·"민쭈쪼우랑(民族走廊, 민족주랑)"이라 한다.

야안은 전체면적이 5,314㎢(제주도의 3배)이고, 153만 명의 인구가 살고 있다. 행정상으로는 위청구(雨城区)의 1구와 루샨(芦山)·밍샨(名山)·티앤취앤(天全)·잉징(荥经)·바오씽(宝兴)·한위옌(汉源)·쉬미앤(石棉)의 7현(县)으로 나뉘어 있다. 그 대체적인 현황은 다음과 같다.

(표) 야안시의 행정구획

구현별	면적 (㎢)	인구 (만명)	인구밀도 (인/㎢)	정부소재지
위청(雨城)	1,067	34	318.7	-
밍샨(名山)	614	26	423.5	멍양(蒙阳)
잉징(荥经)	1,779	14	78.7	옌다오(严道)
한위옌(汉源)	2,388	35	146.6	푸린(富林)
쉬미앤(石棉)	2,678	12	44.8	신미앤(新棉)
티앤취앤(天全)	2,394	15	62.7	청썅(城厢)
루샨(芦山)	1,364	12	88.0	루양(芦阳)
바오씽(宝兴)	3,114	6	19.3	무핑(穆坪)

2. 자연과 기후

야안시의 행정구획

야안의 북쪽에 충라이샨(邛崍山)이 있고, 서부에 따쒜샨(大雪山)의 여맥이 있으며, 남부에 따썅링(大相岭)이 있다. 따라서 야안의 전반적인 지세는 북(北)·서(西)·남(南)쪽으로 높고, 동쪽으로 트여있다.

야안의 서북지역에는 충라이샨의 남쪽지맥인 쟈진샨(夹金山)을 비롯, 해발 5,000m가 넘는 산들이 모여 있으며, 계곡과의 상대고도차가 1,000~

야안시 교통약도

2,000m에 이른다. 이러한 지대가 전체 야안 면적의 20%정도를 차지하고, 해발 1,000~3,500m의 중산간지가 70%, 해발 500~1,000m의 저산지대가 4%, 구릉평야지대가 6%정도 된다.

야안에는 민쟝수계(岷江水系)의 다두허(大渡河)와 칭이쟝(青衣江)이 흐르고 그 지류가 100줄기에 이른다. 이를 바탕으로 한 야안의 연간 수력발전량은 1,000만 kw에 이르고, 이는 쓰촨성 전체 수력발전량의 10%에 상당한다.

야안은 아열대습윤계절풍기후대(亞热湿润季节风气候带)에 속한다. 고산지대를 제외하고는 대체로 혹한의 겨울과 혹서의 여름이 없다. 연평균 기온은 16~18℃, 1월평균은 6~8℃, 7월평균은 25~26℃ 이다. 강우량은 연간으로 남부가 740~760㎜이고, 북부는 1,250~1,750㎜이다. 특히 위청구(雨城区)는 2,000㎜ 이상의 비가 내려 그러한 이름으로 불리게 되었다.

3. 야안의 특색

야안의 특색으로 수력자원·광산자원의 풍부함과 더불어 6대공품(六大贡品)과 3야(三雅)를 꼽는다.

공품(贡品)이라 함은 예전에 황제에게 진상하던 물품을 일컫는데, 야안의 6대공품은 ①멍딩챠(蒙顶茶), ②야위(雅鱼)라는 이름의 물고기, ③티앤취앤현(天全县)의 샹구미(香谷米)쌀, ④한위엔(汉源)의 화쟈오(花椒, 산초), ⑤황리앤(黄莲), ⑥빠오씽(宝兴)의 와이랑벼루(外郎石砚) 등 이었다.

싼야(三雅, 삼아)란 야위(雅雨, 아우)·야위(雅鱼, 아어)·야뉘(雅女, 아녀)의 세 특징을 말한다. 야안의 비는 안개처럼, 하늘하늘한 비단처럼 따뜻한 습기를 머금은 공기를 타고 내린다. 공기 속에는 실제로 산소 음이온이 많이 잠재돼있어 비 내리는 분위기뿐만 아니라 생리상으로도 매우 쾌적하

야안 야위(雅雨) 풍광

야위(雅鱼)

게 느껴진다. 야안의 그러한 부드러움과 쾌적함을 묶어 야위(雅雨, 아우)라고 표현한다.

야위(雅鱼, 아어)는 이 고장에서 나는 물고기의 한 종류로 살지고 맛도 좋으려니와 대가리 속에 보검(宝剑) 모양의 뼈가 들어 있다.

전해오기로 이 뼈는 전국(战国 BC475~BC221)시대의 정치외교가 쑤친(苏秦)이 그가 타고 가던 마차와 더불어 물에 빠져 사망할 때 그가 지녔던 보검을 물고기들이 품은 것이라 한다.

쑤친은 판단이 예리하고 강직한 성격의 소유자였는데, 그의 보검을 품은 물고기라해서 야안 사람들은 야위(雅鱼)를 좋아한다.

야뉘(雅女)는 이 고장 특유의 아름다움을 지닌 처자를 의미한다.

야위(雅雨)에서 비롯되는 아름다운

야안인상

살갖과 야위(雅鱼)에서 비롯되는 여유로운 살피듬의 야안(雅安) 처자들은 마치 갓 피어난 연꽃이나 이슬을 머금은 장미처럼 청순수려(清纯秀丽)하고 온화선량(温和善良)하다고 말들 한다.

4. 볼거리

야안시의 주요 볼거리로는 다음과 같은 것들이 있다.

(표) 야안시의 주요 볼거리

경 점	개 요	소재지
멍딩샨 (蒙顶山)	야안 시가지 서북부 교외에 있는 40㎢넓이의 산임. 최고봉인 샹칭펑(上清峰)의 높이는 해발 1,456m임. 간루(甘露)·황야(黄牙)·쉬화(石花)·마오펑(毛峰)·비탄뱌오쉐(碧潭飘雪) 등의 차가 유명함. 차사박물관(茶史博物馆)이 있음.	위청 (雨城)
비펑씨아 (碧峰峡)	상대고도 100~200m의 좌(左)·우(右) 두 협곡으로 왼쪽 협곡은 7km, 오른쪽 협곡은 6km임. 비펑씨아(碧峰峡)·빠이마취앤(白马泉)·쪼우공샨(周公山)·위청후(雨城湖)의 네 풍경구로 나뉘며, 울창한 숲과 폭포 등 자연경관이 빼어남.	〃
샹리쩐 (上里镇)	쓰촨의 10대 고진(古镇)의 하나로 밍샨현(名山县)에 있음. 남방실크로드(南方丝绸之路)의 요충지였음. 샹리쩐의 거리는 석판(石板)이 깔려있고, 가옥은 목조임. 양(杨)·한(韩)·쪈(陈)·쉬(许)·짱(张)의 다섯 성씨가 주를 이루며, 이들을 일컬어 우쟈코우(五家口)라고 함.	밍샨 (名山)

멍딩산

멍딩산 차밭

비펑샤 풍광

빠이마취앤

워룡후

쪼우공산 풍광

샹리쩐풍광

샹리쩐풍광

권역별관광 5

이빈시(宜宾市)

이빈시의 위치

1. 전체모습

이빈시(宜宾市)는 쓰촨분지의 남부, 쓰촨(四川)·윈난(云南)·꾸이쪼우(贵州)의 3 성(省)이 맞닿는 지역에 위치한다. 동쪽으로는 만리창쟝(万里长江)에 접해 있고, 서쪽으로는 대량샨(大凉山)·소량샨(小凉山)으로 이어지며, 남쪽으로는 윈난(云南)·꾸이쪼우(贵州)와 이웃한다. 옛날 이곳에 부오족(僰族)과 룽족(戎族)이 살았었기에 부오다오(僰道) 또는 룽쪼우(戎州)라는

것이다. 이곳 이빈(宜賓)으로부터 챵쟝(長江)의 중하류(中下流)가 시작되는 후베이성(湖北省)의 이챵(宜昌)까지 1,033km가 챵쟝의 상류가 되며, 이 부분을 천강(川江, 촨쟝) 또는 촉강(蜀江, 슈쟝)이라 부르기도 한다.

이름으로도 불렸다.

이빈(宜賓)을 일컬어 "만리장강제1성(万里長江第一城, 완리챵쟝디이청)"이라고도 한다. 쓰촨성의 북부 고산지대에서 발원하여 남쪽으로 흘러내리는 민쟝(岷江)과 시짱(西藏, 티베트)에서 발원하여 동남쪽으로 흘러오던 진샤쟝(金沙江, 금사강)이 이곳 이빈(宜賓)에서 만나 한 줄기가 되는데, 이 합류지점부터가 챵쟝(長江)이고, 그러하기에 이빈(宜賓)을 만리장강(万里長江, 완리챵쟝)에서의 첫 번째 고장이라고 하는

이빈시의 전반적인 지세는 서남쪽으로 높고 동북쪽으로 낮으며, 해발고도는 낮은 곳이 236m이고 높은 곳은 2,009m에 이른다. 전체면적 13,283km²(제주도의 7.2배)에 인구는 527만 명이다. 행정상으로는 추이핑(翠屛)·난씨(南溪)의 2 시할구(市轄區)와 이빈(宜賓)·쟝안(江安)·챵닝(江安)·까오(高)·쥔리앤(筠連)·공(珙)·씽원(興文)·핑샨(屛山)의 8 현(縣)으로 나뉘어 있다. 그 대체적인 현황은 다음과 같다.

(표) 이빈시의 행정구획

구현별	면적 (km²)	인구 (만명)	인구밀도 (인/km²)	정부소재지
추이핑(翠屛)	1,123	76	676.8	-
난씨(南溪)	704	42	596.6	-
이빈(宜賓)	2,946	102	346.2	빠이씨(柏溪)
쟝안(江安)	888	54	608.1	쟝안(江安)

구현별	면적 (km²)	인구 (만명)	인구밀도 (인/km²)	정부소재지
챵닝(长宁)	1,000	44	440.0	챵닝(长宁)
까오(高)	1,323	53	400.6	칭푸(庆符)
쥔리앤(筠连)	1,256	40	318.5	쥔리앤(筠连)
공(珙)	1,150	42	365.2	쉰챵(巡场)
씽원(兴文)	1,373	44	320.5	쭝청(中城)
핑샨(屏山)	1,531	29	189.4	핑샨(屏山)

이빈시 행정구획도

2. 교통

이빈(宜宾)은 수륙공(水陆空)의 입체 교통망을 갖추고 있다. 만리장강(万里长江)의 첫 번째 도시답게 수운(水运)이 발달했다. 북쪽에서 흘러내리는 민쟝이 티베트로부터 흘러내리는 진샤쟝과 합류하면서 챵쟝이 되는 지역이 이빈이다. 민쟝(岷江)을 거슬러 위로 올라가면 러샨(乐山)이 되고, 서남쪽으로 진샤쟝(金沙江)을 거슬러 상류로 가면 윈난성(云南省)의 북부 쨔오퉁(昭通)에 닿는다. 또한 챵쟝(长江)의 물 흐름을 따라 동쪽으로 계속 내려가면 중국 동부 해안의 샹하이(上海)에 이른다. 이빈시(宜宾市) 관내만 하더라도 10여 줄기의 작은 강들이 있어 이를 통한 물길이 960여 km나 된다.

하늘 길로는 1992년에 개항한 차이빠공항(菜坝机场)이 있고, 베이징(北京)·샹하이(上海)·광쪼우(广州)·션쩐(深圳)·쿤밍(昆明)·이챵(宜昌) 등지로 연결된다. 여기에 더하여 이빈쫑챵국제공항(宜宾宗场国际机场)이 건설 중에 있다.

육로로는 213번 국도가 이빈을 경유하고, 고속도로로는 내의(内宜: 内江-宜宾)·의곤(宜昆: 宜宾-昆明)·낙의(乐宜: 乐山-宜宾)의 세 노선이 있다. 이 외에도 의로고속도로(宜泸高速公路: 宜宾-泸州)가 건설 중에 있으며, 진샤쟝연강고속도로(金沙江沿江高速公路: 宜宾-西昌-攀枝花)가 설계 중에 있다고 한다.

고속도로를 통해 이빈에 내리는 곳은 이빈시(宜宾市) 시가지(市街地)의 북부에 소재한 이빈까오수공루커윈짠(宜宾高速公路客运站, 의빈고속버스터미

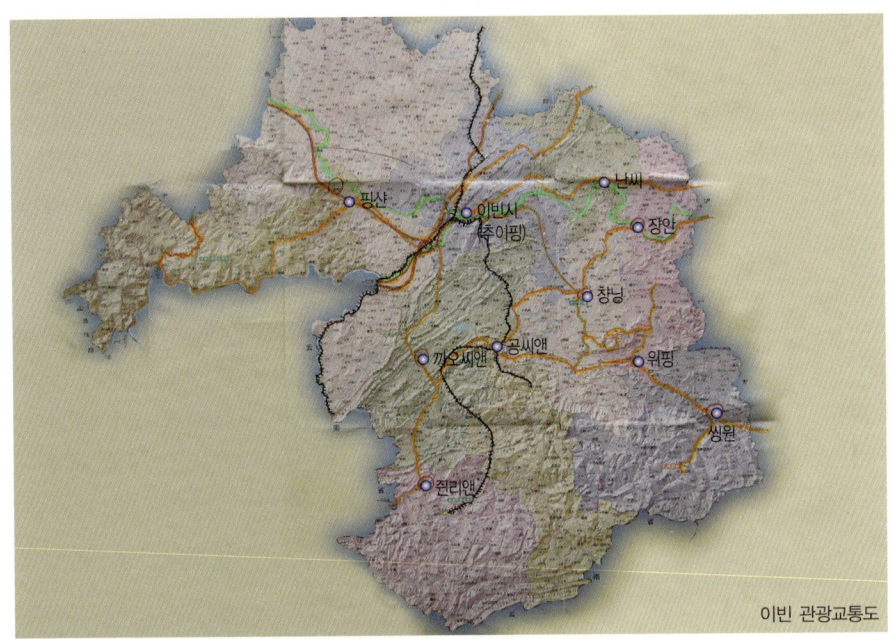

이빈 관광교통도

이빈 고속버스터미널

널)이다. 시 외곽에 있으므로 외지인의 입장에서는 썰렁하게 느껴지고, 어떻게 움직여야 할지 망설이게 된다. 터미널 건물에서 나오면서 왼쪽 전면에 택시들이 늘어서 있는데, 대절 또는 합승을 전제로 하기 때문에 그 속성을 안다면 안타는 것이 바람직하다. 택시 정류장 바로 바깥쪽으로 시내버스 시발 정류장이 있으므로 이용하면 편리하다.

이빈의 시가지는 민쟝과 진샤쟝으로 말미암아 세 구역으로 나뉜다. 북부의 구주공업개발구(旧州工业开发区), 중부의 추이핑구(翠屏区), 남부의 이빈경제기술개발구(宜宾经济技术开发区)가 그것인데, 교통의 동선은 남북으로 이어지는, 비교적 단순한 노선이다. 북부의 고속버스터미널에서 남부의 난안치처커윈쟌(南岸汽车客运站, 남안버스터미널)까지 오가는 시내버스가 있으며, 1시간 정도 소요에 요금은 2위안(350원정도)이다. 이빈시 지역의 대부분은 이빈 시가지의 남부에 펼쳐져 있으므로 대부분의 시외버스들은 남안여객버스터미널에서 출발하며, 이빈시의 북부로 향하는 버스는 쩐우샨(真武山) 근처의 북문터미널에서 출발한다.

3. 문화

이빈시는 대나무가 많은 고장으로 일찍이 대(竹)를 소재로 한 문화가 있어왔고, 진샤쟝(金沙江)·민쟝(岷江)·챵쟝(长江)의 세 강이 없었다면 이빈이 있을 수 없다고 할 만큼 물을 바탕으로 한, 뿌리 깊은 문화가 있다. 또한 고대에 이 지역에는 부오족(博族)이 있었기에 그들이 살다간 흔적이 있으며, 너쨔(哪吒)가 등장하는 신화문화(神话文化)가 있다.

〈죽문화(竹文化)〉

이빈(宜宾)은 녹색의 대나무로 뒤덮여 있는 고장이다. 호랑이가 누어있고, 용이 몸을 감추고 있다는 "와호장룡(卧虎藏龙)"의 대나무 숲이 바로 이곳 이빈의 120㎢ 죽림(竹林)이라고 한다. 420여 품종의 대나무들이 아무 방해 받음이 없이 그 속성을 있는 대로 펼쳐 보이고 있는 대나무 숲은 환상 그 자체이다.

옛날에 사람들은 대나무를 자연 숭배의 대상으로 삼아 받들어 모셨다. 그런 대나무가 사람들에게 활용되기 시작하면서 어느덧 고기 없이는 살아도 대나무 없이는 못산다고 할 정도로 사람살이와 불가분의 관계가 되었다. 그런 가운데 대나무의 형체가 사람들의 정신세계에 영향을 미치기 시작했다. 대나무가 흙 속에 있을 때는 마디(节)가 있고, 흙 밖으로 나와 자라 그 기세

가 하늘을 찌를 지경에 이르러서는 속이 비는, 그러한 대나무의 생태에서 그들은 절개와 허심을 보았던 것이다. 중국 사람들이 대나무를 민족정신과 품격의 상징으로 삼는 데는 대나무의 그러한 절개와 허심이 자리 잡고 있는 것이라고 한다. 이러한 문화적 토양이기에 역대의 대시인과 대화가들이 대나무문화에 심취했으며, 죽림7현도 그러한 정서에서 기려지는 것이다.

이빈은 또한 대나무를 소재로 한 공예가 발전했다. 쟝안현(江安县)의 죽황(竹簧)은 무형문화재로 지정되어 있다. 그

죽황공예품

죽황공예품

대표적인 것이 죽황공예(竹簧工艺) 이다. 죽황공예는 60년에 걸쳐 18m 높이까지 자라는 남죽(楠竹)나무를 소재로 하는 대나무 조각 예술이다. 가공한 남죽나무의 얇은 판을 여러 형상으로 만들어진 바탕조각에 접착제로 붙인 다음 그 위에 각가지 문양을 조각해 넣는 것을 죽황공예라 하는 것이며, 이빈의 죽황공예품은 세계적으로 이름이 나 있다.

〈대강문화(大江文化)〉

이빈 관내에는 챵쟝(长江)을 비롯하여 진샤쟝(金沙江)·민쟝(岷江)·푸쟝(符江)·헝쟝(横江)·위예쟝(越江)·난광허(南广河)·황샤허(黄沙河) 등의 여러 강이 있고, 이들 하천은 이빈문화의 근원적 요소가 되고 있다.

이빈은 챵쟝 상류가 시작되는 지역으로 일찍부터 농경문화가 자리를 잡았으며, 물길을 활용하는 수운(水运) 또한 발달했는데, 역사적으로 "6도(渡)·8방(帮)"이라는 것이 있었다. "도(渡)"는 부두(埠头)를 일컫는 것으로 베이관두(北关渡)·뚱먼두(东门渡)·허쟝먼두(合江门渡)·샹두코우(上渡口)·쭝두코우(中渡口)·씨아두코우(下渡口) 등을 6도(渡)라 했다. "방(帮)"은 선단(船团)을 이르는 것으로 간훠방(干货帮)·청두방(成都帮)·우반방(五板帮)·쉬위유방(叙渝帮)·쮸무방(竹木帮)·앤방(盐帮)·쟈양방(嘉阳帮) 등 8방(帮)이 있었다. 이들 6도(渡)의 8방(帮) 사람들이 형성해온 생활방식과 습관 등이 대강문화의 근원인 것이다.

〈부오족문화(博族文化)〉

부오족(博族)은 고대의 장기간에 걸쳐 이빈지역에 살던 소수민족이었으나 지금은 존재하지 않으며, 공현(珙县)의 마탕빠(麻糖坝)와 루워뱌오(洛表), 그리고 씽원현(兴文县) 일대의 깎아지른 절벽에 매달린 목관(木棺)이 그 역사적 사실을 말해주고 있을 뿐이다. 관이 걸려있는 절벽의 옆 쪽 석벽에는 그들의 문화를 엿볼 수 있는 석각(石刻)들이 아직도 전해오고 있다.

4. 먹을거리

이빈의 먹을거리 특색을 "1화(一花)·2황(二黄)·3백(三白)"으로 표현한다. "1화(一花)"는 화셩(花生, 땅콩)을 지칭한다. 리쫭화셩(李庄花生)은 이 고장에서 생산된 땅콩을 소금에 담가 흰색을 돋보이게 한 다음, 여기에 여러 종류의 중의(中医) 약제와 향료를 첨가하여 만든다. 향기롭고, 짭짤하며, 바삭바삭하다.

"2황(二黄)"은 "황라딩(黄辣丁: 학명 황상어, 黄颡鱼)"과 "황바(黄粑)"를 말한다. 황라딩은 챵쟝(长江)에서 서식하는 물고기이며, 10cm길이에 이마가 노랗다. 죽순과 함께 끓인 탕(汤)은 "2황탕(二黃湯)"이라 하여 탕(湯) 중의 탕으로 꼽으며, 고깃살은 부드럽고 담백하다. 황바(黃粑)는 생강 잎에 홍당(紅糖)·기장(粘米)·찹쌀(糯米)을 버무려 싸서 찐 것으로 금황색(金黃色)을 띠며, 향기롭고 소화도 잘 된다.

"3백(三白)"은 빠이로우(白肉)·빠이지유(白酒)·빠이까오(白糕)를 일컫는다. "리짱빠이로우(李庄白肉)"는 생후 8~10개월 된 돼지의 뒷다리고기(약 3kg정도)를 알맞게 쪄서 식힌 후 썰어 낸 것인데, 대체로 1kg의 고깃덩어리에서 길이 20cm, 폭 15cm, 두께 1~2mm의 크기로 50조각을 낸다고 한다. 마늘·고추·간장·설탕 등을 섞어 만든 양념간장과 함께 먹는데, 보통 이야기하기를 리짱에 가서 빠이로우를 안 먹어봤다면 리짱에 헛 갔다 온 것이라 했다. 리짱의 "빠이지유(白酒)"는 고량주인 우량예(五粮液)를 말함이고, 리짱의 "빠이까오(白糕)"는 찹쌀을 튀겨 익힌 다음 소화를 돕는 중의(中医) 약재와 백설탕을 첨가하여 틀로 찍어낸 과자이다.

이빈 사람들은 면류를 즐겨먹는다. 더불어 대나무순이나 대나무버섯 등 대나무와 연관된 소재의 음식이 참으로 많다. 고산지대의 깨끗한 호수에서 잡은 물고기 요리도 일품이다. 또 저들의 비법에 따라 조리된 육류 음식도 특색이 있다. 이빈의 주요 먹을거리를 정리해보면 다음과 같다.

(표) 이빈시의 주요 먹을거리

음식명	개요
란미앤 (燃面)	청(淸)나라 11대 황제 광서(光绪, 1875~1908) 때부터 기록에 나와 있음. 국수를 삶아 물을 뺀 다음 참깨·참기름·땅콩·호두·고추·후추·실파·화학조미료 등 각종 양념과 부재료를 넣어 비벼먹는 음식으로 냄새가 향기롭고, 맛이 담백하며, 맵고도 얼얼함. 물기가 없고 기름기가 많아 불을 그어 댕기면 금방이라도 불이 붙어 타오를 것 같다하여 그 이름이 비롯됨. "우량예(五粮液)"가 이빈의 간판 술이라면, 란미앤(燃面)은 이빈의 간판 음식임.
둔지미앤 (炖鸡面)	적당한 크기로 토막 낸 닭고기를 끓는 물에 담가 비린내를 제거한 후 싱싱한 채소와 표고버섯 등과 함께 끓여 만든 탕(汤)에 국수를 말은 것임.
페이챵미앤 (肥肠面)	적당한 길이로 토막 낸 양(羊)이나 돼지(猪)의 대장(大肠)을 식용유와 갖은 양념을 넣고 볶아 80%정도를 익힌 다음 다시 야채와 더불어 완전히 볶아 익힌 것을 국수와 더불어 육수에 말아먹는 음식임.
싼씨앤미앤 (三鲜面)	새우(虾仁)·오징어(墨鱼)·해삼(海参)·당근(胡萝卜)·죽순(竹笋) 등을 소재로 하여 만든 국물에 면과 양념을 넣어 끓여낸 음식임.
라지미앤 (辣鸡面)	1㎥크기로 잘게 썬 닭고기를 생강·마늘·대파와 더불어 튀겨 80%정도를 익힌 다음 각종 조미료가 가미된 물을 붓고 국수를 넣어 끓여낸 음식임.
샨위미앤 (鳝鱼面)	스파게티면·두렁허리(鳝鱼)·부추 등을 갖은 양념과 더불어 기름에 튀겨낸 음식임.

음식명	개 요
롱펑미앤 (龙凤面)	국수·계란·시금치·고수·마른새우·후추 가루·소금·참기름·오향분(五香粉)·고추기름 등을 소재로 하여 조리해낸 음식임. 오향(五香)은 중국요리에 쓰이는 다섯 가지 향료로 산초(山椒)·회향(茴香)·계피(桂皮)·팔각(八角)·정향(丁香) 등을 말함.
취옌쮸엔 (全竹宴)	대나무버섯(竹菌)·죽순(竹筍) 등 대나무로부터 비롯되는 여러 소재를 식재료로 쓰기도 하고, 대나무 잎이나 대통을 다른 식재료의 조리 용기로 삼아 여러 방식으로 만든 음식들로 구색을 맞추는 10여개부문 100여 가지 음식의 총집합임. 연회음식으로 등장함.
슈이쮸위 (水煮鱼)	산 위의 큰 못에서 잡아 올린 물고기를 찜으로 만든 요리로 피루창(皮卢场) 것을 으뜸으로 침. 그 맛이 향기롭고 육질이 쫄깃함.
리쨩빠이로우 (李庄白肉)	"빠이로우(白肉)"는 돼지고기 수육을, 그리고 "리쨩(李庄)"은 마을이나 상점을 의미함. 길이 20cm, 폭 10cm, 두께 1~2mm로 편(片)을 내어 찐 것으로 살지되 느끼하지 않고, 입에서 사르르 녹는 듯 하며, 맛이 담백하고 개운함.
예얼바 (叶儿粑)	"바(粑)"는 보릿가루나 쌀가루를 반죽하여 만든 경단을, 그리고 "예얼(叶儿)"은 식물의 잎을 의미함. 사람에 따라서는 "야얼바(鸭儿粑)"라고도 하고, 때로는 "쮸얼바(猪儿粑)"라고도 부름. "예얼(叶儿)"은 형태에 초점을 맞춘 것이고, "야얼(鸭儿)"이나 "쮸얼(猪儿)"은 경단에 들어가는 육류의 종류에 따른 것임. 쌀과 찹쌀을 적당한 비율로 섞어 갈은 가루로 경단을 만드는데, 그 안에 각종 부재료를 소(馅)로 넣은 음식임.

5. 볼거리

중국의 생태관광전문위원회는 2008년에 이빈시(宜宾市)를 중국의 최상급 문화생태관광도시로 선정한 바 있다. 그렇듯 이빈은 자연경관과 인문경관이 뛰어난 지역이다. 주요 볼거리를 정리해보면 다음과 같다.

관광도시 상징표지

(표) 이빈시의 주요 볼거리

경 점	개 요	소재지
슈난쮸하이 (蜀南竹海)	챵닝(长宁)과 쟝안(江安)의 두 현(县)에 걸쳐있는, 넓이 1,200만 평의 대나무 숲임. 1년 내내 그 울창함이 바다와 같다 해서 대나무바다라는 의미의 "쮸하이(竹海)"로 불림.	챵닝 (长宁)
	씽원현(兴文县)의 현성 남쪽으로 30km거리의 석회암지대에 있음. 17개 향(乡)의 126km²넓이에 바다와 같이 펼쳐진 석림(石林)이 있고, 그 밑으	

경 점	개 요	소재지
쉬하이동썅 (石海洞乡)	로 암석층 내부가 물에 녹아 생긴 동굴들이 있음. 이 일대를 일컬어 쉬하이동썅(石海洞乡)이라 하며, 티앤취엔동(天泉洞)·지유쓰산(九丝山)·다빠위엔(大土願)·쪼우쟈고우롱동(周家沟溶洞)의 네 경구(景区)로 나뉨.	씽원 (兴文)
부오왕산 (博望山)	씽원현(兴文县) 관내에 있음. 60㎢의 넓이이며, 주봉인 흐이마오딩(黑帽顶은 해발 1,180m의 높이임. 송(宋, 960~1279)나라 때부터 이곳에는 두쟝족(都掌族)과 부오족(博族)이 살았으며, 산꼭대기에는 그들이 지었다는 다쟈이먼(大寨门)·고성장(古城墙)·고성보(古城堡) 등의 전장(战场) 유적지가 있음. 현재 그 종족은 존재하지 않음.	〃
구로우산 (古楼山)	쓰촨분지(四川盆地)가 윈꾸이고원(云贵高原)으로 이어지는 지대의 산으로 130㎢넓이임. 산수가 기이하고 독특함.	쥔리앤 (筠连)
치씨앤후 (七仙湖)	이빈시 최대의 산간 호수로 60㎢의 넓이임. 까오현(高县) 관내에 있으며, 7선녀가 내려와 목욕을 했다 할 만큼 산수가 수려함.	까오 (高)
리쨩구쩐 (李庄古镇)	이빈의 동쪽을 흐르는 창쟝(长江)의 남쪽기슭에 자리 잡고 있는 마을임. 보통 이르기를 "완리챵쟝디이쩐(万里长江第一镇)"이라 함. 만 리 장강의 첫 번째 마을이라는 의미임.	이빈 (宜宾)
우량예옌취 (五粮液园区)	이빈 시가지의 북쪽 민쟝 강변에 있음. "우량예(五粮液)"는 이빈(宜宾)의 대표적인 술이자 중국의 명주(铭酒)임. 우량예(五粮液) 생산 공장의 곳곳이 정원처럼 잘 가꿔져 있고, 각가지 꽃과 나무들이 자태를 한껏 뽐내고 있음. 이빈 관광에서 빼놓을 수 없는 경점으로 꼽힘. 이곳에 "중국술문화박물관(中国酒文化博物馆)"이 있음.	〃
쩐우산 (真武山)	이반 시가지의 서북쪽에 있는 산임. 그 꼭대기 1만여 평의 평지에 옛 건축물들이 보존돼있음. 명(明)나라 14대 황제 만력(万历, 1572~1620)년간부터 시작하여 청(清, 1616~1911)나라 중기에 이르기까지에 지어진 건물들로 도교(道教)·불교(佛教)·유교(儒教)의 사묘(寺庙)들임.	〃
부오런쉬엔관 (博人悬棺)	고대 중국의 남방민족이었던 빠이위예(百越)·간위예(干越)·랴오(僚)·부어(僰) 등 여러 민족의 장례습속에 따라 절벽에 매달아 놓은 관(棺)임. 공(珙)·씽원(兴文)·쥔리앤(筠连) 등의 현(县)에서 볼 수 있음.	공 (珙)
리유빠이치 (流杯池)	술잔을 띄어 흐르게 할 물길 못으로 이빈 시가지로부터 1km거리의 민쟝(岷江) 강변, 강북공원(江北公园)에 있음. 북송(北宋 960~1127) 때의 시인인 황팅지앤(黄庭坚)이 이곳에서 귀양살이를 할 때 판 것으로 알려짐.	이빈 (宜宾)
추이핑산 (翠屏山)	이빈시 추이핑구(翠屏区)에 있으며, 쩐우산(真武山)과 인접함. 민쟝 강변에 깎아지른 듯 서있는, 해발 503m 높이의 산으로 나무가 울창하며, 멀리서 볼 때 마치 푸른 병풍을 쳐놓은 것 같다 해서 그 이름이 비롯됨. 산 위에는 당(唐, 618~967)나라 때 새겨진 석각천불암(石刻千佛岩)이 있고, 멀리로는 서부3탑(叙府三塔)으로 알려진 지유쪼우타(鳌州塔)·빠이타(白塔)·흐이타(黑塔)가 한 눈에 보임.	추이핑 (翠屏)
따관로우 (大观楼)	명(明, 1368~1644)나라 때 세워졌으며, 청(清, 1616~1911)나라 때 개축됨. 앞면 31.6m, 옆면 20.4m의 직사각형 바닥에 4층 28m의 높이로 서 있는 따관로우(大观楼)에 오르면 원근의 산야와 강줄기가 한 폭의 그림과 같이 펼쳐져 있음.	이빈 (宜宾)

<주요 볼거리 면모>

103

완리창쟝디이청(万里长江第一城, 만리장강제일성)

완리창쟝디이청(万里长江第一城)은 어느 특정된 장소를 가리키는 것이 아니라 만리(万里) 나되는 장강(长江)이 시작되는 고장, 이빈(宜宾)의 성시(城市, 시가지) 전체를 지칭하는 말이다.

창쟝(长江, 장강)이 시작되는 지점은 민쟝(岷江)과 진샤쟝(金沙江)이 합류하는 곳으로 합강문(合江门, 허쟝먼) 앞에서 펼쳐진다. 허쟝먼(合江门)의 앞 방향인 동쪽으로 뻗어나가는 것이 창쟝이고, 왼쪽에서 들어오는 물이 민쟝이며, 오른쪽에서 들어오는 물이 진샤쟝이다. 물은 모두 흙탕의 누런빛이다.

허쟝먼으로부터 왼쪽으로 도보 10분쯤 거리의 진샤쟝 하구에 슈이동먼(水东门, 수동문)이 있다. 이 슈이동먼에서 허쟝먼을 거쳐 진샤쟝 하구에 이르기까지에 강변의 낭만을 즐길 수 있는 환경이 조성돼있다.

허쟝먼에서 창쟝의 반대쪽인 서쪽방향으로 구로우지에(鼓楼街)-씨앤푸지에(县府街)-동지에(东街)를 거쳐 씨지에(西街)에 이르면, 그곳에 따관로우(大观楼)가 있다. 허쟝먼으로부터 도보로 10여분 거리이다. 이 자리에는 본래 인촨허(阴传河)라는 강이 흐르고 있었는데, 여기에 살고 있는 못된 용이 악한 짓을 일삼아 인근 마을이 물바다가 되기 일쑤였고, 그럴 때마다 사람들은 온갖 고초를 다 겪어야 했다. 못된 용의 그런 작태를 보다 못한 한 도사가 꾀를 내어 그 용의 머리에 따관로우(大观楼)를 지어 씌우고, 꼬리 부분에 구로우(鼓楼)를 지어 눌렀으며, 몸통 부분에 패방(牌坊)을 세워 꽂음으로써 용이 꼼짝 못 하도록 하였다. 구로우(鼓楼)는 씨앤푸지에(县府街)거리에 있고, 패방은 동지에(东街)거리에 있다. 이러한 이야기들은 전설에 지나지 않지만, 실제로 이 지역은 지하수가 매우 풍부하다. 따관로우(大观楼)는 "챠오로우(谯楼)"라고도 부르며, 그 모양새가 베이징(北京)의 티앤안먼(天安门)과 비슷하다.

3강합류 풍광

허쟝먼

슈이동먼

장강지표광장문

장강지표광장

따관로우

리짱구쩐(李庄古镇, 이장고진)

리짱(李庄)은 챵쟝(长江) 남쪽기슭에 있는 인구 1만2,000여 명의 소읍(小邑)이다. 이빈(宜宾) 시가지로부터는 19km의 거리이고, 그리로 가는 차는 남안(南岸)여객버스터미널에서 수시로 운행된다.

리짱(李庄)의 존재는 그 역사가 춘추전국(春秋战国, BC770~BC221)시대까지 거슬러 올라간다. 지금으로부터 3,000년 전에 옛 부오족(僰族)의 이가촌(李哥村)이 있었고, 리짱(李庄)이란 명칭은 그런 연유에서 비롯되었다는 것이다. "짱(庄)"은 마을이나 고장을 의미한다.

리짱에는 한(汉, BC206~AD220)나라 때 이미 역참(驿站)이 설치됐으며, 명(明, 1368~1644)·청(清, 1616~1911)시대 내내 수운(水运)을 통한 상업·무역지대로 번성하였다. 이런 역사적 배경에서 리짱은 중국 동쪽 쟝쑤성(江苏省)의 쪼우쨩(周庄)과 대비되는데, 그 정취가 다음 글귀에 잘 나타나 있다.

东有江苏昆山的周庄,
동쪽 쟝쑤성 쿤샨에 쪼우짱 마을이 있다면,
西有四川宜宾的李庄.
서쪽에는 쓰촨성 이빈에 리짱 마을이 있다.
江南春雨杏花小桥人家
강남마을의 봄비에 젖은 살구꽃과 작은 다리가 멋스럽다면,
传承文化有功绩工艺四绝堪称奇.
(리짱은) 문화전승의 공적이 크고, 공예의 뛰어남이 가히 신기에 가깝다.

장마당풍광

리짱 관광의 중심대상은 시간을 과거로 되돌린 듯 퇴락한 마을에서 옛 정취를 보고, 듣고, 체험하는 것이다. 우리에게도 그리 낯설지 않은 장면들이기에 친근감이 느껴지기도 한다.

거리의 이발사

장마당푸줏간

마작 삼매경

술도가

리짱의 장마당과 옛 골목길을 이리저리 걷다보면 다음과 같은 건축물들과 마주치게 된다.

쨩쟈츠

○. 쨩쟈츠(张家祠, 장가사)

쨩쟈츠는 청나라 8대 황제 도광(道光, 1820~1850)년간에 지어진 쨩쉬더(张师德)의 사당이다.

4합원식의 목조건축물로 그 조형의 예술적 가치가 높은 것으로 평가되고 있다.

위왕궁

○. 위왕궁(禹王宫, 우왕궁)

청(清)나라 도광(道光)년간에 지어진, 리짱에서 가장 큰 청(清)나라 때의 건물로 산문(山门)·희루(戏楼)·정전(正殿)·후전(后殿)·괴성각(魁星阁) 등의 건물이 있다.

○. 지유롱뻬이(九龙碑, 구룡비)

높이 2.7m, 폭 1.3m의 비석으로 아홉 마리의 용이 여의주를 물고 구름 속에서 노는 문양이

지유롱뻬이

새겨져 있다.
위왕(禹王)과 하롱(河龙)이 천하의 강들이 범람하지 않고 순조롭게 바다로 흘러들어 백성들로 하여금 편히 살게 한다는 의미를 담고 있다고 한다.

o. 꾸이씽거(魁星阁, 괴성각)

청(清)나라 11대 황제 광서(光绪, 1875~1908)년간에 지어진, 목조 3층 건물로 리짱 끝머리 챵쟝(长江)의 돌출부위에 서있다. 챵쟝을 오르내리는 배들이 10리 밖에서도 볼 수 있어 등대역할을 하며, 이빈(宜宾)-샹하이(上海)간의 2,000여km에서 으뜸으로 치는 정각(亭阁)이기도 하다.

꾸이씽거

o. 구지에썅(古街巷, 고가항)

리짱에는 아직도 명(明)·청(清)시대에 조성된 골목길이 18 갈래가 있다. 길바닥은 석판(石板)이 깔려있고, 길 양편으로는

씨지에썅

양지에썅

1m폭의 돌계단이 놓여있다. 씨지에썅(席街巷)은 지붕이 맞닿을 듯 좁으면서도 정취가 있는 골목이고, 양지에썅(羊街巷)은 옛 건물들이 반듯하게 늘어서 있는, 비교적 넓은 골목이다. 옛 건물들은 음식점이나 기념품 상점으로 활용되고 있다.

쉬엔루워디앤

라오지유쟈오

o. 쉬엔루워디앤(旋螺殿, 선라전)

명(明)나라 14대 황제 만력(万历, 1572~1620)년간에 세워진, 25m높이의 8m폭 8각형 건물로 외부는 3겹처마를 달고, 내부는 2층이다. 중국의 저명한 건축교육학자 량쓰청(梁思成, 1901~1972)이 괴성각(魁星阁)·구룡비(九龙碑)·쨩쟈츠(张家祠)와 더불어 리짱4절(李庄四绝)로 꼽은 바 있다.

o. 라오지유쟈오(老酒窖, 노주교)

라오지유쟈오는 술을 발효 숙성시키던 움으로 중국의 명주 "우량예(五粮液)"도 이고장에서 생산된 것이다.

슈난쮸하이(蜀南竹海, 촉남죽해)

슈(蜀)는 쓰촨성(四川省)의 다른 이름이고, 쮸하이(竹海)는 드넓은 대나무 숲을 일컫는다. 쓰촨성 남부의 대나무 숲인 슈난쮸하이(蜀南竹海, 촉남죽해)는 챵닝(长宁)과 쟝안(江安)의 두 현(县)이 마주하는 지역에 자리 잡고 있으며, 청두(成都)로부터는 400여㎞의 거리이다.

슈난쮸하이 서문

쮸하이박물관

슈난쮸하이전경 모형

비취색(翡翠色, 청록색)으로 천하제일이라는 슈난쮸하이는 그 넓이가 120㎢이며, 그 가운데에 44㎢ 넓이의 핵심경구가 있다. 핵심경구는 2곳의 서경구(序景区)와 8곳의 주경구(主景区) 등 10개 구역으로 나뉘며, 모두 134곳의 경점(景点)이 있다. 핵심경구에는 용동(溶洞)·호수(湖泊)·폭포(瀑布)가 잘 어우러져 있어 "녹죽공원(绿竹公园)"이라고도 부르며, 송(宋, 960~1279)나라 때의 시인 황팅지앤(黄庭坚)이 황산석(黄伞石)에 쓴 "완링칭(万岭箐)" 석자를 이름삼아 "완링칭(万岭箐)"이라고도 한다.

쮸하이대나무숲

해발 600~1,000m높이의 붉은 빛 단하지모(丹霞地貌) 1,400만 평 땅에는 27갈래의 준령(峻岭)에 500여 개의 산봉우리들이 솟아있고, 15속(属) 58종(种)의 대나무가 자생하고 있다. 더불어 대나무개구리·대나무숲닭·친와·쮸예칭(살무사) 등 쮸하이 특유의 동물들이 서식하고 있으며, 죽순은 물론 200여 종의 약초가 채취되고 있다.

쮸하이의 경점으로 잘 알려진 곳으로는 티앤황스(天皇寺, 천황사)·티앤바오쨔이(天宝寨, 천보채)·씨앤위동(仙寓洞, 선우동)·칭롱후(青龙湖, 청룡호)·관윈팅(观云亭, 관운정)·치차이페이푸부(七彩飞瀑布, 칠채비폭포)·구짠챵(古战场, 고전장) 등이 있고, 이들을 일컬어 "쮸하이쉬쟈(竹海十佳, 죽해10가)라고 한다. 슈난쮸하이의 주요 볼거리들을 정리해보면 다음과 같다.

ㅇ. 씨앤위동(仙寓洞, 선우동)

씨앤위동

슈난쮸하이 약도

씨앤위동은 한 면이 노출된 동굴로 슈난쮸하이의 남부, 씨앤위동경구(仙寓洞景区)의 차얼옌(擦耳岩) 절벽에 있다. 자연경관과 인문경관을 두루 품고 있어 "쮸하이의 보석(竹海明珠)"으로 대접받고 있다.

씨앤위동은 원래 암석층 속에 들어있던 동굴이었으나 암석층이 절개되면서 한 쪽 면이 들어난 것으로 300여m의 길이에 폭과 높이가 2~15m이며, 동굴 위는 울창한 대나무 숲으로 덮여 있고, 동굴 아래는 바닥이 까마득하게 내려다보이는 쮸하이대협곡(竹海大峡谷)이다.

그 풍광을 청(清, 1616~1911)나라 때의 시인 션위씬(沈毓新)은 다음과 같이 읊었다.

> 仙寓之山高插天
> 씨앤위가 있는 산이 하늘을 찌를 듯 높이 솟아 있구나.
> 上有石洞悬其巅
> 위로는 바위굴이 꼭대기에 걸려있는데,
> 一径盘空绝人迹
> 쟁반처럼 둥근 하늘에는 한 점 인적도 없고,
> 只许猿鹤时蹁跹
> 때때로 원숭이와 학만이 나타나 노닐고 나른다.

씨앤위동은 불교와 도교의 종교 활동지였고, 그 사원들이 있다. 당초의 건물들은 불타 없어지고, 지금의 것들은 1997년에 복원된 것이다. 씨앤위동에는 동샨먼(东山门)과 난샨먼(南山门)의 두 대문이 있다. 난샨먼에서 허샹전(和尚殿)까지가 불교 활동구이고, 난샨먼에서 라오쥔전(老君殿)까지가 도교 활동구이다.

동샨먼(东山门)을 향해 쮸하이샨(竹海山)의 돌계단을 따라 차얼옌(擦耳岩)의 절벽에 이르는 길은 만길 낭떠러지의 쮸하이대협곡(竹海大峡谷)을 끼고 있어 담(胆)이 떨리고, 정신이 흔들린다고들 한다. 산문의 동쪽으로 글자크기가 한 재(尺)남짓인 "영선대(迎仙台)" 세 글자가 바위에 새겨져있다. 중국의 이름난 서예가 푸썅무오(傅襄摸)가 손수 쓰고 새긴 것으로 알려진 이 글자들은 푸른 대나무 숲이 바람에 일렁거리듯 유연하다는 평을 받고 있다.

동중(洞中)으로 들어서서 교룡(蛟龙)과 비폭(飞瀑)을 지나면 와불전(卧佛殿)에 이른다. 와불은 14천신상(十四天神像)과 더불어 붉은 색 사암(砂岩)에 새겨져있다. 다음으로 이어지는 관음전의 석벽에도 관음입상(观音立像)과 18나한상(十八罗汉像)이 새겨져있는데, 와불전의 와불과 관음전의 관음입상 등은 그 예술성이 높게 평가되고 있다.

대웅보전 3세불

씨앤위똥 와불

관음입상과 18나한상

씨앤위똥구룡비

는 듯 새겨져 있고, 비석의 중앙에는 세로로 "당금황제만세만세만만세(当今皇帝万岁万岁万万岁)"의 11자가 새겨져 있다. "당진황디 완쑤이완쑤이완완쑤이"로 발음되며, 재위중인 황제의 만수무강을 기원한다는 의미이다.

○. 티앤바오쨔이(天宝寨, 천보채)

"쨔이(寨)"는 울타리를 둘러친 마을이나 군(军)이 주둔했던 병영(兵营)을 의미한다. 티앤바오쨔이는 청(清)나라 10대 황제 동치(同治, 1861~1875)년 간에 지방관부(地方官府)가 쉬다카이(石达开, 1831~1863)가 이끄는 농민반란군을 방어하기 위해 지은 요새이다. 쮸하이 협곡의 깎아지른 절벽 윗부분에 마치 띠를 두른 듯 옆으로 길게 파고들어간 티앤바오쨔이는 그 길이가 1,500m이고, 높이 20m에 폭

대웅보전(大雄宝殿) 내부에는 여래(如来)·약사(药师)·진미타(阵弥陀)의 3세불(三世佛)이 존치돼있고, 그 앞에는 1m높이의 구룡비(九龙碑)가 서 있다. 구룡비에는 살아 움직이는 듯한 아홉 마리의 용이 마치 비석을 휘감고 있

티앤바오쨔이

티앤바오쨔이황산석

티앤바오쨔이풍광

티앤바오쨔이계곡

티앤바오쨔이풍광

10m정도이다. 중간 중간에 13개의 문을 설치하는 등 지키기는 쉽고 공격하기에는 어렵도록 돼있다.

티앤바오쨔이의 풍광은 장엄하고 아름답다. 맑은 날 붉은 색 사암(砂岩) 바위는 햇빛을 받아 금빛으로 휘황찬란하고, 안개가 끼거나 비가 내리는 날에는 그 경색이 기묘하고 아름답다. 티앤바오쨔이에는 참으로 보기드문, 10여m 높이의 버섯 같이 생긴 바위가 서있다. 전해오기로는 씨앤위동(仙寓洞)에 놀러왔던 신선들의 우산이 세월과 더불어 돌로 변한 것인데, 갓의 빛깔이 황색이다. 사람들은 이 바위를 일러 "황산석(黃伞石)"이라고 한다.

○. **페이추이챵랑**(翡翠长廊, **비취장랑**)

길 양 편의 대나무가 서로 맞닿아 생긴 터널이다. 길바닥은 붉은 색 사암(砂岩) 벽돌을 깔아 마치 붉은 양탄자를 깐 것 같다. 푸르른 대나무 숲속의 붉은 양탄자 길을 걷는 느낌을 많은 관광객들이 즐긴다.

페이추이챵랑

○. **치차이페이푸**(七彩飞瀑, **칠채비폭**)

낙차(落差) 200m의 4단 폭

치차이페이푸부

씨앤뉘후

포로 쉬구산(石鼓山)과 쉬루워산(石罗山)이 만드는 후루구(葫芦谷) 계곡에 있다. 깊은 숲 속의 물이 모여 내(川)가 된 슈이랴오허(水潦河)가 후이롱챠오(回龙桥) 절벽을 나는 듯 떨어지는 폭포 양 쪽으로 쫑산(钟山)과 구산(鼓山)이 있으며, 삼라만상이 잠든 괴괴한 밤의 물소리는 마치 두 산이 조화롭게 들려주는 종소리와 북소리 같다고들 한다. 그래서 이 폭포를 비성폭(飞声瀑)이라고 부른다.

O. **씨앤뉘후**(仙女湖, 선녀호)

씨앤뉘후 역시 쥬하이의 이름난 경점 중 하나로 씨앤위동(仙寓洞)·티앤빠오쨔이(天宝寨) 등과 가깝다. 6,000평 넓이의 맑고 푸른 호수로 주변의 푸르른 대나무 숲과 어울려 그 풍광이 매우 아름답다.

O. **티앤취앤동**(天泉洞, 천천동)

그 넓이가 3만3,000여 평에 이르는 석회암 동굴이다. 300만 년 전에 형성된 것으로 추정되는 14㎢ 넓이의 석림(石林) 지하에 26가닥의 동혈(洞穴)이 있는데, 티앤취앤동(天泉洞)은 그 중의 하나이며, 티앤량동(天梁洞)·티앤쉬동(天狮洞)과 더불어 이 지역의 대표적인 동굴이다. 동굴 내부는 공기가 맑고 쾌적하며, 각가지 형상이 거기에 있다.

Close Up

부오런쉬옌관(博人悬棺)

부오런(博人)은 쓰촨성(四川省)과 윈난성(云南省)이 접하는 지역에 살았던, 중국 고대의 소수민족 중 하나로 특히 이빈시(宜宾是)의 공현(珙县)·씽원현(兴文县)·쥔리앤현(筠连县)에 많이 모여 살았다. 이제는 비록 사라지고 없는 민족이지만, 이 지역에는 지금도 그들의 장례유적이 남아있는데, 그 형태가 절벽에 구멍을 뚫어 박은 받침대 위에 관을 올려놓은, 마치 허공에 매달린 모양새여서 현관(悬棺, 쉬옌관)이라고 불린다. 수적인 면에서나 밀도 면에서 공현(珙县)의 마탕빠(麻塘坝)와 쑤마완(苏麻湾)의 쉬옌관(悬棺)이 타 지역에 비해 월등하기에 이 지역을 부어런쉬옌관(博人悬棺)의 대표적 명소를 꼽는다.

마탕빠(麻塘坝)는 부어런쉬옌관(博人悬棺) 관광의 핵심지역으로 공현(珙县) 루워바오쩐

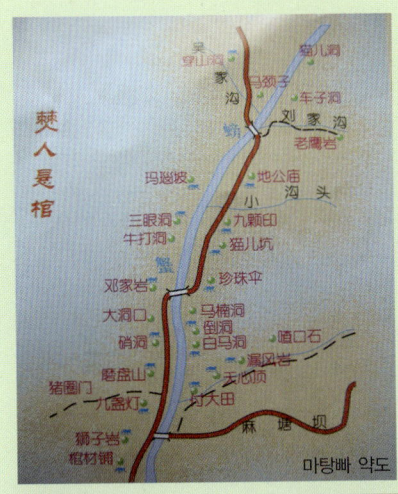

마탕빠 약도

마탕빠 풍광

(洛表鎭)의 서남쪽에 자리 잡고 있다. 동서 간의 폭 300~500m에 남북길이가 1km인 마탕빠에는 팡씨에씨(螃蟹溪) 냇물이 남북으로 흐르고, 이를 사이에 둔 동(东)·서(西) 양쪽 21 판의 절벽에 223구의 목관이 걸려있다. 그 걸려있는 높이는 대체로 20~60m의 범위이며, 아주 높은 곳은 100여 m에 이른다. 부어런 사람들이 죽은 자의 관을 높이 매달았던 것은 높이 달면 높이 달수록 더 많은 복을 받는다고 믿었기 때문이며, 그렇게 하기 위하여 죽은 자의 관을 절벽위로 끌고 올라가 아래로 늘어뜨려 필요한 작업을 한 것으로 고증되고 있다.

쉬옌관 주변에는 수백 폭의 생동감 넘치는 암화(岩画)가 방금 칠한 것 같은 선명한 채색으로 남아있다. 부어런(博人) 사람들이 살던 때의 자연환경, 생산활동, 민풍민속, 종교신앙 등의 그림은 비록 그 선이 단순하고 거칠지만 보는 사람들을 감동케 하는 그 무엇이 있다. 부어런쉬옌관에 관하여 다음과 같은 이야기가 전해온다.

쉬옌관

아주 오랜 옛날, 쓰촨 공현의 마탕빠에 부어런(僰人) 사람들이 모여 살았는데, 그들 대부분의 성(姓)은 하(阿, ha)씨였다. 어느 날, 하씨 문중의 한 노인이 죽자 문중에서는 풍수(風水)에 밝은 사람을 청해 죽은 노인의 무덤자리를 보아달라고 했다.

그 풍수장이는 마탕빠의 지세를 두루 살피더니 깎아지른 절벽의 한 흰 바위를 가리키며 말하기를 나무로 관을 짜 시신을 담은 후 그 흰 바위에 묻으라고 하였다. 그리고 덧붙이기를 그리하면 후손들에게 반드시 부귀영화가 찾아올 것이라고 하였다. 하씨 문중의 사람들은 그 풍수장이의 말대로 죽은 노인의 장례를 치렀는데, 그 효험이 있었음인지 하(阿)씨 문중이 번창했고, 부어족(僰族)에서는 가장 힘이 센 부락으로 발전하였다. 그리고 하씨 문중에서 출중한 3형제가 나와 중앙조정에 반기를 들고 나라를 세웠다.

하씨문중의 3형제가 반란을 일으켜 나라를 세울 때, 소요되는 물자를 부오런 사람들로부터 징발하였는데, 그때 대지주이자 음양오행과 풍수에 도통한 루워잉씨유차이(罗英秀才)라는 자도 식량과 금은보화를 빼앗겼다. 이에 앙심을 품은 루워잉씨유차이는 하씨 3형제에게 고하기를 윈난(云南)의 웨이씬현(威信县) 와쉬촌(瓦石村) 두안징샨(斷井山, 단정산)의 백호암(白虎岩)이 명당자리이고, 그곳을 조상의 묘로 쓰면 그 후손의 세력이 더욱 커져서 쓰촨과 윈난 모두를 평정할 수 있을 것이라고 하였다.

하씨문중의 3형제는 루워잉씨유의 그 말을 듣고 기뻐하며 마탕빠의 절벽위에 묻었던 조상의 관 7개를 끌어내려 두안징샨의 백호암으로 옮겨 묻었다. 그러나 이번에는 부귀영화가 찾아오지 않았다. 조상의 묘를 백호암으로 옮기고 나서 오래지 않아 중앙조정에서 하씨 문중의 3형제가 주도한 반란을 평정하기위해 군사를 내려 보냈으며, 이들에 의해 3형제는 피살되었다. 조정의 군사는 그 3형제의 포살에 그치지 않고 부오족 사람들을 닥치는 대로 살해했으며, 특히 하(阿)성을 가진 사람들은 끝까지 추적하여 잡아 죽였다. 사태가 이 지경이 되자 부어족 사람들은 고향을 버리고 멀리 떠나 살았으며, 하(阿)씨성을 가진 사람들은 그 성의 글자를 하(何)로 바꾸고 깊이 숨어 살았다. 이렇게 해서 부오족(僰族)은 역사에서 사라졌다고, 그렇게 사람들은 추론하고 있다.

부오족 사람들이 사라지면서 쉬엔관장례도 뒤가 끊겼는데, 윈난의 백호암으로 이장된 하씨문중의 관 7개에 값비싼 부장품이 많이 들어있다는 소문이 돌면서 이를 탐하는 사람들이 관 4개를 끌어내렸다. 그렇게 해서 관 뚜껑이 열리고 예상대로 금은보화가 쏟아져 나왔는데, 이 부장품에 손을 대는 사람들이 모두 눈에 심한 통증을 느끼고 앞이 안 보이는 증세가 나타나자 사람들은 겁에 질려 그 관과 부장품을 깊은 산속에 버렸으며, 이러한 소문이 퍼지자 사람들은 쉬엔관을 멀리하고 감히 뚜껑을 열려는 엄두 못하였다.

권역별관광

루쪼우시(泸州市)

6

루쪼우시의 위치

1. 전체모습

루쪼우는 쓰촨성의 동남부, 쓰촨분지의 남쪽 가에 위치한다. 이곳은 쓰촨성 남쪽의 윈꾸이고원(云贵高原)으로 이어지는 지역이며, 따라서 남쪽으로 가면서 높아져 다로우샨(大娄山) 북쪽 기슭에 닿는다. 다로우샨은 쓰촨분지와 꾸이쪼우고원(贵州高原) 간의 경계를 이루는 산으로 주봉인 금불산(金佛山)의 해발높이는 2,251m이고, 상대고도는 500m정도가 된다. 이렇듯 꾸이쪼우(贵州)와 접해있는 루쪼우시는, 옛날 이곳에 부오족(僰族)과 롱족(戎族)이 살았었기에 부오다오(僰道) 또는 롱쪼우(戎州)라는 이름으로도 불렸다.

또한 루쪼우시는 챵쟝(长江)의 북쪽 연안에 자리 잡고 있으며, 이곳에서 챵쟝의 지류인 투워쟝(沱江)이 합류한다. 햇볕 쪼임의 양이 강의 남쪽기슭 보다는 북쪽기슭에 많기에 햇볕을 많이 받는 고장이라 하여 "쟝양(江阳)"이라고도 했다. 또한 오랜 역사와 전통을 자랑하는 "랑주(朗酒)"가 있듯이 술이 유명한 고장이라 하여 "주성(酒城)"이란 별칭도 있다.

루쪼우시는 그 전체면적이 12,243km²(제주도의 6.6배)이며, 494만 명의 인구가 거주한다(2008). 행정상으로는 쟝양(江阳)·나씨(纳溪)·롱마탄(龙马潭)의 3 시할구(市辖区)와 루(泸)·허쟝(合江)·쉬용(敍永)·구린(古蔺)의 4현(县)으로 나뉘어 있다. 그 대체적인 현황은 다음과 같다.

(표) 루쪼우시의 행정구획

구현별	면적 (km²)	인구 (만명)	인구밀도 (인/km²)	정부소재지
쟝양(江阳)	649	63	964.6	-
나씨(纳溪)	1,151	48	419.6	-
롱마탄(龙马潭)	333	34	1,027.0	-
루(泸)	1,508	103	683.0	푸지(福集)
허쟝(合江)	2,417	84	347.5	허쟝(合江)
쉬용(敍永)	2,981	65	218.1	쉬용(敍永)
구린(古蔺)	3,181	73	229.5	구린(古蔺)

루쪼우시 행정구획

2. 교통

루쪼우는 쓰촨(四川)·윈난(云南)·꾸이쪼우(贵州)의 세 성(省)이 맞닿는 고장으로 오지 중의 오지이다. 하지만, 루쪼우는 쓰촨성에 하나밖에 없는, 전국 내하(內河)의 28곳 주요 항구 중 하나이며, 쓰촨에서 세 번째로 큰 란티앤공항(蓝田机场)이 있고, 321번 국도가 루쪼우를 경유한다. 또한 성유철도

(成渝铁道: 成都-重庆, 504km)의 지선인 융로철도(隆泸铁道)가 룽쨩(隆昌)-루쪼우(泸州) 간 55km를 운행하며, 근래 쉬용(敍永)까지 연장, 개통되었다. 지역상으로는 오지이지만, 외부와의 교통은 원활한 편이다.

루쪼우시 교통약도

3. 볼거리

챵쨩(长江)과 투워쨩(沱江)의 두 강물이 푸른 산을 뒤로하고 있는 루쪼우의 3면을 휘감아 흐르는데, 그 경치가 매우 아름답다. 루쪼우의 볼거리를 정리해보면 다음과 같다.

(표) 루쪼우시의 주요 볼거리

경 점	개 요	소재지
계명삼성 (鸡鸣三省)	쓰촨(四川)·윈난(云南)·꾸이쪼우(贵州)의 3 성(省)이 맞닿는 지역으로 깎아지른 절벽을 비롯한 자연풍광이 유명함.	쉬용(敍永)
야오빠구쩐 (尧坝古镇)	북송(北宋, 960~1127) 때 설치된 군사요새 겸 민간부락이었음. 쓰촨 남부와 꾸이쪼우 북부를 잇는 역참(驿站)이 있었으며, 이 길을 "천검주랑(川黔走廊)"이라 부름.	허쨩(合江)
위챤샨 (玉蟾山)	루현(泸县)의 현성 북쪽으로 35km 떨어져 있음. 산 절벽에 280여 자리의 불상이 새겨져 있음.	루현(泸县)
단샨 (丹山)	200여 km²의 국가급풍경구임.	쉬용(敍永)
하이챠오후 (海潮湖)	투워쨩(沱江) 하류에 있는 17km²넓이의 풍경구임.	루현(泸县)
홍롱후 (红龙湖)	구린(古蔺) 현성의 북쪽 20km되는 곳에 있음. 30km²넓이의 성급(省级) 삼림공원임.	구린(古蔺)
롱나오챠오 (龙脑桥)	명(明, 1368~1644)나라 초기에 놓여진 54m길이의 다리임. 그 다리 난간의 조형이 기이하여 중국 고대의 진품돌다리로 꼽힘.	루현(泸县)
라오쟈오치 (老窖池)	술을 숙성시키고자 물속에 설치한 창고임. 명(明)나라 13대 황제 만력(万历, 1572~1620)년간에 만들어짐. 보관기간이 길어질수록 술의 질이 좋아지는 것으로 알려짐.	쨩양(江阳)

경 점	개 요	소재지
바오인타 (报恩塔)	남송(南宋, 1127~1279) 때 세워졌으며, 루쪼우 백탑(白塔)이라고도 함. 33.2m높이의 8각 7층 벽돌 탑으로 매 층 마다 겹으로 된 처마를 달고 있으며, 탑 안에는 90개의 불감(佛龕)에 256자리의 부처 조각상이 존치돼있음.	

<주요 볼거리 면모>

라오자오치

바오인타

단샨

야오빠오구쩐

하이차오후

롱나오차오

훙롱후

위찬샨

위찬샨 마애조각상

계명삼성(鸡鸣三省)

"계명삼성(鸡鸣三省)"이라 함은 한 마리의 수탉이 홰를 치며 울며 새벽을 알릴 때, 그 소리를 세 성(省)에서 동시에 함께 듣는다는 의미이다.

속칭 "일계명삼성지지(一鸡鸣三省之地)" 또는 "일각답삼성지지(一脚踏三省之地)"라고 한다. 닭 한 마리가 우는 소리를 세 성(省)에서 함께 들을 수 있는 고장이자 한 발로 세 성을 함께 밟을 수 있는 곳을 의미하는 것이다.

이렇듯 표현상으로는 닭 우는 소리와 개 짖는 소리가 한 동네에서처럼 들리지만 역사적으로 보면 서로간의 교류는 거의 없었으며, 나아가 지역 간 교류도 뜸하여 계명상성(鸡鸣三省)의 고장은 여러 방면에서 낙후되어 있다.

계명삼성은 중국 전체를 통틀어 다음과 같이 열 군데가 있다.

(표) 중국의 계명삼성

명 칭	지 명
윈꾸이촨(云贵川)	윈난(云南) 쩐숑현(镇雄县)·웨이씬현(威信县) – 꾸이쪼우(贵州) 비지에시(毕节市) – 쓰촨(四川) 쉬용현(敍永县)
썅위예깐(湘粤赣)	후난(湖南) 루청현(汝城县) – 광뚱(广东) 런화현(仁化县) – 쟝씨(江西) 총이현(崇义县)
위으어친(豫鄂秦)	허난(河南) 쩌촨현(浙川县) – 후베이(湖北) 윈현(郧县) – 샤안씨(陕西) 샹난현(商南县)
꾸이위썅(贵渝湘)	꾸이쪼우(贵州) 쏭타오현(松桃县) – 총칭(重庆) 씨유샨현(秀山县) – 후난(湖南) 화위엔현(花垣县)
친촨깐(秦川甘)	샤안씨(陕西) 닝창현(宁昌县) – 쓰촨(四川) 칭촨현(青川县) – 깐수(甘肃) 우두현(武都县)
쩌민깐(浙闽赣)	쩌쟝(浙江) 쟝샨현(江山县) – 푸지앤(福建) 푸청현(蒲城县) – 쟝씨(江西) 광펑현(广丰县)
꾸이꾸이썅(桂贵湘)	광시(广西) 싼쟝(三江) – 꾸이쪼우(贵州) 리핑(黎平) – 후난(湖南) 통다오(通道)
징진지(京津冀)	베이징(北京) 핑구현(平谷县) – 티앤진(天津) 지현(蓟县) – 허베이(河北) 싼허시(三河市)
위예깐민(粤赣闽)	광뚱(广东) 핑위엔(平远县) – 쟝씨(江西) 쉰우현(寻乌县) – 푸지앤(福建) 우핑현(武平县)
루위지(鲁豫冀)	샨뚱(山东) 션현(莘县) – 허난(河南) 난러현(南乐县) – 허베이(河北) 따밍현(大名县)

이들 10곳의 계명삼성 중에 특히 윈꾸이촨(云贵川)의 풍광을 으뜸으로 친다. 이곳은 윈난 쩐슝현(镇雄县) 푸오토우이족먀오족빠이족자치진(坡头彝族苗族白族自治镇) 더롱촌(德隆村)의 빠이쳐(白车), 윈난 웨이씬현의 슈이티앤쨔이(水田寨), 쓰촨 쉬용현(叙永县) 슈이랴오이족자치향(水潦彝族自治乡)의 챠하촌(岔河村), 그리고 꾸이쪼우 비지에린코우진(毕节林口镇)의 먀오쨔이(苗寨) 등 소수민족의 마을들이 모여 있는 곳으로 그들의 전통생활방식이 아름다운 자연 속에 그대로 잘 보전되어 있다.

계명삼성 사람들

계명삼성 표지석

계명삼성풍광

계명삼성 풍광

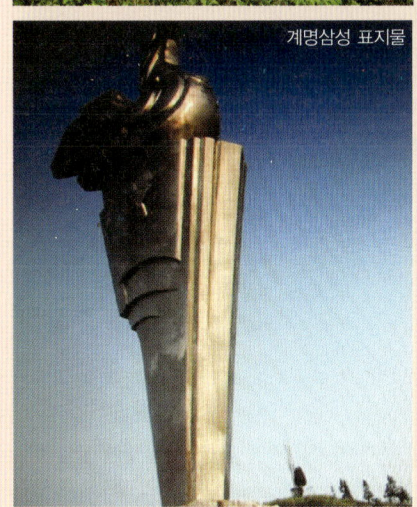

계명삼성 표지물

계명삼성위치도

권역별관광

쯔공시(自贡市)

쯔공시의 위치

1. 전체모습

쯔공시(自贡市)는 쓰촨분지의 남부, 챵쟝(长江)의 지류인 푸씨허(釜溪河)강을 끼고 있다. 해발고도는 250~500m 범위이며, 지대가 높은 서북쪽에서 지대가 낮은 동남쪽으로 저산(低山)·구릉(丘陵)·평지(平坝)·구곡(沟谷) 등이 이어진다.

쯔공은 기후 면에서 아열대습윤계절풍기후대(亚热带湿润季风气候带)에 속한다. 연평균기온은 17~18℃이며, 여름은 덥고 겨울은 그다지 춥지 않다. 봄과 가을은 짧은데 비해 여름과 겨울은 비교적 길다. 연간 강수량은 1,000~1,200㎜이며, 수계(水系)는 민쟝(岷江)에 속한다.

쯔공시의 전체면적은 4,373㎢(제주도의 2.4배)이며, 행정상으로 쯔리유징(自流井)·공징(贡井)·따안(大安)·앤탄(沿滩)의 4시할구(市辖区)와 롱(荣)·푸쉰(富顺)의 2현(县)으로 나뉘어 있다.

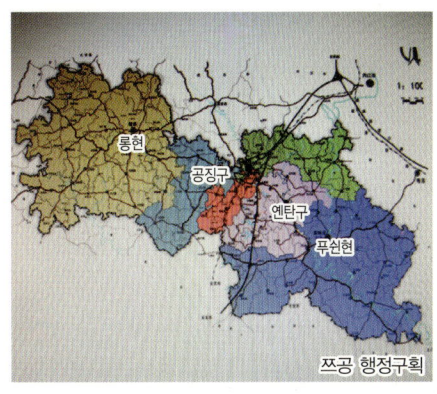

쯔공 행정구획

그 대체적인 현황은 다음과 같다.

(표) 쯔공시의 행정구획 현황

구현별	면적 (㎢)	인구 (만명)	인구밀도 (인/㎢)	정부소재지
쯔리유징(自流井)	154	33	2,142.9	-
공징(贡井)	408	30	735.3	-
따안(大安)	401	44	1,097.3	-
앤탄(沿滩)	468	39	833.3	-
롱(荣)	1,609	69	428.8	쉬양(旭阳)
푸쉰(富顺)	1,333	100	750.2	푸쉬(富世)

2. 교통

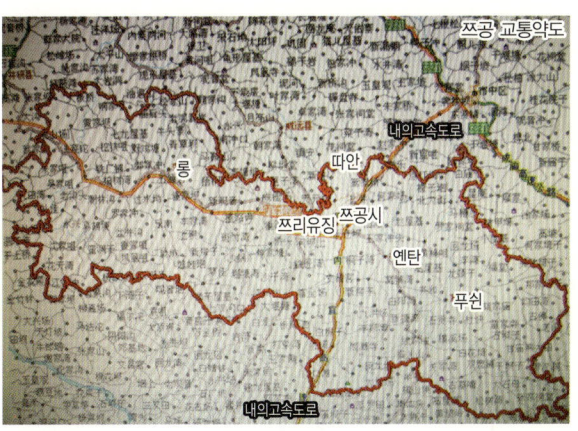

쯔공 교통약도

쯔공의 교통은 전반적으로 원활한 편이다. 쓰촨의 네이쟝(长江)과 꾸이쪼우성(贵州省)의 리유판슈이(六盘水) 간을 운행하는 내륙철로(內六铁路, 525㎞)가 쯔공을 경유하며, 네이쟝에서 꾸이양(贵阳)으로 가는 고속도로가 역시 쯔공을 지나간다. 더불어 쯔공에서 러샨으로 가는 고속도로도 있다. 그 외에 성급(省級)의 도로망이 확충돼있어 지역간 연결이 긴밀하다.

3. 먹을거리

쯔공은 청(清, 1616~1911)나라 중엽 이래 정염(井盐) 생산의 중심지였다. 정염은 염분을 함유한 우물물을 졸여서 만든 소금을 말하며, 쓰촨성과 윈난성에서 많이 생산되었다. 당시에 소금은 그 생산과 유통을 관(官)에서 통제했으며, 정염의 생산과 유통에 종사하는 사람들을 일컬어 앤빵(盐帮)이라 했다. "빵(帮, bang)"은 "무리"나 "동아리"를 의미한다.

이들 소금 일을 하는 앤빵들은 부(富)를 축적하여 풍족한 생활을 하였으며, 집에 제대로 된 주방을 갖춰놓고 입맛에 따라 음식을 만들어 먹었다. 음식재료도 다양했으며, 조리방법도 창의적이고 독특해서 그 음식은 품격이나 맛에서의 극치를 이루었다.

당시의 사람들은 앤빵들이 해 먹던 이들 음식을 일러 앤빵차이(盐帮菜)라 했고, 이 앤빵차이는 다시 톡톡 쏘며 아릿한 맛의 "앤샹차이(盐商菜)", 매운 맛의 "앤궁차이(盐工菜)", 새콤달콤한 맛의 "후이관차이(会馆菜)"로 세분되었다.

앤빵차이의 핵심은 식재료의 특성에 따라 조리방법과 양념을 적절하게 하는 것이었으며, 그 맛은 전반적으로 중후하고 깔끔했다.

세월과 더불어 사람들은 흘러갔지만, 훌륭한 음식을 탄생시킨 앤빵의 주방(厨房)들은 그 이름과 더불어 독립된 음식점으로 진화·발전했으며, 오늘날에도 전해오는데, 티앤더위엔(天德园)·루밍츈(鹿鸣春)·진구위엔(金谷园)·하오위엔(好园)·챠위엔(怡园)·댜오황로우(吊皇楼)·다마토우(大马头)·리유펀지유로우(留芬酒楼)·슈쟝츈(蜀江春)·원씽위엔(文兴园)·신진차이셔(新津菜社)·민쟝판디앤(岷江饭店)·화뻬이쉬탕(华北食堂) 등이 그것이다.

일백 종류에 육박하는 앤빵차이의 일부를 들여다보면 다음과 같다.

(표) 앤빵차이의 여러 음식들

음식명	개요
훠비앤즈니유로우 (火边子牛肉)	소 뒷다리의 송곳살을 얇게 썰어 소금과 간장을 발라 통풍이 잘 되는 곳에 걸어 꾸덕꾸덕해진 다음 은근한 불어 구어 먹는 음식임.
슈이쮸니유로우 (水煮牛肉)	적당한 크기로 썬 소의 살코기를 콩나물·상추 등 여러 야채와 더불어 매콤한 탕국물에 끓여낸 음식임.
펀쩡니유로우 (粉蒸牛肉)	소의 살코기에 여러 조미료를 첨가한 쌀가루를 발라 찐 음식임.

음식명	개요
짱판니유로우 (掌盘牛肉)	잘게 저민 쇠고기 경단과 싱싱한 야채를 무친 후 이를 차게 한 음식임. 조그마한 짱판(掌盘)에 담아낸다고 해서 짱판니유로우라고 하는 것임.
진쓰니유로우 (金丝牛肉)	1차로 계란과 전분국수, 그리고 채친 감자 등을 섞어 익힌 누런빛의 바탕음식을 만들고, 그 위에 가늘고 길게 썬 소고기와 여러 양념을 넉넉하게 얹은 음식임.
원훠관즈로우 (文火罐子肉)	자기 항아리에 소 복부 살과 무·감자·양파·마늘 등을 함께 넣어 약한 불에 푹 익힌 음식임.
쑤안차이지위 (酸菜鲫鱼)	쑤안차이·겨울죽순·햄·계란흰자위·전분·양념 등과 더불어 붕어를 솥에서 익혀낸 음식임. "쑤안차이"는 배추·표고버섯 등의 야채를 시큼하게 발효시킨 것을 말함.
롱씨앤추이피위 (荣县脆皮鱼)	잉어에 전분으로 옷을 입힌 다음 각종 양념과 더불어 튀겨낸 음식임.
푸쉰화니치유 (富顺花泥鳅)	추어탕의 일종임.
쨔오화펀쩡위 (赵化粉蒸鱼)	초어(草鱼)에 여러 조미료를 첨가한 쌀가루를 입혀 쪄낸 음식임.
도우푸위토우탕 (豆腐鱼头汤)	연두부·연어대가리·겨울죽순 등에 여러 조미료를 넣고 함께 끓인, 일종의 순두부 탕임.
칭쩡투안위 (清蒸团鱼)	자라·표고버섯·중국식 햄 등을 백숙으로 익힌 다음 생강과 대파 등으로 양념한 음식임.
쯔쑤안지 (渍蒜鸡)	마늘 즙에 담가 숙성시킨 닭고기임.
미쉰지 (米熏鸡)	일종의 훈제 닭고기임.
칭쩡위예무즈지 (清蒸月母子鸡)	백숙을 한 암탉임.
홍샤오퉁즈지 (红烧童子鸡)	햇닭을 홍샤오(红烧)방식으로 조리한 닭고기임. 홍샤오는 기름과 설탕을 넣어 살짝 익힌 육류에 간장을 넣어 완전히 익힘으로써 검붉은 색깔이 들게 하는 요리방법임.
후이궈로우 (回锅肉)	고기를 덩어리 통채로 삶아놓고 필요할 때 적당하게 썰어 기름에 볶아먹는 요리임.
챠오후이싼썅 (巧烩三香)	"후이(烩)"는 고기 등을 볶은 후에 소량의 물과 전분을 넣어 걸쭉하게 만드는 조리법. 챠오후이싼썅은 돼지의 주둥이 귀 꼬리 등을 위와 같은 방법으로 요리한 음식임.
니유포어훙쪼우 (牛㸆烘肘)	"훙(烘)"은 불에 굽는 조리법이고, "쪼우(肘)"는 허벅지 고기를 말함. 소의 허벅지 고기를 불에 구어 만든 음식임.
단다오후이 (单刀会)	소의 각 부위를 고루 맛보이는 향연용 음식임.

음식명	개 요
탕피취위앤양씨 (烫皮全羊席)	양의 먹을 수 없는 내장을 제거하고, 그 자리에 여러 부재료를 넣은 다음 통 째로 익힌, 향연용 음식임.
렁츠투 (冷吃兔)	쯔공의 롱씨앤(荣县)과 푸쉰씨앤(富顺县) 지역은 토끼 주산지이며, 사람들은 토끼고기를 즐겨먹음. 적당한 크기로 썬 토끼고기를 여러 양념과 함께 솥에 넣어 튀겨내는 음식임.
진화양로우탕 (金花羊肉汤)	양고기와 양 뼈를 솥에 넣어 푹 고아낸 탕국임. 하이쟈오미앤(海椒面)과 화쟈오미앤(花椒面) 등을 곁들여 먹음.
펑루워보티화탕 (风罗卜蹄花汤)	잘 씻은 돼지 발굽을 생강·고추·계란 등과 더불어 솥에 넣고 센 불과 약한 불로 번갈아 고아낸 음식임.
마이샹슈 (蚂蚁上树)	원(元, 1206~1368)나라 때부터 있어 옴. 녹말로 만든 당면과 잘게 다진 고기를 함께 기름에 볶은 음식임.
구징씨로우 (古井腊肉)	"씨로우(腊肉)"는 소금에 절인 고기를 불에 굽거나 햇볕에 장기간 말린 고기임.
피단쑤이로우 (皮蛋碎肉)	피단과 쑤이로우를 함께 버무려 내는 음식임. 피단은 송화단(松花丹)이라고도 하며, 오리 알이나 계란을 재·찰흙·왕겨·소금 등을 섞은 것에 넣고 밀봉하여 삭힌 것임. 또한 쑤이로우는 고기 조각을 일컫는 것임.
루안짜로우쓰 (软炸肉丝)	"로우쓰"는 국수발처럼 가늘고 길게 썬 고기를 말하고, 루완짜는 그와 같은 재료에 밀가루를 입혀 끓는 기름에 튀겨내는 음식임.
푸롱단 (芙蓉蛋)	전의 일종임. 계란·구운 고기·가늘게 찢은 죽순·표고버섯 등을 양념과 더불어 기름을 발라 지져낸 음식임
칭쟈오피단 (青椒皮蛋)	재·찰흙·왕겨·소금 등과 함께 밀봉하여 삭힌 계란이나 오리 알에 양념간장과 피망을 곁들인 음식임
로우무오훙단 (肉末烘蛋)	돼지살코기·계란·옥수수가루·소금·파·땅콩기름 등을 재료로 하여 빈대떡처럼 지져낸 음식임
쇄바토우 (刷把头)	밀가루반죽을 얇게 밀어 만든 만두피에 다진 돼지고기, 입춘 전에 딴 버섯, 난편(ᄂ片), 잘게 썬 파 등을 함께 버무려 싼 만두의 일종임.
하이쟈오지 (海椒鸡)	고추의 일종인 하이쟈오(海椒)와 토막 낸 닭고기를 솥에 넣고, 적정량의 물을 넣은 다음 끓여내는 음식임. 후쟈(瑚家)의 전래비법에 따라 만들어짐.
슈이쮸로우 (水煮肉)	"슈이쮸"는 물에 삶아 익히는 조리법임. 소고기나 돼지고기를 마늘·야채·고추 등과 함께 그런 방법으로 요리한 음식임.
코우무오간까오탕 (口蘑肝膏汤)	버섯의 일종인 코우무오(口蘑), 돼지의 간, 계란흰자위 등을 양념과 더불어 걸쭉해 질 때까지 끓여 만든 음식임.
간비앤루오부오쓰 (干煸罗卜丝)	"간비앤(干煸)"은 음식재료를 기름과 함께 솥에서 반쯤 익도록 살짝 볶는, 쓰촨지방의 조리 방법임. 간비앤루워부오쓰는 적당한 크기로 썬 무와 돼지고기를 간비앤방법으로 요리한 음식임.

4. 볼거리

쓰촨 남부지역의 중심적 위치에 있는 쯔공(自贡)은 "공룡지향(恐龙之乡)", "천년염도(千年盐都)", "남국등성(南国灯城)"으로도 불릴 정도로 공룡(恐龙) · 정염(井盐) · 등회(灯会)가 유명하다.

쯔공의 볼거리를 정리해보면 다음과 같다.

(표) 쯔공시의 주요 볼거리

경 점	개 요	소재지
쯔공등회 (自贡灯会)	중국의 민간전통문화예술제임. 연간 1,500만 명의 관광객이 다녀간다고 함. 각종 재질과 색채의 재료로 약병 · 자기 · 누에 · 부채 등 각가지 모양의 등을 만들어 주마등(走马灯) · 좌등(座灯) · 계열등(系列灯) · 공예등(工艺灯) · 동물등(动物灯) · 인물등(人物灯) · 화조등(花鸟灯) 따위로 꾸미며, 점등(点灯)됐을 때의 그 휘황찬란함은 장관임. 중국의 각 성시구(省市区)의 200여 도시에서 출품하며, 한국을 비롯한 세계 여러 나라에서도 참가하고 있음.	쯔리유징 (自流井)
서진회관 (西秦会馆)	쯔공에서 소금사업을 통해 부(富)를 쌓은 샤안시성(陕西省) 출신의 상인들이 사업 운영의 편의도모를 위해 지은 건물로 청(淸)나라 6대 황제 건륭(乾隆, 1755~1796)년간인 1736년에 착공하여 8대 황제 도광(道光, 1820~1850)년간인 1828년에 완공됨. 건물 배치는 정사각형의 평면조합이며, 중앙선을 따라 대칭을 이룸. 전형적인 중국양식의 건물임. 무성궁(武圣宫) 또는 관제묘(关帝庙)라고도 불림. 염업사박물관으로 활용되고 있음.	쯔리유징 (自流井)
염업역사박물관 (盐业历史博物馆)	당초에는 서진회관 건물이었음. 중국의 정염(井盐)에 관한 역사유물이 소장돼있음. 대량의 진귀한 문물과 모형을 비롯하여 사진과 표본 등이 진열되어 있어 정염생산기술의 이치와 발전과정을 쉽게 이해할 수 있음.	쯔리유징 (自流井)
공룡화석군유적지 (恐龙化石遗址)	쯔공시 동북쪽 교외에서 11km 떨어진 다샨푸쩐(大山铺镇)에 있음. 1억 6,000만 년 전의 쥬라기 공룡 등 척추동물의 화석이 다량 매장돼있는 것으로 확인됨. 진시황 병마용 발굴현장을 박물관으로 꾸몄듯이 이곳의 공룡유골 발굴 현장을 살려 "쯔공공룡박물관"으로 시설함. 미국의 국립공룡원, 카나다 대공룡공원과 더불어 세계의 3대 공룡박물관으로 꼽힘.	롱현 (荣县)
롱현대불 (荣县大佛)	롱현의 대불산(大佛山, 414m) 중턱에 새겨진 여래좌불(如来座佛) 불상임. 그 크기는 높이 36.7m, 머리길이 8.8m, 어깨폭 12.7m, 무릎높이 12.0m, 발폭 3.5m이며, 낙산대불(乐山大佛)에 이어 중국에서 두 번째로 큰 석불임. 당(唐, 618~907)나라 때 새겨진 것으로 보고 있음.	롱현 (荣县)
푸쉰문묘 (富顺文庙)	푸쉰현(富顺县) 현성의 중심에 있음. 송(宋)나라 4대 임금 인종(仁宗, 1022~1063)년간에 창건됨. 현재 담장 · 영성문(棂星门) · 대성문(大成门) · 대성전(大成殿) · 숭성사(崇圣祠) · 경일정(敬一亭) 등의 건물이 남아 있는데, 대부분이 명(明, 1368~1644) 청(淸, 1616~1911) 시대의 것임.	푸쉰 (富顺)

<볼거리 면모>

중국채등박물관

쯔공채등공원

채등박물관 치장물

채등박물관 풍광

쯔공염업사 전시물

염업사박물관

쯔공서진회관

쯔공공룡박물관

쯔공 공룡전시관

공룡박물관 외관

푸쉰문묘

푸쉰문묘

Close Up

룽현 대불사 대불

룽현(榮县) 대불사(大佛寺)는 쯔공 시가지에서 서쪽으로 40km거리에 있다. 룽현으로 가는 버스는 시외버스터널 격인 쯔공치쳐커윈쯩짠(自贡汽车客运总站)에서 탄다. 룽현에 내려서는 터미널에 대기 중인 삼륜차나 오토바이를 이용하는 것이 편하다. 요금은 5위엔 정도 한다.

이곳 대불은 산세에 따라 조각되었으며, 부처머리의 정수리는 산꼭대기와 수평을 이룬다. 대불의 기세가 장엄하고 조형이 완벽하기에 사람들은 대불의 외양과 부처의 내면세계가 잘 조화돼있다고 평한다. 당(唐, 618~907)나라 때 조각되어 1천년의 세월이 흐른 지금에도 그 보존상태가 완벽하다.

룽현대불사 관람약도

룽현의 탈거리

룽현대불사 대불

권역별관광

네이쟝시(內江市)

8

네이쟝시의 위치

1. 전체모습

네이쟝(內江)은 쓰촨분지의 동남쪽 깊숙이에 흐르는 투워쟝(沱江) 강변에 자리 잡고 있으면서 동쪽으로는 총칭(重庆)에 맞닿고, 서쪽으로는 청두(成都)로 이어지며, 남쪽으로는 쯔공(自贡)·이빈(宜宾)·루쪼우(泸州) 등과 접해있다. 이러한 지리적 위치이기에 네이쟝을 일러 "촨쫑슈니유(川中枢纽)"라고도 하고, "촨난앤호우(川南咽喉)"라고도 한다. 쓰촨성 중부의 요충지이자 쓰촨성 남부로 내려가는 길목이라는 의미일 터이다.

네이쟝은 동서길이 122km, 남북 폭 95km로 전체면적은 5,386k㎡(제주도의 3배 넓이)이며, 인구는 425만 명이다.

행정상으로는 2시할구(市辖区)·3현(县)으로 나뉘어 있는데, 시할구는 쉬쫑(市中)과 동씽(东兴)이고, 3현은 웨이위엔(威远)·쯔쫑(资中)·롱챵(隆昌)이다. 그 대체적인 현황은 다음과 같다.

(표) 네이쟝시의 행정구획

구현별	면적 (k㎡)	인구 (만명)	인구밀도 (인/k㎡)	정부소재지
쉬쫑(市中)	386	53	1,373.1	쉬쫑(市中)
동씽(东兴)	1,182	82	693.7	동씽(东兴)
웨이위엔(威远)	1,287	75	582.8	앤링(严陵)
쯔쫑(资中)	1,734	131	755.5	총롱(重龙)
롱챵(隆昌)	794	76	957.2	진어(金鹅)

네이쟝시 행정구획

2. 지형과 기후

네이쟝은 90%가 구릉이며, 구릉의 해발고도는 350~450mm 범위이다. 겨울은 따뜻하고, 여름은 덥다. 연평균온도는 15~28℃, 1월평균 6~8℃, 7월평균 26~28℃이며, 기록상의 극최고기온은 41℃, 극최저기온 -5.4℃이다.

3. 볼거리

네이쟝시의 주요 볼거리는 다음과 같다.

네이쟝시 교통약도

(표) 네이쟝시의 주요 볼거리

경 점	개 요	소재지
쨩다치앤기념관 (张大千纪念馆)	네이쟝 출신의 화가 쨩다치앤(张大千, 1889~1983)을 기념하고자 세운 것으로 그의 그림과 조각들이 소장돼 있음.	네이쟝(内江)
징닝스 (靜宁寺)	웨이위엔(威远) 현성으로부터 17km의 거리에 있음. 청(清, 1616~1911)나라 때의 사찰이며, 유교·불교·도교의 건물이 함께 들어서 있음.	웨이위앤(威远)
셩슈이스 (圣水寺)	네이쟝 시가지 서쪽으로 4km 떨어진 투워쟝 강가에 있음. 당(唐)나라 때의 사찰로 쓰촨 중부의 제일선림(第一禅林)으로 불림. 송(宋, 960~1279)나라 때 새겨진, 높이 18m의 관음좌상이 유명함.	네이쟝(内江)
롱챵석패방 (隆昌石牌坊)	네이쟝 시가지 서남쪽 50km 되는 곳에 있음. 청(清)나라 때의 것으로 롱챵현성의 북관(北关: 道观坪)에 7자리, 현성의 남관(南关: 春牛坪)에 6자리, 그 외 지역의 촌진(村镇)에 4자리 등 모두 17자리가 있음. 다른 지역에서는 볼 수 없는 패방의 무리로서 그 조형이 단정하고, 조각솜씨가 정밀하며, 보존상태가 양호함. 민속예술 면에서 그 가치가 매우 높은 것으로 평가됨. 패방에 인접하여 도교사원인 롱챵각(隆昌阁)이 있음.	롱챵(隆昌)

<볼거리 면모>

셩슈이스 방생못

셩슈이스

셩슈이스 경내

성슈이스 경당

롱창각

쨩다치앤 기념관

패방문양

패방군

권역별관광

쯔양시(资阳市)

9

쯔양시의 위치

1. 전체모습

쯔양은 쓰촨성의 성회인 청두(成都)와 중국의 네 곳 직할시 중 하나인 총칭(重庆)의 사이에 자리 잡고 있다. 이 지역은 쓰촨분지 구릉지대의 중서부이다. 7,963㎢(제주도의 4.3배)의 면적에 497만 명의 인구가 살고 있으며(2006년), 행정상으로는 옌쟝구(雁江区)·지앤양시(简阳市)·러쯔현(乐至县)·안위예현(安岳县)의 1구(区)·1시(市)·2현(县)으로 나뉘어 있다.

그 대체적인 현황은 다음과 같다.

(표) 쯔양시의 행정구획

구현별	면적(km²)	인구(만명)	인구밀도(인/km²)	정부소재지
옌장(雁江)	1,633	105	643.0	-
지앤양(简阳)	2,215	142	641.1	지앤양(简阳)
러쯔(乐至)	1,424	87	611.0	티앤치(天池)
안위예(安岳)	2,690	153	568.8	위예양(岳阳)

2. 자연과 기후

쯔양은 해발 300~550m의 높이로 서쪽은 높고 동쪽으로 낮아지는 가운데 저산(低山)·구릉(丘陵)·충적평야(冲积平野)의 3 지대(地帶)를 형성한다. 그 중 구릉지대가 90%이상을 차지한다.

쯔양은 아열대계절풍기후대에 속한다. 연평균기온은 17℃이고, 1월평균은 6.5℃(기록상 최저 -5.4℃), 8월평균은 26.5℃(기록상 최고 40.2℃)이다. 연간 강수량은 1,100㎜수준이다.

3. 교통

쯔양의 교통은 비교적 잘 연결돼있다. 성유선(成渝线: 成都-重庆, 504km) 철도가 쯔양을 남북으로 종주하고, 국도 328·319·321이 종횡으로 달린다.

4. 역사 문물

쯔양은 천부지국(天府之国)의 고문명(古文明) 발상지대에 속한다. 천부지국이라 함은 쓰촨분지 서부의 청두평원(成都平原)을 중심으로 하는, 인구가 많고 물자가 풍부한 지역을 가르키며, 그러한 풍요는 두장옌(都江堰)의 수리시설에 근원을 두고 있다.

쯔양의 대표적인 유물로 쯔양인두골화석(资阳人头骨化石)과 한대청동차마(汉代青铜车马)가 있다. 쯔양인 두골화석은 구석기시대 말기인 3만5,000년 전의 것

쯔양의 행정구획 및 교통약도

쯔양인조각상

한대청동차마

5. 지역특산과 먹을거리

쯔양의 특산물과 먹을거리로는 레몬(柠檬, lemon)·도우반(豆瓣)·양로우탕(羊肉汤) 등이 있다. 쯔양의 안위예현(安岳县)은 중국 유일의 레몬 생산지이다. 1920년대에 미국에서 도입하여 이곳의 기후와 토양에 잘 적응하도록 개량한 자체 품종의 레몬인 것이다.

쯔양의 도우반(豆瓣)은 잠두(蚕豆)와 참깨(芝麻)를 주원료로 하고, 여기에 식염(食盐)·산초(花椒)·설탕(白糖)·말린새우(金钩)·닭고기가루(鸡松)·생선가공품(鱼松)·홍취(红曲)·고추장(辣浆)·된장(甜江) 등을 섞어 만든 것으로 빛깔과 광택이 산뜻하고, 반지르르하며, 입에 들어가면 사르르 녹는다. 신선하고, 향기로우며, 짭짤한가 하면 달콤하기도 하고 얼얼하기도 한, 그런 맛이 입안에 그득해진다.

쯔양의 양로우탕(羊肉汤)은 1,000년 이상의 역사를 지닌 이고장의 전통음식이다. 육질이 연하고, 살지면서도 느끼하지 않으며, 유백색의 탕국물은 맛

으로 쯔양시를 흐르는 지유취허(九曲河) 유역에서 발굴되었는데, 중국과학원에서는 이를 인류발전역사상 "쯔양인(资阳人)"으로 명명하였다.

한대청동차마(汉代青东车马)는 동한(东汉, AD25~220)시대의 청동유물로 쯔양시 옌쟝구(雁江区) 란쟈포어(兰家坡)의 한 묘실(墓室)에서 출토된 것이다. 머리가 떨어져나간 0.8m높이의 말과 말을 모는 0.4m 키의 사람, 그리고 길이 2.1m에 폭 1.3m, 무게 150kg의 마차로 구성된 한대청동차마는 이제까지 발견된 이런 유의 유물 중 가장 크고, 보존상태가 양호한 것으로 "중국동한제일차(中国东汉第一车)"라고 불리며, 그 역사적 가치가 높게 매겨지있다.

안위예의 자랑 레몬광고판

이 진하고 향기롭다.

쯔양 사람들은 날씨가 춥거나 궂은 날에는 김이 무럭무럭 나는 양로우탕을 즐겨 찾는다. 쯔양에는 양로우탕을 파는 음식점이 부지기수로 많고, 나름대로 내세우는 비방들이 있다.

6. 볼거리

쯔양은 인문고적(人文古迹)이 풍부한 고장이다.

특히 남조(南朝, AD420 ~ 589: 宋·齐·梁·陈)와 북조(北朝, AD386~581: 北魏·东魏·西魏·北齐·北周) 때 시작하여 당(唐, 618~907)·송(宋, 960~1279) 시대에 꽃을 피운 안위예현(安岳县)의 석각(石刻)은 45곳에 걸친 10만 자리 이상의 것이며, 3m이상의 석각조상(石刻造像)만도 50여 자리나 된다.

이밖에 반월산대불(半月山大佛)과 하동대불(河东大佛)도 유명하다.

(표) 쯔양시의 주요 볼거리

경 점	개 요	소재지
우지선사정 (无际禅师亭)	선사(禅师) 우지(无际)의 유체가 안장된 정각으로 안위예현(安岳县) 소재 무먼스(木门寺)절에 있음. 앞면 7.8m, 폭 6.8m, 높이 10m임. 정각 안에는 8각5층의 석탑과 더불어 여러 부처의 조상(造像)과 종교상의 여러 상징적 그림이 보존돼 있음.	안위예 (安岳)
빠이타위엔 (白塔园)	성더스(圣德寺)절 경내에 있는 60m높이의 백탑임. 아래둘레 53m, 꼭대기둘레 20m의 12층탑으로 벽을 따라 나선형으로 놓인 사다리를 따라 올라가게 돼있음. 각 층에는 4면에 창이 있어 채광이 좋은 가운데 불상과 부처의 그림들이 보존돼 있음. 꼭대기에는 철로 만든 풍령(风铃) 6개와 구리로 만든 풍령 6개가 서로 번갈아 달려있으며, 맨 꼭대기에는 주석으로 만든 30kg짜리 뚜껑이 올려져있음. 주변 경관을 한눈에 볼 수 있는 명소임.	지앤양 (简阳)
반월산대불 (半月山大佛)	쓰촨은 중국에서도 대불(大佛)이 많은 지역이며, 크기가 10m이상인 대불만도 15자리가 있음. 그 중 5자리가 쯔양에 있어 이 고장을 "대불지향(大佛之乡)"이라고도 함. 이들 대불은 당(唐, 618~907)나라 때 새겨진 것으로 알려짐. 안위예(安岳)의 와불(卧佛)은 그 누운 길이가 23m 이고, 반월대불은 그 높이가 23.4m임. 반월산대불은 그 대불이 새겨져있는 산이 하현달처럼 생겨 그렇게 불리며, 쓰촨에서는 두 번째로 큰 좌불(坐佛像)임. 반월산대불은 산 절벽의 바위에 새겨진 불상으로 마애조상(摩崖雕像)에 속하며, 이세민(李世民)이 당태종(唐太宗, 626~649)으로 재위하던 때 파기 시작하여 남송(南宋)의 고종(高宗, 1127~1162)간인 1131년에 완공되기까지 484년이 소요됐음. 이후, 명(明)나라의 7대 황제 대종(代宗, 1449~1457)년간에 이르러 16년간에 걸쳐 대불사(大佛寺)를 지음.	옌쟝 (雁江)

경점	개 요	소재지
화옌동 (华严洞)	화옌동은 높이 6.2m, 폭 10m, 깊이 11.3m 크기의 동굴로 안위예현 동남쪽 56km거리의 썅가이산(箱盖山)에 있음. 뒷벽 중앙에는 5.2m높이의 화엄삼성(华严三圣)이 새겨져 있고, 그 중앙에 화관을 쓴 불상이 따리여래(大日如来)임. 따리여래는 불교 밀종(密宗)의 최고부처로 밀종불교의 모든 부처와 보살은 따리여래(大日如来)로부터 생겨났다고 함. 동굴의 천정에는 "엄(奄)"자가 크게 새겨져 있음. 엄(奄)은 불교에서 주문을 외울 때 쓰는 발어사(发语词)임. 좌우의 양 벽에는 4.1m높이의 원각상(圆觉像)이 새겨져있고, 좌우 벽의 위쪽으로는 선재동자53참도(善财童子五十三参图)가 새겨져있음.	안위예 (安岳)
따보러동 (大般若洞)	화옌동과 더불어 있음. 높이 4.2m, 폭 4.2m 깊이 4.8m크기의 동굴로 유(儒)·불(佛)·도(道)의 세 종교가 공존함. 벽 정면에는 2.3m 높이의 석가불(释迦佛)이 있고, 그 좌우로 노군(老君)·공자(孔子)·문수보살(文殊菩萨)이 새겨져있음. 상·중·하의 3층으로 나뉜 양 벽의 상층에는 불교의 10대 동자가, 중층에는 도교의 24제천이, 하층에는 불교의 18나한이 새겨져있음. 굴의 천정에는 직경 2.2m 크기의 사람 인(人)자 2개가 새겨져있는데 서로 아래와 위를 반대로 하고 있음. 굴의 중방에는 "대반야동(大般若洞)"네 글자가 새겨져있음.	〃

<볼거리 면모>

다리여래상

백탑원

선재동자벽화일부

우지선사정

안위예쉬커(安岳石刻, 안악석각)

안위예쉬커(安岳石刻)는 남북조(南北朝, 420~581)시대부터 새겨지기 시작, 당(唐, 618~907)나라 때 절정을 이뤘으며, 이후 송(宋, 961~1279)나라 때까지 이어졌다. 이렇듯 가까이에는 700년에서 멀게는 1,500년의 역사를 지닌 안위예현(安岳县)의 석각은 105곳에 걸쳐 10만 자리 이상의 것이 있으며, 그 크기에 있어서는 3m이상의 것이 100여 자리, 5m 이상이 40여 자리, 그리고 15m 이상의 것이 2자리가 있다.

이들 석각조상(石刻雕像)의 주종은 불교에 근원을 두고 있으나 일부 도교의 것도 있는데, 이는 그 시대의 현실상황이 투영된 것으로 해석되고 있다. 안위예의 석각은 그 연대가 오래되고, 수량이 많으며, 그 자태가 아름답고 섬세한 것이 특징으로 되어 있다. 또한 안위예에 살아 내려오는 백성들의 지혜와 종교적 신심을 엿볼 수 있다는 점에서 그 문화적 가치가 높게 평가되고 있다.

안위예현의 105곳 석각석굴 중 현재 보호대상이 되어있는 것은 70곳이며, 그 중 국가 급의 것은 9곳이다. 와불원(卧佛院), 현묘관(玄妙观), 천불채(千佛寨), 원각동(圆觉洞), 비로동(毗卢洞), 화엄동(华严洞), 명산사(茗山寺), 공작동(孔雀洞), 목문사(木门寺) 등이 그것이다.

① 와불원(卧佛院, 워포어위옌):
안위예 시가지로부터 북쪽으로 2.5km거리의 빠먀오썅(八庙乡) 워포어고우(卧佛沟, 와불계곡)에 있다. 와불은 석가모니의 열반할 때 모습을 표현한 것으로 전체 길이 23m에 어깨 폭이 3.1m이며, 지면으로부터 10m높이의 석벽에 새겨져 있다.

② 원각동(圆觉洞, 위엔쟈오동):
안위예 시가지로부터 동쪽으로 1km거리의 윈쥐산(云居山)에 있다. 당(唐)·송(宋)시기의 조각상 1,900여 자리가 103개의 굴속에 들어 있다. 이곳에 7m높이의 서방삼성(西方三圣) 조각상이 있다. 서방삼성이라 함은 서방극락세계의 최고지위에 있다는 불(佛, 부처)·보살(菩萨)·관음(观音)을 의미한다.

③ 비로동(毗卢洞, 피루동):
안위예 시가지로부터 동남쪽으로 45km거리의 타즈산(塔子山)에 있다. 안위예로부터 총칭시(重庆市)의 다쭈현(大足县)으로 통하는 도로가 타즈산을 관통한다. 다쭈현도 석각으로 이름 난 고장이다. 피루동은 요쥐동(幽居洞)·치엔포어동(千佛洞)·관인탕(观音堂)을 포괄하며, 465자리의 석각이 있다. 류본존10련동굴(柳本

피루동유본존10년도굴

存十炼洞窟)도 그 중의 하나이다.

④ 천불채(千佛寨, 치앤포어쨔이)

천불채 서방3성굴

안위예현 시가지로부터 서쪽으로 2.5㎞거리의 따윈산(大云山)에 있다. 이곳 암벽에 크고 작은 불상 3,000여자리가 자리 잡고 있다. 오래 전 이곳에 천불사(千佛寺) 사찰이 있었으나, 지금은 없고 석각만이 남아있는 것이다.

⑤ 화엄동(华严洞, 화옌동)

비로동과는 2㎞거리이다. 높이 7m, 폭 11m, 깊이 11m의 굴속에 159자리의 석각조상이 들어있다.

화엄동조각상

⑥ 명산사(茗山寺, 밍산스)

안위예 시가지로부터 63㎞거리의 후토우샨(虎头山)에 있다. 당(唐, 618~907)나라 때 창건된 사찰로 빼어난 주변경관과 더불어 송(宋, 961~1279)나라 때의 마애조상 63자리가 있다.

⑦ 공작동(孔雀洞, 콩췌동)

콩췌동은 밍샨스와 인접해 있다. 계곡이 깊고, 녹음이 짙어 피서지로서의 명성 또한 높은 곳이다. 콩췌동의 뒷산 정상에는 당(唐)나라 때의 석탑이 있다.

15m높이의 8면체 3층 석탑에는 24자리의 작은 불상들이 새겨져있다. 탑의 전체적인 모양이 수려하고 보존상태가 양호하다. 쓰촨성에서 보기 드문 석탑으로 알려져 있다.

⑧ 현묘관(玄庙观, 쉬옌먀오관)

당나라 때의 것으로 보고 있다. 앞뒤깊이 10m, 양옆 길이 6m, 높이 5m의 거석(巨石) 4면에 79개의 불감(佛龛)이 있으며, 그 안에 1,293자리의 불상 및 각종 형상이 새겨져 있다.

⑨ 목문사(木门寺, 무먼스)

안위예 시가지로부터 북쪽으로 25㎞거리의 칭취옌샨(清泉山)에 있다.

명(明)나라의 4대 황제 홍희(洪熙, 1424)년간에 무제선사(无际禅师)의 유골을 안장하기 위해 지은 절이다. 이곳에 무제선사의 12제자 조각상이 있다.

권역별관광

쑤이닝(遂宁)

10

쑤이닝시의 위치

1. 전체모습

 쑤이닝시(遂宁市)는 쓰촨분지의 중부, 푸쟝(涪江) 중류에 위치한다. 이곳은 청두(成都)와 총칭(重庆)의 중간지역으로 동서 폭 90km에 남북길이 109km이며, 전반적인 지형은 평평하다.
 전체면적 5,326㎢(제주도의 3배)에 384만 명의 인구가 살고 있으며, 행정상으로는 2시할구(市辖区)·3현(县)으로 나뉘어 있다.
 2시할구는 촨샨(船山)과 안쥐(安居)

이고, 3현(县)은 펑씨(蓬溪)·셔홍(射洪)·다잉(大英)이다.

그 대체적인 현황은 다음과 같다.

(표) 쑤이닝시의 행정구획

구현별	면적 (km²)	인구 (만명)	인구밀도 (인/km²)	정부소재지
촨산(船山)	618	68	1,100.3	쟈허(嘉禾)
안쥐(安居)	1,258	81	643.9	안쥐(安居)
펑씨(蓬溪)	1,251	76	607.5	치청(赤城)
셔홍(射洪)	1,496	104	695.2	타이허(太和)
다잉(大英)	703	55	782.4	펑라이(蓬萊)

쑤이닝시 행정구획

쑤이닝은 문화적 기반이 두텁고, 산수가 아름다우며, 산업과 교역이 발전하여 "샤오청두(小成都, 소성도)", "동촨쥐이(东川巨邑, 동천거읍)", "촨쫑쫑쩐(川中重镇, 천중중진)", "시부슈이두(西部水都, 서부수도)" 등으로도 불린다.

2. 역사

중국 역사상 동진(东晋, 317~420)은 16국(十六国, 304~439)과 병존하는데, 당시 이 지역은 16국(十六国) 중의 성한국(成汉国) 영토였다.

당시 각 나라의 수령들은 서로의 영토를 넘보며 쟁투를 벌이고 있었음에도, 성한국은 내부의 권력다툼으로 국력이 쇠하고, 백성들은 도탄에 빠졌다. 이에 동진(东晋)의 장수 헝원(恒温)이 나서서 성환국을 정복했는데, 그가 회군하던 중 이 지역을 지나다가 그 산천의 수려함과 인심의 순박함에 감동한 나머지 이곳에 "쑤이닝군(遂宁郡)"을 설치하였다.

전쟁도 "완수(完遂)"했으니 영원토록 "안녕(安宁)"하라는 의미였다.

쑤이닝은 김일성의 남침전쟁 때 그를 도울 중공군을 모집했던 곳이기도 하다. 1951년 10월 촨뻬이(川北) 인민정부 주임이던 호요방(胡耀邦)이 중공군 181사단의 출정식을 이곳 촨샹공원(船山公园)에서 개최했는데, 그 병력규모가 1만2,000여 명이었고, 그 중 쑤이닝 출신이 6,100명 이었다고 한다.

3. 교통

쑤이닝은 쓰촨 제2의 교통요충지로

쑤이닝 교통약도

발돋움하고 있다.

철도로는 달성철로(达成铁路: 成都-达州)가 지나가고, 수유철로(遂渝铁路: 遂宁-重庆)가 개통을 앞두고 있다. 도로(道路)로는 1환6사(一环六射)의 교통망 건설을 추진하고 있다.

쑤이닝을 도는 순환고속도로(循环高速公路)와 더불어 여섯 방향으로 뻗어나가는 고속도로 건설이 추진되고 있으며, 청두(成都)·충칭(重庆)·미앤양(绵阳)·난충(南充)·네이쟝(内江)·광안(广安) 등이 상대 도시이다. 이미 부분적으로 개통된 곳도 있어 이 지역 여행의 편의를 돕고 있다.

4. 볼거리

수이닝의 주요 볼거리로는 다음과 같은 것들이 있다.

(표) 쑤이닝시의 볼거리

경 점	개 요	소재지
광더스 (广德寺)	쑤이닝 시가지로부터 서쪽으로 2km 떨어진 워롱산(卧龙山)에 있음. 당(唐)나라 10대 임금 현종(玄宗, 712~756)년간에 창건됐으며, 13대 임금 덕종(德宗, 779~805)이 "찬린스(禅林寺, 선림사)"라는 이름을 내렸고, 명(明)나라의 11대 임금 무종(武宗, 1505~1521)이 "광더스(广德寺, 광덕사)"라는 이름을 하사함.	쑤이닝 (遂宁)
링취앤스 (灵泉寺)	쑤이닝 시가지 동쪽 4km되는 곳에 있음. 수(隋, 581~618)나라 초기에 창건됨. 관음 3자매가 수시로 이곳에 내려와 수행했다는 전설이 있음. 산꼭대기의 관음전(观音殿)에 "관음성수(观音圣水)"로 불리는 샘이 있음. 이곳 암벽에 소동파(苏东坡, 1037~1101)가 썼다는 "칠천(七泉)"의 두 글자가 새겨져 있고, 관음전에는 임측서(林则徐, 1785~1850)가 쓴 "향림덕수(香林德水)" 네 글자 편액이 걸려있음.	〃

경 점	개 요	소재지
중국사해 (中国死海)	다잉현(大英县)에 있으며, 청두(成都)로부터는 114km 거리임. 1억 5,000만 년 전의 두 차례에 걸친 조산운동(造山运动) 때 지하에 갇혀졌던 42억 톤의 물이 분출되면서 이루어진 호수로 분출지점의 수온은 87℃에 염도는 22%이고, 40여종의 광물이 녹아있어 각종 질병 치료에 효능이 있다고 함. 2003년부터 휴양지로 개장됨.	다잉 (大英)
롱펑샤 (龙凤峡)	12㎢넓이의 협곡으로 셔홍현(射洪县)에 있음. 규화목(硅化木)과 공룡화석이 다수 발견된 이래 국가지질공원으로의 추진움직임이 있음. 이곳에 중화쥬라기공원(中华侏罗纪公园)이 있음.	셔홍 (射洪)

<볼거리 면모>

광더스

링취앤스

중국사해풍광

중국사해

롱펑샤계곡

쥬라기공원규화목

광더스(广德寺, 광덕사)

광더스 절은 시가지의 변두리에 있다. 시내의 버스터미널에서 광더스 절까지는 택시로 기본요금 거리이다.

광더스에 이르면, 관람객 안내소가 별도의 건물에 차려져있고, 내부에 존치된 부처의 대형입상이 오는 이를 맞는다.

음도장(音道场)"이라 부르고, 그런 연유로 이 고장을 일컬어 "관음문화의 고향(观音文化之乡)"이라고 한다.

중국관음도장패방

광더스 안내동

서래제일선림패방

안내동 대형불상

관음문화란 불교문화에 상응하는 개념이다. 광더스(广德寺)는 당(唐)나라의 고승 커요우(克幽)선사가 출가한 사찰이다.

커요우는 당(唐)나라의 4대 임금과 8대 임금이었던 중종(中宗, 683~684, 705~710)의 손자이자 10대 임금 현종(玄宗, 712~756)의 조카이다.

당시 커요우는 관음(观音)의 화신으로 추앙됐으며, 이곳에서 배출된 고승들이 쓰촨(四川)·윈난(云南)·꾸이쪼우(贵州)의 300여 산문(山门)에서 사찰의 주지를 맡아했고, 역대의 제왕들로부터 칙봉(敕封)을 받은 것만도 11차례나 됐다.

광더스(广德寺)절의 그 이름은 나라의 황제가 하사한 것이라 하여 "중국관음도장(中国观

이로써 광더스는 "서래제일선림(西来第一禅林)"이란 명예를 지녀오고 있는 것이다.

광더스는 6만6,000평의 사찰 삼림도 아름다우려니와 쓰촨에서 가장 규모가 큰 사찰 건물들 또한 명(明, 1368~1644)나라 때의 풍치를 그대로 유지하고 있어 역사적 의미가 돋보인다.

이렇듯 광더스가 장구한 세월을 무사히 버텨오고 있는 것은, 이 사찰을 지켜주는 5건의 보물이 있어서라고 한다.

옥불(玉佛)·성지방(圣旨坊)·제선탑(济善塔)·구룡비(九龙碑)·어사진산옥법인(御赐镇山玉法印) 등이 그것으로 광더스의 진사5보(镇寺五宝)라고 한다.

미얀마옥불

② 성지방(圣旨坊)

성지방

칙사광덕선사패방

광더스 약도

① 미얀마옥불(緬甸玉佛)

옥(玉)으로 된 불상으로 광더스의 고승 칭푸(清福)가 청(清)나라 11대 황제 광서(光绪, 1875~1908)년간에 미얀마와 인도를 다녀오면서 가져온 것으로 알려져 있다.

성지방은 산문 바로 안쪽의 계단 위에 우뚝 서있다.

높이 18m, 앞면길이 12m, 옆면 폭 2.5m의 규모이며, "칙사선림(敕赐禅林)"의 금빛 네 글자 편액이 가로로 걸려있고, 그 위에 세로로 "성지(圣旨)"라고 쓴 편액이 걸려있다.

이곳은 황제가 내리는 칙서(敕书)를 사찰의 주지가 전달받던 곳으로 유독 광더스(广德寺)

만이 사찰 경내에 있다.

　다른 사찰의 경우 사찰 밖 10㎞까지 나와서 칙서를 받아야 했으나, 광더스만은 그 권위를 인정하여 사찰 내에서 받도록 한 것이라고 한다.

③ 제선탑(济善塔)

제선탑

　절을 창건한 커요우(克幽)선사의 유체를 안치한 돌탑으로 22m높이이다.

　당(唐)나라 13대 임금 덕종(德宗, 779~805) 때 축조한 것으로 보존상태가 비교적 완전하다.

④ 구룡비(九龙碑)

　이곳의 구룡비는 중국에서도 유일하게 돌 하나에 새겨져 있다.

　여의주를 희롱하는 쌍룡의 아래쪽으로 당(唐, 618~907)·송(宋, 960~1279)의 아홉 황제가 광더스에 내린 칙봉(敕封)이 새겨져 있다.

⑤ 황제어사진산옥법인(皇帝御賜鎮山玉法印)

　어사진산법인(御賜鎮山法印)은 전국적으로도 꼽을 만큼 귀한 존재이다. 그러한 법인이 광더스에는 두 개가 있어 그 권위를 더욱 두드러지게 한다.

　하나는 송(宋)나라의 3대 임금 진종(真宗, 997~1022)이 하사한 것으로 "어칙광리선사관음주보인(御敕广利禅寺观音珠宝印)"이라 새겨져 있고, 다른 하나는 명(明)나라 11대 임금 무종(武宗, 1505~1521)이 하사한 것으로 "사국문옥인(四国文玉印)"이라 새겨져 있다.

　사국문옥인(四国文玉印)은 중국(中国)·미얀마(缅甸)·승가라(僧伽罗)·파리(巴利)의 4개 문자로 새겨져 있으며, 중국 황제가 광더스로 하여금 쓰촨(四川)·윈난(云南)·꾸이쪼우(贵州)의 대소 사원을 모두 관장하도록, 그러한 권한을 부여한 인장(印章)이다.

사국문옥인

관음주보인

더양시(德阳市)

더양시 위치

1. 전체모습

더양시(德阳市)는 쓰촨분지 청두평원(成都平原)의 동북부에 위치하며, 청두(成都)로부터는 북쪽으로 41㎞ 거리이다. 5,818㎢(제주도의 3배)의 면적에 388만 인구가 살고 있으며, 행정적으로는 1구(区)·2현(县)·3현급시(县级市)로 나뉘어 있다. 1구(区)는 징양(旌阳)이고, 2현(县)은 루워쟝(罗江)과 쫑쟝(中江)이며, 3시(市)는 쉬팡(什邡)·광한(广汉)·미앤쥬(绵竹)이다.

그 대체적인 현황은 다음 표와 같다.

(표) 더양시 행정구획

구현시별	면적 (km²)	인구 (만명)	인구밀도 (인/km²)	정부소재지
징양(旌阳)	648	63	977.4	-
쉬팡(什邡)	863	43	498.3	-
광한(广汉)	551	59	1,070.8	-
미앤쭈(绵竹)	1,245	51	409.6	-
루워장(罗江)	448	24	535.7	루워장(罗江)
쫑장(中江)	2,063	141	68.4	카이장(凯江)

더양시 행정구획

더양은 중국의 장비산업기지로서 기계공업의 기술수준은 가히 세계적인 것으로 평가되고 있으며, 청두(成都)-더양(德阳)-미앤양(绵阳)을 잇는 경제지구의 중심에 들어있다.

맞닿는다. 청두를 떠난 보성철로(宝成铁路)는 더양시의 허리부분을 뚫고 북(北)으로 올라가 미앤양과 광위옌을 지나 쓰촨성을 벗어난다. 청두-더양 간은 61km이고, 더양-미앤양 간은 54km이다.

더양(德阳)지방은 열대습윤계절풍구(热带湿润季节风区)로 기후는 온화하고, 4계절이 분명하며, 강우량도 풍부하다. 연평균기온은 15~17℃, 1월평균 5~6℃, 7월평균 25℃이다. 연간 평균 강수량은 900~950mm이다.

2. 자연과 지리

더양은 동서 폭 65km에 남북길이 162km의 좁고 긴 모양을 하고 있다. 동남쪽으로는 청두(成都)와 접하고, 서북쪽으로는 칭짱고원의 동쪽 가장자리에

3. 역사와 문화

더양은 파촉문화(巴蜀文化) 발상지 중의 하나이다. 파촉문화는 화하문화(华夏文化)의 한 가지(枝)이며, 쓰촨분지 중 청두(成都)의 촉문화(蜀文化)와

총칭(重庆)의 파문화(巴文化)를 포괄한다. 촉문화의 대표적 유적지로는 광한(广汉)의 싼씽뚜이(三星堆)가 있고, 파문화(巴文化)의 유적지는 창장싼샤(长江 三峡)의 신석기문화 유적지를 꼽는다. 이곳의 지명이 더양(德阳)인 것에 관하여 다음과 같은 이야기가 전해온다.

> 서진(西晋, 265~317) 때, 도교선인(道教仙人) 쉬쒼(许逊)이 징양현(旌阳县)의 현령으로 부임해왔는데, 백성들은 기아와 돌림병에 허덕이고 있었다. 쉬쒼은 빈곤을 구제하기 위하여 산업을 일으키고, 역병을 퇴치하기 위하여 의술을 베풀었다. 이로써 백성들은 건강하고 복된 삶을 누리게 되었다. 이러한 사실이 조정에 알려지자 당초의 징양현(旌阳县)을 더양현(德阳县)으로 바꾸는데, 이때부터 더양이란 지명이 비롯된 것이다.
>
> 더양(德阳)의 "덕(德)"은 《좌전(左传)》중에 나오는 입덕(立德)에서 인용한 것이고, "양(阳)"은 양지바른 고장을 의미한다. 좌전에서 입덕(立德)과 관련하여 이르기를 "사람이 살면서 노력하여 이룰 세 가지 큰 일이 있으니, 그것은 입덕(立德, 덕을 쌓다)·입공(立功, 공을 세우다)·입언(立言, 후세에 모범이 될 훌륭한 말을 남기다)이다. 그 중에서도 입덕(立德)은 모든 것의 근본이다"라고 하였다.

4. 교통

더양(德阳)은 도로·철로·항공로가 입체적으로 갖춰진 고장이다. 청두의 쐉리유(双流) 국제공항이 50km 거리에 있고, 철로로서는 보성철도(宝成铁道: 宝鸡-成都)와 달성철도(达成铁道: 达州-成都)가 더양을 경유한다. 또한 도로로서는 성면(成绵: 成都-绵阳)고속도로·경곤(京昆: 北京-昆明)고속도로·108번국도(北京-昆明) 등이 더양(德阳)을 지나간다.

더양시 교통약도

5. 먹을거리

쓰촨은 음식의 고장답게 지역별로도 특색이 있는 먹을거리가 있는데, 더양의 꼽히는 먹을거리들을 살펴보면 다음과 같다.

(표) 더양의 먹을거리

음식명	개요
궈쯔니유로우 (果汁牛肉)	궈쯔니유로우는 샤오취앤(孝泉)지방의 후이족(回族) 음식임. 양질의 신선한 쇠고기를 각종 약재와 마창형(马昌恒)의 과즙으로 잰 다음 센 불로 익혀낸 것임. 얼얼한 맛, 과일의 향긋함, 바삭바삭함 등이 어우러져 입맛을 돋움. 밥반찬·술안주·간식거리 등으로 널리 소비되며, 베이징·티앤진·샹하이·광쪼우·션쩐 등지에서도 볼 수 있음. 1950년 한국전쟁 때 쓰촨성에서 중공군 위문단을 파견하면서 중공군 지휘부에 궈쯔니유로우를 보냈으며, 귀한 음식으로 환영받았다고 함.
쫑장요우 (中江柚)	쫑장현(中江县)에서 생산되는 유자의 일종임. 알이 크고, 껍질이 얇아 먹을 것이 많음. 과육은 옅은 황색이며, 적당히 시고 달음. 영양이 풍부하고, 거담과 더불어 숨을 편히 쉴 수 있도록 하는 효능이 있다고 함.
쉬팡반야 (什邡板鸭)	쉬팡(什邡) 지역에서 생산되는 오리고기임. "반야(板鸭)"는 오리를 소금에 절였다가 납작하게 눌러서 건조시킨 것을 말함.
후이궈로우 (回锅肉)	후이궈로우는 쓰촨의 전통적인 돼지고기 요리로 아오궈로우(熬锅肉)라고도 함. 돼지고기를 80%정도로 삶아 익힌 다음 풋고추·풋마늘 등 여러 조미재료를 넣고 볶아내는 요리임. 쓰촨 요리를 꼽을 때, 가장 먼저 입에 올릴 정도로 대중화된 요리임.
챤쓰투 (缠丝兔)	챤쓰투는 토끼고기 가공제품으로 쓰촨의 이곳 광한(广汉) 것이 유명함. 촉문화(蜀文化) 유적지인 싼씽뚜이(三星堆)를 둘러보고 나서 이곳의 전통 먹을거리인 챤쓰투를 맛보는 것도 좋은 추억 만들기가 될 것임. 붉은 색의 윤기가 도는 고기는 육질이 연하고 부드러우며, 저지방·고단백질의 영양구성은 건강식품으로도 제격임.
쫑장과미앤 (中江挂面)	과미앤은 마른 국수를 일컫는 것으로 가는 것은 "롱쉬(龙须)", 편평한 것은 "펑웨이(凤尾)"로 부름. 롱쉬(龙须)는 용의 수염이고, 펑웨이(凤尾)는 봉황의 꼬리를 의미함. 쫑장현의 과미앤은 1천년의 역사를 지닌, 이 지역의 특산물로서 삶은 면발은 매끄럽고, 질기며, 맛이 독특함.
빠바오요우까오 (八宝油糕)	"까오(糕)"는 쌀가루나 밀가루를 다른 여러 재료와 함께 섞어 쪄낸 떡을 말하고, "빠바오(八宝)"는 중국요리에 쓰이는 여덟 가지 재료 또는 그 밖의 많은 재료를 일컬음. 쫑장의 빠바오요우까오는 계란·백설탕·꿀·땅콩기름·밀가루·앵두 등이 재료가 됨. 빠바오요우까오는 기름기가 자르르하나 느끼하지 않고, 겉은 바삭바삭하지만 껄끄럽지 않음. 향기롭고, 영양가가 높으며, 소화도 잘됨.
루워장도우지 (罗江豆鸡)	노란콩(黄豆)으로 빚은 두부요리의 일종임. 1930년경 파계승 위엔통루(袁通儒)가 허름한 음식점에 들어가 술을 마시려는데, 안주는 달랑 마른 두부피와 참기름뿐이었음. 그는 여기서 같은 두부라도 이를 닭 모양으로 볼품 있게 빚어 먹는다면 어떨까 하는 생각을 하고, "두부닭(豆鸡)"만들기에 전념함. 그는 자신이 개발한 두부닭을 불교식품전람회에 출품·입상했으며, 심장조혈기능·대뇌신경계통활력증진 등의 효능물질을 첨가하여 특허를 냈음. 오늘날 루워장도우지는 불교사회의 고급요리로서 뿐만이 아니라 여행자들의 간편 요리로서도 각광을 받고 있음.

6. 볼거리

다음은 더양시(德阳市)의 볼거리를 정리한 것이다.

(표) 더양시의 주요 볼거리

경 점	개 요	소재지
문묘 (文庙)	더양시 징양구의 원먀오지에(文庙街)거리에 있음. 청(清)나라 8대 황제 도광(道光, 1820~1850)년간에 세워짐. 8,400여 평의 대지에 연건평 1,040평의 규모이며, 보전상태가 양호함. 현재는 쓰촨성 유일의 공묘 박물관(孔庙博物馆)으로 되어 있음.	징양 (旌阳)
루워한스 (罗汉寺)	쉬핑시 시가지 북쪽 교외에 있음. 당(唐, 618~907)나라 8대 임금 중종(中宗, 705~710)년간에 창건됐으며, 청(清, 1616~1911)나라 때 500 나한이 존치됨. 루워한스는 쓰촨 서부의 "불도(佛都)"로 불림.	쉬팡 (什邡)
잉화샨 (莹华山)	청두시에서 북쪽으로 98km 떨어진 쉬핑시에 있음. 해발고도 3,160m 이며, 180㎢ 넓이임. 일출과 폭포, 불광 등이 아름다우며, 풍경구로 지정돼 있음.	〃
싼씽뚜이 (三星堆)	상(商, BC1675~BC1046)·주(周, BC1046~BC256)시기의 유적지로서 광한시(广汉市) 난씽쩐(南兴镇)의 싼씽춘(三星村)과 쩐우춘(真武村) 일대에 걸쳐있음. 청동기를 비롯한 진귀한 유물들이 출토됐으며, 고촉(古蜀)의 존재를 입증하는 역사자료가 됨.	광한 (广汉)

<볼거리 면모>

문묘

루워한스

문묘

잉화샨

싼씽뚜이(三星堆)

싼씽뚜이는 더양(德阳) 여객버스터미널에서 서쪽으로 야즈허(鸭子河) 천변을 따라 가다가 만나게 된다. 택시로 25위안(환율 170원시 4,500원 수준) 거리이다. 시내버스가 다니며, 요금은 2위안이다.

싼씽뚜이는 중국 서남지구의 청동기시대 유적지이다. 이 유적지가 발굴된 광한(广汉)의 난씽쩐(南兴镇)은 청두평원의 황토지대로 인근 지역에 비해 우뚝 솟아있다. 이곳에서 발굴된 옛 문화유물로 미루어보건대, 이곳이 챵쟝유역의 가장 앞선 문명지대이자 중국 최초의 문명지대인 것으로 중국의 고고학계에서는 추론하고 있다.

중국역사상 하(夏)왕조는 그 존재시기가 BC2146년에서 BC1675년까지로 되어 있지만, 아직까지는 실체가 확인되지 않은, 전설상의 왕조이다. 역사상 실체가 확인된 왕조는 상(商, BC1675~BC1046)나라 때부터이고, 이로써 지금까지 3,600여 년의 역사가 되는데, 이렇듯 역사에서 한 획을 그을 수 있는, 입증된 역사적 자료가 싼씽뚜이(三星堆)에서 출토된 것이다.

싼씽뚜이는 옛날 사람이 살았던 터이다. 인공으로 다져서 쌓은 동쪽담장 1,100m, 남쪽담장 180m, 서쪽담장 600m의 규모로, 그 안에 원형(圓形)·방형(方形)·장방형(长方形)의 집터와 제사 터 및 무덤 등의 흔적이 있다. 1931년 이후, 여러 차례에 걸친 발굴을 통해 옥석기(玉石器)와 청동기(青铜器)가 출토되었고, 1986년에는 두 곳의 대형 제사 터에서 청동기(青铜器)·옥석기((玉石器)·상아(象牙)·조개(贝)·도기(陶器)·금기(金器) 등이 발굴되었다. 이들 유물을 통해 이곳이 상(商, BC1675~BC1046)왕조에서 주(周, BC1046~BC256)왕조로 넘어가는 과도기에 고촉(古蜀) 사람들이 천지산천의 여러 신들에게 제사를

청동기

싼씽뚜이 유적분포도

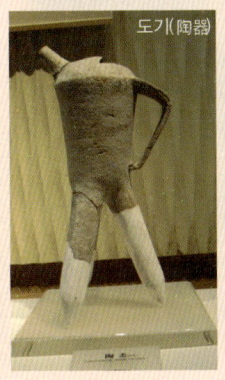

도기(陶器)

옥장(玉璋)

지내던 곳으로 해석하게 되었다.

지금까지의 여러 유물과 역사적 자료들을 통해 추론하기를 쓰촨지역의 고촉국(古蜀國)은 중원(中原)의 상(商)왕조의 봉건속국이었지만, 당시의 갑골문자(甲骨文字) 기록상으로는 두 나라 사이에 전쟁이 잦았던 것으로 되어있다. 그러나 전쟁의 결과에 관하여는 알려져 있지 않았는데, 싼씽뚜이의 출토유물 중에 상(商)왕조의 귀족들이 사용하던 병기와 기물들이 상당수 있었던 것으로 보아 고촉국의 국력도 매우 강했음을 알 수 있게 되었다.

하지만, 역사적으로 풀리지 않는 의문점들이 제기되고 있다. 다음과 같은 것들이다. 첫째, 싼씽뚜이 유물로 들어나는 고촉국의 문화는 그 기원을 어디로 보느냐 하는 것이다. 고촉국(古蜀國)의 역사는 5,000년 전으로 거슬러 올라가는데, 당시의 청동기를 비롯한 출토물에는 전혀 문자가 없고, 그 형태도 중국적이지 않다. 그 기원에 관하여 이런 추측이 있다. BC3000년을 전후한 시기의 쓰촨분지는 황무지였고, 이곳의 서북부에 챵런(羌人)이 존재하였다. 챵런의 전설에 의하면, 그들의 조상은 서북부고원에 살았고, 그 후손들이 점차 청두평원으로 내려왔다. 그 과정에서 챵런은 원주민들과 싸워야 했고, 그런 중에 찬쓰(蠶丝)라는 인물이 나와 촉왕이라 칭하고 청두평원을 평정하였다. 그는 양 눈이 나무토막을 박아놓은 듯 튀어나와 사방을 살필 수 있는 종목인(纵目人)이었다고 한다.

두 번째는 고촉국의 멸망에 관한 것이다. 그 원인에 홍수설·전쟁설·이주설 등이 있는데, 가장 근래의 고고학적 견해에 의하면, BC317년 진(秦)나라가 쳐들어오자 고촉왕은 백성들을 이끌고 월남의 북부지역으로 옮겨갔다는 것이다. 그 지역에서 고촉국의 유물들이 출토되고 있는 점을 근거로 삼고 있다.

세 번째는 출토유물의 신비성이다. 싼씽뚜이의 출토유물은 절대다수가 제사용품이고, 그 문화형태면에서 마야문화·옛 이집트문화에 닮아있다. 그 유사성이 어떻게 비롯됐는지가 불가사의한 점으로 남아있다.

싼씽뚜(三星堆)이의 대표적 유물로는 청동신수(青铜神树)·금장(金仗)·청동입인상(青铜立人像)·청동태양륜(青铜太阳轮)들이 있다. 청동신수는 1호유적지와 2호유적지에서 각각 하

청동신수

종목인청동상

나씩이 나왔는데, 1호 유적지의 것이 보다 온전하다. 원형대로라면 5m 정도의 높이로 추정되는 이 신수는 현재 3.96m의 높이이며, 가지는 3층으로 나있다. 각 층에는 3개씩 모두 9개의 가지가 뻗어있으며, 각 가지는 꽃봉오리와 새들로 장식 되어 있다. 이 나무는 "푸쌍슈(扶桑树)"로 알려져 있는데, 푸쌍슈는 중국의 고대신화에서 동해에 있는 신목(神木)이며, 여기에서 해가 뜬다고 했다.

금장(金杖)은 길이 142cm, 직경23cm, 무게 500g의 금지팡이 이다. 지팡이에는 물고기 문양과 새 문양이 새겨져 있는데, 이에 대해 다수 학자들은 고촉국의 정교합일체 하에서 국왕의 왕권과 신권을 나타내는 상징으로 보고 있다.

청동입인상(青铜立人像)은 1.7m 의 높이에 180kg 의 무게이다. 높은 코, 굵은 눈썹, 큰 눈, 양옆으로 치켜 보는 눈동자, 넓적한 코, 큰 귀 등이 특징적이며, 몸은 여위고, 손은 과장되게 크다. 청동입인상의 신체 부위

청동입인상

별 비율은 현실과 판이하며, 세상의 어느 인간과도 같지 않다. 이에 대해 학자들은 고촉인이 즐겨 조각하던 일종의 예술형식으로 보고 있다.

청동태양륜(青铜太阳轮)은 싼씽뚜이의 여러 출토물 중에서도 가장 신비한 축에 들어간다. 대다수의 학자들은 태양숭배관념에서 나와진 장식기물로 보고 있다. 보통은 대칭적인 것을 편하게 느끼기 마련이고, 그래서 2등분·4등분·6등분 등 짝수로 나누기 마련인데, 태양륜의 경우 전체를 5등분으로 나누고 있다. 측량술이 개발되기 전의 당시에 원주(圆周)를 5등분하기가 용이하지 않았을 터이기에 그 갖는 의미가 무엇인지에 대하여 관심을 갖게 되는 것이다.

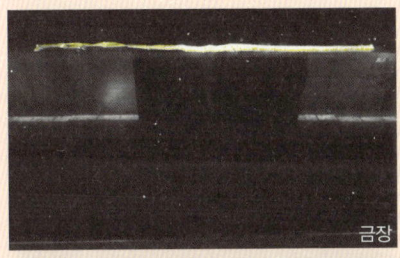
금장

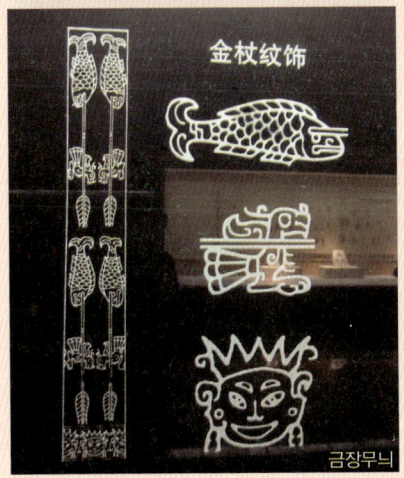
금장무늬

청동태양륜

여기서 잠깐 | 고대남방사조지로0점표지비(古代南方丝绸之路零点标志碑)

쌘씽뚜이의 박물관 건물 앞에 고대남방사조지로0점표지비가 있다. 옛 이름 "슈선두다오(蜀身毒道, 촉신독도)" 길의 출발기준점인 것이다. 남방사조지로는 고대 중국의 서남지구 교통로로서 이곳을 출발, 윈난(云南)을 경유하여 미얀마(緬甸)로 들어갔으며, 인도와 중앙아시아를 거쳐 서아시아로까지 나아갔다. 그 노선을 짚어보면 다음 표와 같다.

(표) 고대남방사조지로 노선표

노 선 명	경 유 지
링관다오 (灵关道)	쌘씽뚜이(三星堆)-청두(成都)-야안(雅安)-루구(泸沽)-씨창(西昌)-츄숑(楚雄)
우치다오 (五尺道)	쌘씽뚜이(三星堆)-청두(成都)-러산(乐山)-이빈(宜宾)-쨔오통(昭通)-취징(曲靖)-쿤밍(昆明)-츄숑(楚雄)
부오난다오 (博南道)	츄숑(楚雄)-다리(大理)-바오산(保山)-루이리(瑞丽)-미얀마(緬甸)
짱커다오 (牂柯道)	이빈(宜宾)-공씨앤(珙县)-씽원(兴文)-안쉰(安顺)-광쪼우(广州)
이리다오 (宜理道)	이빈(宜宾)-씨창(西昌)-옌위엔(盐源)-리장(丽江)-다리(大理)
위예난다오 (越南道)	다리(大理)-위엔장(元江)-홍허(红河)-위예난(越南)

고대남방사조지로 노선도

박물관 풍광

(남방사조지로영점비)

남방사조지로영점비문

"남방사조지로(남방실크로드)는 세계학술사 면에서 매우 중요한 지위에 있다. 유럽과 아시아의 두 대륙이 하나로 연결돼 있다는 관점에서 보면 사조지로(실크로드)는 그 두 대륙의 인문을 연결하는 고리이며, 여러 갈래의 실크로드 중에서도 서남지역에서의 연결고리인 남방 사조지로는 가장 활발했던 교통로였다. 그러한 교통로의 출발점이 이곳 싼싱뚜이인 것이다."

싼씽뚜이유지

싼씽뚜이 풍광

싼씽뚜이 박물관

싼씽뚜이 제단

싼씽뚜이 조감도
(박물관)

권역별관광

미앤양시(绵阳市)

12

미앤양시의 위치

1. 전체모습

미앤양시(绵阳市)는 쓰촨분지(四川盆地)의 서북쪽에 위치하며, 2만249㎢(제주도의 11배)의 넓이에 54만의 인구가 살고 있다(2008년). 행정적으로는 2구(区)·5개발구(开发区)·1시(市)·6현(县)으로 구획되어 있다. 두 곳의 구(区)는 푸청(涪城과 요우씨앤(游仙)이고, 시 정부는 푸청구(涪城区)에 있다. 5개발구는 까오신(高新)·커촹위엔(科创园)·농커(农科)·징카이(经开)·씨앤하이(仙海)이고, 1시(市)는 쟝요우(江油)이며, 6현(县)은 싼타이(三台)·앤팅(盐亭)·쯔통(梓潼)·안(安)·뻬이촨(北川)·핑우(平武)이다. 이들 행정구역의 기본적인 현황은 다음과 같다.

(표) 미앤양시 행적구획 현황

구현별	면적 (km²)	인구 (만명)	인구밀도 (인/km²)	정부소재지
푸청(涪城)	597	62	1,038.5	-
요우씨앤(游仙)	973	51	524.2	-
쟝요우(江油)	2,750	87	319.9	쭝빠(中坝)
싼타이(三台)	2,661	146	548.7	통촨(潼川)
앤팅(盐亭)	1,645	59	358.7	윈씨(云溪)
안(安)	1,404	51	363.3	화가이(花垓)
쯔통(梓潼)	1,438	38	264.3	원창(文昌)
뻬이촨(北川)*	2,869	16	55.8	취샨(曲山)
핑우(平武)	5,979	19	31.8	롱안(龙安)

*뻬이촨창족자치현(北川羌族自治县系)

미앤양시 행정구획도

2. 자연과 지리

미앤양시는 푸쟝(涪江)의 중상류지역에 위치한다. 북으로는 깐수성과 접하고, 서쪽으로는 칭짱고원의 동쪽 변두리에 있는 민샨(岷山)에 맞닿는다. 동쪽과 남쪽으로는 쓰촨분지의 한가운데로 뻗어있다. 미앤양시의 푸청구(涪城区)와 요우씨앤구(游仙区)는 해발고도가 700m정도 이다.

미앤양시가 위치한 지역은 넓게는 중국 동부계절풍지구(东部季节风地区)이고, 세부적으로는 쓰촨분지 아열대습윤계절풍기후구(亚热带湿润季节风气候区)이다. 따라서 겨울철을 중심으로 하는 반년 동안에는 북쪽의 한냉기류 영향을 받아 날씨가 춥고 건조하다. 한편, 여름철을 중심으로 하는 반년 동안에는 남쪽의 온난다습한 공기가 유입되어 덥고 비가 많이 내린다. 미앤양의 기후는 4계가 분명하고, 봄과 가을은 겨울과 여름에 비해 상대적으로 기간이 짧다. 연중 가장 덥다는 7월의 평균기온은 24.2~27.2℃이고, 기록상의 최고기온은 39.5℃이다. 1년 중 가장 추운 1월의 평균기온은 3.9~6.2℃이고, 극 최저기온은 -7.3℃이다.

3. 역사와 문화

미앤양(绵阳)은 예전에 "푸청(涪城)"이라고도 했고, "미앤쪼우(绵州)"라고도 했다. 한(汉 BC206~AD220)나라의 고조(高祖, BC206~BC195) 리유방(刘邦, 유방)이 AD201년에 푸현(涪县)을 설치한 이래 2,200여 년의 세월이 흐르는 동안, 군(郡)과 주(州)를 거쳐 푸청(涪城)이 되었으며, 후에 그 위치가 미앤산(绵山)의 양지바른 곳이라 하여 미앤양(绵阳)으로 불렸다고 한다.

미앤양은 양잠기술을 개발하여 "비단의 어머니(丝绸之母)"로도 불리는 레이쭈(嫘祖)의 고향이다. 레이쭈는 중국 전설에 나오는 황디(黄帝)의 원비(元妃)이기도 하다.

4. 교통

미앤양은 쓰촨분지의 서북부를 흐르는 푸쟝(涪江)·안창허(安昌河)·부롱씨(芙蓉溪)의 세 하천이 합류하는 지역이다. 미앤양 시가지에서 청두까지는 98km이고, 총칭(重庆)까지는 500km이다. 미앤양은 철도·고속도로·국도·항공로·수로 등이 한 데 연계되는, 쓰촨 서북부의 교통요충지로서 옛날에는 "촉도인후(蜀道咽喉)"로 불렸다. 미앤양난쟈오공항(绵阳南郊机场)은 쓰촨성에서 두 번째로 큰 공항이다.

5. 먹을거리

미앤양의 음식은 청두의 음식과 더불어 전통적인 촨차이(川菜)로 간주된다. 미앤양의 먹을거리는 값도 싸고 맛이 있다. 훠궈(火锅)는 일반화되어 있고, 그 밖에 꼽는 것으로 쯔통쑤빙(梓潼酥饼)·쯔통피앤펀(梓潼片粉)·차이

도우화(菜豆花) · 관관지(罐罐鸡) · 궈 쿠이(锅魁) · 미앤양미펀(绵阳米粉) 등
이 있다. 이들 먹을거리를 개관하면 다음과 같다.

(표) 미앤양의 먹을거리

음식명	개 요
훠궈 (火锅)	끓는 물에 육류와 채소 등 여러 재료를 넣어 익혀 먹는 요리임. 광뚱(广东)의 다비앤루(打边炉), 닝시아(宁夏)의 궈즈(锅子), 쩌쟝(浙江)의 누완궈(暖锅), 베이징(北京)의 쉬엔궈(涮锅) 등과 같은 유의 음식임.
쯔통쑤빙 (梓潼酥饼)	밀가루 · 정제된 돼지기름 · 백설탕 · 참깨 등을 원료로 하여 만든, 쯔통지역의 전통 케이크임. 간식거리로 널리 소비됨.
쯔통피앤펀 (梓潼片粉)	녹두 · 완두 · 고구마 등의 전분을 주원료로 하여 만든 묵으로 한여름의 갈증과 더위를 식혀주는 음식으로 알려져 있음.
차이도우화 (菜豆花)	두부를 주원료로 하고, 부재료로 쑤안차이(酸菜) · 다진 쇠고기 · 감자 · 당근 등과 더불어 소금 · 조미용 술 · 식초 · 후추 가루 · 돼지고기 또는 닭고기 육수 · 계란 노른자 등 조미료가 들어가는 음식임. 맛이 좋고 영양이 풍부함.
관관지 (罐罐鸡)	원형 필통 같이 생긴 용기에 닭을 넣어 찐 것임. 맛이 좋아 사람들이 많이 찾음. 관관지의 주재료는 1kg분량의 닭고기이지만, 귀중한 약재들이 첨가되므로 그 내용물은 다양해지며, 어떤 효능에 주안점을 두느냐에 따라 이를 선호하는 사람들도 달라짐.
궈쿠이 (锅魁)	직경 30cm, 두께 3cm, 무게 2~3kg 크기의 둥근 빵임. 소다와 효모로 밀가루반죽을 부풀리고 숙성시켜 구어 내는 것임.
미앤양미펀 (绵阳米粉)	미앤양 지방의 쌀국수로 대중적인 아침식단임. 국수를 마는 국물에 따라 홍탕미펀(红汤米粉)과 칭탕미펀(清汤米粉)으로 나뉨. 홍탕은 얼큰한 쇠고기 국물이고, 칭탕은 닭고기와 죽순으로 맛을 낸 국물임.

6. 볼거리

미앤양은 그 역사가 오래된 고장으로 전설적 의미를 지닌 인문경관 등이 볼거리의 주를 이룬다. 다음과 같은 것들이 있다.

(표) 미앤양의 주요 볼거리

경 점	개 요	소재지
칭리앤쩐 (青莲镇)	쟝요우시(江油市) 관할의 21곳 쩐(镇) 중 하나임. 이곳에 당(唐)나라시인 이백(李白, 701~762)의 사당 태백사(太白祠)와 그의 옛집 롱씨위엔(陇西院) 등이 있음.	쟝요우 (江油)
도우츄이샨 (窦垂山)	쟝요우 시가지로부터 북쪽으로 20km되는 곳의 푸쟝(涪江) 동쪽기슭에 있으며, 해발고도 1,140m, 상대고도 540m임. 당(唐, 618~907)나라 때 쟝요우현(江油县)의 관리였던 도우츄이가 숨어 지냈다는 고사에서 그 이름이 비롯됨. 백미황림(百味皇林) · 비천짱(飞天藏) 등의 경점이 있음.	〃

경 점	개 요	소재지
치취샨 (七曲山)	쯔통현(梓潼县) 현성의 북쪽으로 있으며, 주봉의 높이는 해발 862m임. 당(唐)나라 현종(玄宗, 712~756)이 안사의 난(安史之乱)을 피해 쓰촨으로 왔다가 돌아갈 때 이곳을 지났다는 고사가 있음.	쯔통 (梓潼)
위쉐고우 (禹穴沟)	베이촨(北川) 현성으로부터 30km거리에 있는, 길이 3.5km의 협곡임. 협곡의 입구에는 중국의 전설에 나오는 위왕(禹王)의 사당이 있고, 자연의 아름다움이 가득한 숲의 계곡에는 날아 떨어지는 폭포들이 생동감을 더함.	베이촨 (北川)
레이쭈구리 (嫘祖故里)	앤팅현(盐亭县)에 있음. 중국 전설상의 황디(黄帝)의 정비(正妃)이자 양잠기술과 비단 직조기술을 개발하여 보급한 레이쭈(嫘祖)의 고향임. 레이쭈궁(嫘祖宫)·레이쭈능(嫘祖陵)·치바이궁(岐佰宫)·용담묘(龙潭庙)·진펑스(金峰寺)절 등이 있음.	앤팅 (盐亭)
푸러샨 (富乐山)	미앤양 시가지로부터 동쪽으로 2km거리의 지앤먼슈다오(剑门蜀道) 남단에 있으며, 푸러샨풍경명승구(富乐山风景名胜区)로 지정돼있음. 예주원(豫州园)·푸러각(富乐阁)·푸러당(富乐堂) 등이 있음.	미앤양 (绵阳)

Close Up

치취샨(七曲山)

치취샨은 쯔통현(梓潼县) 현성의 북쪽으로 있다. 주봉의 높이는 해발 862m이다. 예로부터 이곳은 "동쪽의 쯔린(梓林)에 기대고, 서쪽의 통슈이(潼水)를 베고 있다"고 해서 "촨뻬이(川北)의 쯔통(梓潼)"으로 불리기도 하고, "촉도의 남대문(蜀道南大门)"이라고도 했다.

당(唐)나라 현종(玄宗, 712~756)이 안사의 난(安史之乱, 755~763)을 피해 쓰촨으로 왔다가 창안(长安)으로 되돌아갈 때 이곳을 지났는데, 당시 한 신하의 다음과 같은 시구(诗句)의 "치취(七曲)"에서 이 산의 이름이 비롯되었다고 한다.

세우비미칠곡선(细雨霏微七曲旋)
가랑비가 일곱 구비의 계곡에 하나 가득 흩날리는데

랑당유성애옥환(郎当有声哀玉环*)
초췌한 행렬의 기색이 옥환*을 슬프게 한다.

*옥환은 현종의 비(妃)임

이 시구가 널리 알려지면서 치취샨(七曲山)도 널리 알려지게 됐는데, 이곳은 도교(道教)의 아홉 번째 명산이기도 하다. 이곳에 있는 대묘(大庙)는 원래 진(晋, AD265~420)나라 때, 이곳 백성들이 지어준 쨩야즈(张亚子)의 사당이었다.

원(元, 1206~1368)나라 초기, 쨩야즈가 "문창제군(文昌帝君)"으로 봉해지면서 "문창궁(文昌宫)"으로 이름이 바뀌고, 명(明, 1368~1644)·청(清, 1616~1911)의 두 왕조를 지내면서도 계속 확장되어 오늘날과 같은 웅장한 규모가 되었다. 주요 경점으로는 시우정(时雨亭)·백특전(白特殿)·온조전(瘟祖殿)·계성궁(启圣宫)·계향전(桂香殿) 등이 있다. 치취샨대묘(七曲山大庙)는 쓰촨성의 이름난 관광지 이다.

치취샨 대묘

치취샨 풍광

대묘 표지석

여기서 잠깐 — 안사의 난(安史之乱)

당(唐, 618~907)나라는 건국 이후 제2대 태종(太宗, 626~683)의 "정관의 치(永徽之治)", 제3대 임금 고종(高宗, 649~683)의 "영휘의 치(永徽之治)", 우쩌티앤(武则天, 684~705)의 "개원의 치(开元之治)" 등 선정(善政)이 이어지면서 국운이 크게 융성한다. 그러나 그 내면에는 통치세력 내부의 갈등, 통치세력과 백성간의 갈등, 중앙조정과 지방 세력 간의 갈등 등 각종 사회모순이 표출되면서 안록산(安禄山)과 사사명(史思明)이 군사를 일으켜 조정에 항거한다. 이것이 안사의 난(安史之乱)이고, 현종(玄宗, 712~756) 14년인 755년의 일이다. 안사의 난은 그 후 15년간 지속되다가 대종(代宗, 762~779) 원년에 이르러 평정되는데, 비록 난은 평정됐다고는 하나 중앙 조정의 통제력이 약해지면서 국운은 쇠퇴일로를 걷게 된다.

여기서 잠깐 — 쨩야즈(张亚子)

쨩야즈는 본래 그 존재가 신령이다. 쨩야즈 신령은 쨩위(张育)와 야즈(亚子)의 두 존재를 합성한 것이다. 쨩위(张育)는 동진(东晋, 317~420)의 효무제(孝武帝, 372~396) 때의 사람으로 스스로 촉왕(蜀王)이라 칭하고, 의병을 일으켜 16국(十六国, 304~439) 중의 하나인 전진(前秦)의 세조(世祖, 3389~385)에게 맞서 싸우다가 전사한다. 촉나라 사람들은 쯔통군(梓潼郡)의 치취산(七曲山)에 그를 위한 사당을 짓고 레이쩌롱신(雷泽龙神)으로 받든다. 훗날 사람들은 이웃에 있던 토속신 야즈(亚子)의 사당과 쨩위의 사당을 합쳐 쯔통신(梓潼神) 쨩야즈(张亚子)라 하였다.

원(元, 1206~1368)나라의 10대 임금 인종(仁宗, 1311~1320)년간에 쯔통신 쨩야즈를 문창제군(文昌帝君)으로 봉하여 학예사무를 관장하는 신령으로 삼음과 아울러 과거시험을 주관토록 한다.

권역별관광

광위옌시(广元市)

광위옌시의 위치

1. 전체모습

광위옌시(广元市)는 쓰촨분지 북쪽 밖의 산지에 있다. 이곳은 쟈링쟝(嘉陵江)의 상류지역으로 쓰촨(四川)·샨안시(陕西)·깐수(甘肃)의 세 성(省)이 맞닿는 지역이기도 하다. 1만6,300㎢(제주도의 9배)의 넓이에 303만 명의 인구가 살고 있으며, 행정상으로는 4개의 구(区)와 4개의 현(县)으로 구획되어 있다. 리쪼우구(利州区), 위엔빠구(元坝区), 챠오티앤구(朝天区), 경제

개발구(经济开发区), 왕창현(旺苍县), 칭촨현(青川县), 지앤거현(剑阁县), 창씨현(苍溪县) 등이다. 이들 구와 현의 대체적인 현황은 다음 표와 같다.

(표) 광위옌시 행정구획

구현별	면적 (km²)	인구 (만명)	인구밀도 (인/km²)	정부소재지
리쪼우(利州)	1,535	48	313	쟈링(嘉陵)
위옌빠(元坝)	1,435	24	167	위옌빠(元坝)
챠오티앤(朝天)	1,618	21	130	챠오티앤(朝天)
경제개발	46	5	1,086	난허(南河)
왕창(旺苍)	2,976	45	151	동허(东河)
칭촨(青川)	3,216	25	78	챠오쨩(乔庄)
지앤거(剑阁)	3,204	67	21	씨아스(下寺)
창씨(苍溪)	2,330	77	331	링쟝(陵江)

2. 자연과 지리

광위옌시 행정구획

광위옌시(广元市)는 중국의 남북을 가르는 친링(秦岭, 주봉 太白山 3,767m) 산맥의 남쪽 산악지대에 위치한다. 광위옌시의 북쪽지역에는 무오티앤링(摩天岭, 3837m)과 미창샨(米苍山, 2,507m)을 사이에 두고 깐수성(甘肃省)과 샨시성(山西省)에 접해 있으며, 남쪽으로는 롱먼(龙门)·지앤먼(剑门)·다란(大栏)의 세 산지(山地)가 광위옌시의 시가지 남쪽지역을 에워싸고 있다.

전반적으로 서북고(西北高)-동남저(东南低)의 지형이며, 흐르는 물은 쟈링쟝(嘉陵江)으로 모여든다. 쟈링쟝은 챵쟝(长江)의 지류이다.

친링산맥을 기준으로 북쪽은 북방기후의 특징을 보이고, 그 남쪽은 아열대기후를 나타낸다. 친링 남쪽의 광위옌시도 지리적 위치상 아열대기후를 나타내며, 좀 더 구체적으로는 아열대습윤계절풍기후구(亚热带湿润季节风气候区)에 속한다. 연평균 기온은 17℃ 수준이고, 기록상의 7월 최고기온은 26.1℃, 1월 최저기온은 4.9℃이다. 연간 강우량은 800~1,000㎜ 범위에 있다.

3. 역사와 문화

광위옌(广元)은 역사적으로 유서가 깊은 곳이다. 중국 역사상 하나밖에 없는 여황제(女皇帝) 우쩌티앤(武则天)이 태어난 고향이자, 위(魏)·촉한(蜀汉)·오(吳) 등 중국고대 3국(三国)의 문화교류 통로이기도 했다.

> ### 여기서 잠깐 우쩌티앤(武则天, 무측천)
>
> 우쩌티앤(武则天, 624~698)은 쩌티앤뉘황(则天女皇, 측천여황)으로도 불리는, 중국 역사상 전무후무한 여자 임금이다. 우쩌티앤은 당(唐, 618~907)나라의 건국공신인 무사확의 둘째 딸로서 당(唐)나라 2대임금 태종(太宗, 626~649, 이세민)의 후궁으로 입궐하였다가 태종이 죽자 관례에 따라 감업사(感业寺)절로 출가하였다. 그 후 3대 임금 고종(高宗, 649~683)의 후궁으로 다시 입궐, 고종과의 사이에 4남 2녀를 낳았으며, 고종의 정실과 소실을 내쫓고 자신이 황후가 된다.
>
> 고종이 죽자 우쩌티앤은 자신의 셋째 소생 이현(李显, 656~710)을 4대 임금 중종(中宗, 683~684)으로 앉히고 섭정을 하는데, 중종의 왕후 웨이호우(韦后)와 웨이호우의 부친이 정권을 장악하려 하자 중종을 폐위시키고, 자신의 넷째 소생인 이단(李旦, 662~716)을 5대 임금 예종(睿宗, 684~690)으로 즉위시킨다.
>
> 예종의 즉위 후에도 반란은 끊이지를 않았는데, 이를 평정한 우쩌티앤은 섭정을 통해 실질적인 중국 통치에 들어가며, 690년에는 예종을 폐위시키고, 자기 자신이 임금이 된다.
>
> 임금이 된 우쩌티앤은 국호를 대주(大周)라 하고, 도읍을 루워양(洛阳)으로 옮겨 15년간 사실상의 중국 여자임금으로 역할 한다. 그로부터 15년 후인 705년에 우쩌티앤은 병으로 앓아눕게 되고, 주위의 권유에 따라 왕위를 4대 임금이었던 중종(中宗)에게 넘김으로써 당(唐)나라의 왕조가 다시 부활한다.
>
> 우쩌티앤이 중국을 통치하는 동안, 대신 귀족들을 장악하기 위해 공포정치를 해 왔지만, 백성들은 태평성시를 구가했기에 역사에서는 우쩌티앤의 통치기간을 "무주의 치(武周之治)"라고 하며, 현종(玄宗, 712~756) 때의 당나라 전성기를 꽃피운 기반이 되었다고 평가한다.

광위옌은 역사적으로 이 지역에 설치됐던 주(州)·부(府)·군(郡)·로(路) 등의 수부(首府) 소재지였으며, 원(元, 1271~1368)나라 때 씨앤양(咸阳)에 소재하던 촨샨행중서성(川陕行中书省)이 이곳으로 옮겨오면서 그 이름이 종전의 "리쪼우(利州)"에서 "광위옌(广元)"으로 바뀐다.

광위옌은 봉건시대의 풍운아 류방(刘邦)과 쮸거량(诸葛亮)이 천하를 주름잡던 곳이기도 하고, 두보(杜甫)·백거이(白居易)·이상은(李商隐)·류우석(刘

禹锡 등의 문인들이 활동한 곳이기도 하다.

4. 교통

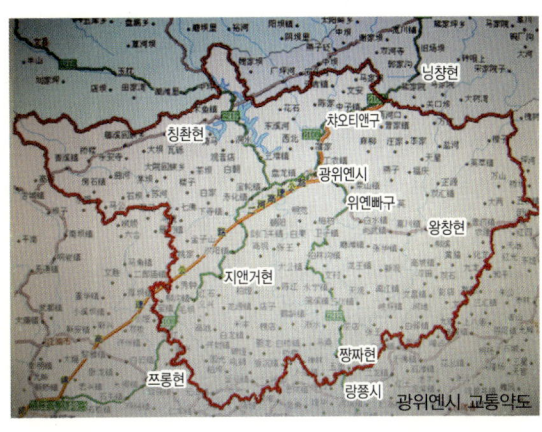
광위엔시 교통약도

광위엔은 지리적으로 청두(成都: 四川省)·씨안(西安: 陝西省)·란쪼우(兰州: 甘肃省)·총칭(重庆: 直辖市) 등 중국 서부지역 대도시의 가운데에 위치하고 있다. 때문에 광위엔은 예로부터 쓰촨(四川)·깐수(甘肃)·샤안시(陝西) 지역의 교통요충지이자 물자집산지였다.

철도(铁道)로서는 남북방향의 보성철로(宝成铁路)가 광위엔을 경유하고, 동서방향의 광포철로(广包铁路)가 광위엔에서 동쪽으로 출발한다. 도로로서는 서북-동남방향의 212번 국도와 동북-서남방향의 108번 국도가 광위엔에서 교차한다. 또한 광위엔을 흐르는 쟈링쟝(嘉陵江)의 수운(水运)은 총칭(重庆)을 지나는 챵쟝으로 연결된다.

현재 건설중인, 광위엔을 경유할 철도와 고속도로들이 완공되면, 광위엔은 중국의 서남지구와 서북지구를 연결시키는 교통의 요충지가 될 것으로 전망되고 있다.

5. 특색음식

가. 뉘황쩡량미앤(女皇蒸凉面, 여황증량면)

쌀가루·참기름·간장·고추·고추기름·산초가루·다진 마늘 등이 재료가 되며, 그 맛은 시고, 달고, 입맛이 개운하여 식욕을 돋운다. 푸치미량미앤(夫妻米凉面)이라고도 하며, 다음과 같은 이야기가 전해온다.

우메이냥(武媚娘, 武则天의 본명)이 14세 때, 당(唐) 태종의 눈에 들어 입궐하게 된다. 우메이냥에게는 소꿉동무이자 연인인 지앤펑(剑峰)이 있었다. 그 들은 학업에 열중하면서도 짬이 나면 강가에 놀러나갔는데, 그곳에는 조그마한 칼국수집이 있었고, 그 주인과도 친숙한 사이였다.

어느 더운 여름날, 그날도 그들은 강가에 나가 칼국수집 주인과 어울려 국수 만드는 이야기를 하다가 이런 더운 날씨에 제격일 냉국수를 만들어 먹기로 하였다. 이런 저런 재료를 이렇게 저렇게 해가며 시험을 하다가 드디어 부드럽고 질기며 끈적거리지 않는 쌀 반죽 만들기에 이르렀는데, 우메이냥과 지앤펑의 두 연인이 손을 모아 반죽을 하는 그 모습이 참으로 정겨웠다.

이를 보고 있던 칼국수집 주인은 그렇게 만들어진 국수에 부부가 만든 냉 쌀국수라는 의미로 "푸치미량미앤(夫妻米凉面)"이라 이름 붙였고, 공교롭게도 그날이 마침 우메이냥의 생일이었기에 두 연인의 감회는 남달랐다.

그런 일이 있고나서 얼마 되지 않아 우메이냥이 입궐하게 되는데, 그래서 그들은 부부로 맺어지지 못 했지만, 그렇게 태어난 푸치미량미앤(夫妻米凉面)은 지금도 광위옌 사람들이 즐겨 먹는 토속음식이 되었다.

쓰촨성의 곳곳에 푸치미량미앤이 있으나 전통의 맛은 광위옌이 아니면 맛보기 어렵다고 한다.

우메이냥은 입궐하여 중국역사상 전무후무한 여자임금이 되지만, 어렸을 때의 그 추억을 잊지 못해 그녀가 죽을 때까지 자신의 생일날이면 푸치미량미앤을 만들라고 해서 먹었다고 한다.

나. 지앤먼도우푸(劍門豆腐)

도우푸(豆腐)는 두부이다.

지앤먼도우푸는 지앤먼슈다오(劍門蜀道)풍경명승구의 지앤먼관(劍門关) 지역에서 만든 두부를 말한다. 지앤먼도우푸는 지앤먼 산지(山地)의 역암유사석토(礫岩油沙石土) 토양에서 생산되는 황두(黄豆)콩을 지앤먼71봉(劍門七十一峰)의 "지앤취앤(劍泉)" 샘물에 불려 갈아 만든 것으로 눈처럼 희고, 두부살이 부드러우며, 입에서 살살 녹는다. 이 고장에서는 이 두부를 재료로 하여 200여 종의 음식을 만들어 낸다.

지앤먼도우푸는 별난 두부로 알려져 있으며, 자고로 지앤먼도우푸를 먹어 보지 못한 웅관(雄关, 지앤먼의 다른 이름) 유람은 헛된 것이라고 하였다.

지앤먼쩐(劍門镇) 마을의 음식점에 들어서면 눈이 어지러울 정도로 두부 일색의 음식 이름을 써 붙여 놓은 것을 보게 되는데, 마치 음식을 먹기 전에 눈부터 즐기라는 의도 같아 정겨워진다.

지앤먼도우푸는 이 지역 전통의 대중음식 주재료로서 일상적으로 줄 대어 먹으면 무병장수한다고 해서 "용뇌(龙脑)"로 불려왔으며, 지앤먼도우푸의 효험에 관한 기록은 삼국시기(三国时期, 220~280) 때부터 있어왔다.

다음은 그러한 얘기 중의 일부이다.

촉한(蜀汉)의 대장군 쟝웨이(姜维, 202~264)가 위(魏)나라의 군사에게 대패하여 촉한의 북쪽 관문인 이곳 지앤먼관(剑门关)까지 밀려왔다. 병사들은 더 이상 싸울 기력이 없었고, 말들도 더 이상 걷지를 못했다. 쟝웨이가 보기에 지앤먼관(剑门关)이 뚫리는 것은 시간문제였다.

이때, 이 고을 수령이 쟝웨이 대장군에게 건의하기를 관문을 걸어 잠그고, 3일간만 군마를 쉬게 하는데, 그동안 고을의 집집마다 콩을 갈아 두부를 만들게 하여 병사들에게 먹이고, 말에게는 그 비지를 먹여 병마로 하여금 원기를 회복케 하자고 하였다.

과연 고을 수령의 건의는 효험이 있어 병마는 빠르게 회복됐다. 3일 후에 쟝웨이는 5,000의 군사를 이끌고 나가 쫑훼이(钟会)가 이끄는 위(魏)나라 군사를 물리치고 지앤먼관(剑门关)의 위기를 타개하였다.

이런 이야기도 전해온다. 당(唐, 618~907)나라의 10대 임금 현종(玄宗, 712~756)이 지앤먼관(剑门关)을 지나다가 심신이 극도로 쇠약해져서 식사를 제대로 못하고, 잠도 제대로 이루지 못하였다.

어의와 신하들도 태산 같은 걱정을 하면서 이 난관을 타개할 방도를 찾던 중에 마을 사람들이 방금 만들어 온, 따끈따끈한 지앤먼도우푸를 들게 하였다. 그 후로 현종의 식욕은 되살아나고, 잠도 잘 자게 되었다.

무사히 지방순시를 마치고 환궁한 현종은 그 때 먹은 지앤먼도우푸에 대하여 "황도우(皇豆)"라는 이름을 내렸고, 수라간에서는 어명이 있을 적마다 지앤먼도우푸를 만들어 올렸다고 한다.

6. 볼거리

광위옌의 볼거리는 그 주된 연원이 ①고촉도문화(古蜀道文化), ②삼국문화(三国文化), ③석굴예술문화(石窟文化), ④초기인류문화(初期人类文化) 등으로 범주화 된다.

그 중에서도 고척도문화는 주변 자연경관과 어우러져 광위옌 관광의 으뜸 소재가 된다.

여기서 잠깐 고촉도(古蜀道)

고촉도(古蜀道)는 중국 고대의 촉한(蜀汉)·위(魏)·오(吴) 등 삼국시기(三国时期, 220~280) 때 촉한의 땅에 나있던 길이다.

당시 촉한의 영토는 오늘날의 쓰촨(四川)·윈난(云南)·꾸이쪼우(贵州) 등 세 성을 망라하였는데, 이 지역은 서쪽으로는 칭짱고원(青藏高原)으로, 북으로는 친링(秦岭)과 다빠산(大巴山)으로, 남쪽으로는 윈꾸이고원(云贵高原)으로 둘러싸여 있다.

따라서 이 지역을 통하는 고촉도(古蜀道)는 옛날부터 교통이 매우 불편한 도로의 대명사처럼 되어있었다.

고촉도는 넓은 의미에서 청두(成都)-광한(广汉)-더양(德阳)-루워장(罗江)-미앤양(绵阳)-쯔통(梓潼)-지앤산(剑山)-광위엔(广元)-한쫑(汉中)-친링(秦岭)-씨안(西安)으로 이어지는 행로를 의미하며, 그 거리는 1,000km에 이른다.

고촉도 개락도

좁은 의미로는 청두(成都)로부터 친링(秦岭)을 넘기 전의 한쫑(汉中, 陕西省)까지를 고촉도의 범위로 보며, 450km의 거리이다.

한쫑(汉中) 이후부터의 고촉도는 친링을 어느 지역을 통해 넘느냐에 따라 길이 갈래가 지는데, 천창다오(陈仓道)·바오시에다오(褒斜道)·탕루워다오(傥骆道)·쯔우다오(子午道) 등이 그것이다.

광위엔의 주요 볼거리를 정리해보면 다음과 같다.

(표) 광위엔의 주요 볼거리

경점	개요	소재지
황쩌스 (黄泽寺)	광위엔 시가지로부터 서쪽으로 2km 떨어진 쟈링쟝(嘉陵江) 서쪽 강가 우롱산(乌龙山) 자락에 있음. 당(唐)나라 이전부터 있었던 것으로 옛 이름은 우누스(乌奴寺)였는데, 우쩌티앤(武则天)이 태어나면서 황쩌스로 개명됨. 현존 건물은 청(清,1616~1911)나라 때 중건한 것임. 광위엔의 부녀자들은 우쩌티앤의 생일인 정월 스무사흘 날에 황쩌스 절 앞을 지나는 강변에 나와 축제를 벌임. 절 위쪽으로는 남북조(南北朝, 420~581)·수(隋, 581~618)·당(唐, 618~907)·송(宋, 960~1279) 등의 여러 왕조에 걸쳐 조성된 석굴과 마애(摩崖)가 있음. 모두 34곳에 1,203 자리의 조상(造像)이 있음.	

경점	개요	소재지
천불애조상 (千佛崖造像)	광위엔 시가지로부터 북쪽으로 4km 떨어진, 쟈링쟝 동쪽 강가에 있음. 남북조·수·당·송에 이어 원(元, 1271~1368)·명(明, 1368~1644) 시대에까지 걸쳐 조성된 것임. 400여 개의 감굴(龕窟)과 700여 자리의 조상(造像)이 있음.	
명월협잔도 (明月峡栈道)	광위엔 시가지로부터 북쪽으로 25km 떨어져있는 챠오티앤쩐(朝天镇)에 있음. 친(秦, BC221~AD207)나라 이전부터 있었던 것으로 추정됨. 푸른 하늘에 올라가는 것만큼이나 어렵다는 고촉도(古蜀道)의 주요 유적지임. * 잔도(栈道)는 절벽에 선반처럼 달아 붙인 길을 말함.	
쨔오화고성 (昭化古城)	광위엔 시가지의 남쪽으로 35km 떨어진, 쟈링쟝(嘉陵江)과 빠이롱쟝(白龙江)이 합류하는 곳에 있음. 산에 의지하여 물가에 있는 쨔오화고성은 전국시대(战国时代, BC475~BC221)의 현성이었음. 현존건물은 명(明)나라 때 중건된 것임. 아직도 성문이 건재하며, 청석돌판을 깐 길거리와 옛날 집들의 정원이 볼만함.	
지앤먼슈다오 (剑门蜀道)	지앤먼슈다오는 좁은 의미의 슈다오(蜀道, 촉도) 중에서도 쓰촨성(四川省)의 북부와 샨시성(陕西省)의 남부가 맞닿는 지역, 닝챵(宁强)-광위엔(广元)-지앤거(剑阁)-쯔통(梓潼)으로 이어지는 구간으로 150여 km 거리임. 주변지역의 자연경관과 한데 묶여 "지앤먼슈다오풍경명승구"로 지정되어 있음.	지앤거(剑阁)
지앤먼관 (剑门关)	지앤거현(剑阁县) 현성의 북쪽으로 30km쯤 되는 곳의 따지앤산(大剑山)에 있음. 지금은 촨샤안공로(川陕公路)를 끼고 있지만, 예전에는 고촉도의 요충관문이었음. 지앤먼슈다오풍경명승구의 주요 볼거리 중 하나임.	〃
추이윈랑 (翠云廊)	지앤거현(剑阁县, 广元市)·쯔통현(梓潼县, 绵阳市)·랑쭁시(阆中市, 南充市) 등 세 시현(市县)에 걸치는 150여km의 고목 가로수 길임. 우람한 측백나무가 좁은 길 양편에서 어우러져 만들어지는 녹음터널은 촉도의 일대 기관(奇观)임. 고증된 바로는 세계에서 가장 오래된 인공의 가로수거리로서 지앤먼 촉도의 주요 볼거리 중 하나임.	〃
허밍샨 (鹤鸣山)	허밍샨(鹤鸣山, 학명산)은 지앤거 현성 동쪽에 접해있음. 예전에 삼림이 울창하고, 학이 무리를 지어 서식했던 데서 그 이름이 비롯됨. 도교의 시조인 장도릉(张道陵)이 이곳에서 도를 깨우쳤다고 하며, 산위에는 당(唐, 618~907)나라 때 새겨진 수십 자리의 조상(造像)이 있음.	〃
쮀위옌스 (觉苑寺)	지앤거현의 우리앤쩐(武连镇) 서편에 있음. 당(唐)나라 현종(玄宗, 712~756) 년간에 창건됐으며, 명(明)나라 8대 임금 영종(英宗, 1457~1464) 때 중건되어 오늘에 이르고 있음. 석가여래불의 고사를 담은 209쪽의 벽화가 유명함.	〃

175

<볼거리 면모>

천불애조상

명월협 정문

줴위옌스

줴위옌스벽화

추이윈랑 풍광

추이윈랑 풍광

허밍샨 산문

허밍샨

고촉도(古蜀道)·검문촉도(劍门蜀道) 취운랑(翠云廊)·검문관(劍门关)

고촉도(古蜀道, 구슈다오)·검문촉도(剑门蜀道, 지앤먼슈다오)·취운랑(翠云廊, 추이원랑)·검문관(剑门关, 지앤먼관)은 지리적으로 한 공간에 들어있다.

구슈다오(古蜀道)는 고대 중국의 청두(成都, 四川省)로부터 씨안(西安, 陕西省)에 이르기까지의 1,000km 길로서 베이짠(北栈, 북잔)과 난짠(南栈, 남잔)의 두 구간으로 나뉜다. 샤안시성(陕西省)의 한쭝(汉中)을 기점으로 그 북쪽을 베이짠(北栈)이라 하고, 그 남쪽을 난짠(南栈)이라했다.

씨안은 깐수(甘肃)와 신쟝(新疆)을 거쳐 중앙아시아로 나가는 북쪽 사조지로(丝绸之路, 실크로드)의 기점이고, 청두는 윈난성(云南省)을 거쳐 인도와 서아시아로 나가는 남쪽 사조지로의 기점이기에 구슈다오(古蜀道)는 남북의 두 사조지로를 연결하는, 중요한 의미가 부가된다.

지앤먼슈다오(剑门蜀道)는 구슈다오(古蜀道) 중에서 북쪽의 한위엔(汉源, 汉中)으로부터 남쪽의 쯔퉁(梓潼)에 이르는 150km구간을 지칭한다.

또한 이 구간에는 예로부터 측백나무가 가로수로 가꿔져왔는데, 터널을 이루듯 무성하여 추이원랑(翠云廊)이라고 했다.

추이(翠)는 청록색을 뜻하고, 윈랑(云廊)은 구름터널을 의미한다 하겠다. 지금도 추이원랑에는 1,000년을 넘긴 나이의 측백나무 고목들이 많이 있다.

지앤먼슈다오 관광벨트

지앤먼슈다오 150km의 볼거리를 북으로부터 짚어보면 챠오티앤치판관(朝天棋盘关, 조천기반관) – 밍위예샤(明月峡, 명월협) – 치앤포어야(千佛崖, 천불애) – 횡쩌스(皇泽寺, 황택사) – 쨔오화구청(昭化古城, 소화고성) – 니유토우산(牛头山, 우두산) – 티앤타이산(天台山, 천태산) – 지앤쨔오구이다오(剑昭古驿道, 검소고역도) – 지앤먼관(剑门关, 검문관) – 추이원랑(翠云廊, 취운랑) – 지앤쪼우구청(剑州古城, 검주고성) – 줴위옌스(觉圆寺, 각원사)로 연결된다. 이와 같은 지앤먼슈다오 관광벨트에서 핵심을 이루는 경점은 쨔오화구청, 지앤먼관, 추이원랑이 된다.

추이원랑입구(쯔통 치취샨)

추이원랑 측백고목

지앤먼슈다오 표지석

지앤먼슈다오풍광

지앤먼슈다오풍광

　　지앤먼관(劍門关)은 지앤먼슈다오의 한 관문(关门)으로 지앤거현(劍阁县)의 따지앤샨(大劍山)과 샤오지앤샨(小劍山)의 한 가운데에 자리 잡고 있다.

두 산의 봉우리가 좌우 양쪽에 버티고 있는 것이 마치 검을 세워놓은 것 같다하여 검문(劍门, 지앤먼)이란 이름이 붙었다.

옛 촉(蜀)나라의 승상 쮸거량(诸葛亮)이 이곳에 15km거리의 잔도(栈道)를 설치하고, 관문 누각을 세우면서 그 이름을 지앤거(剑阁)라 했는데, 그 위치가 절묘하여 "일부당관(一夫当关), 만부막개(万夫莫开)"라는 찬사를 받고 있다.

한 사람이 막아서고 있으면, 제아무리 많은 수의 무리라도 뚫고 들어올 수 없다는 의미일 터이다.

지앤관먼 유비상

지앤먼관 제갈량상

따지앤산

지앤먼관

쮸거량북벌군행도

지앤거

황쩌스(皇泽寺)

황쩌스(皇泽寺)는 절벽에 새겨진 불상을 봉공(奉供)하는 절이다. 더불어 중국의 유일한 여 황제 무측천(武则天)의 측천전(则天殿), 당고종(唐高宗, 649~683)과 측천무후(则天武后, 690~705)를 존치한 2성전(二圣殿), 그리고 송묘석각(宋墓石刻)이 경내에 함께 있다.

불상이 들어있는 대불굴(大佛窟)은 황쩌스의 맨 위에 있다. 대불굴은 그 바닥이 말발굽 모양이며, 천정은 높고 아치형이다. 불감(佛龛) 안에는 1불(佛)·2제자(弟子)·2보살(菩萨)·2역사(力士) 등 모두 8자리의 조각상이 있다. 주존(主尊)인 1불은 아미타불(阿弥陀佛)이고, 2제자는 가섭(迦叶)과 아난(阿難)이며, 2보살은 관음(观音)과 대세지(大势至)이다. 대불굴은 그 규모가 웅장하며, 조각상들은 정교하고 아름답다. 당(唐, 618~907)나라 초기 불교조각예술의 대표작품으로 꼽히고 있다.

측천전(则天殿)에는 측천무후의 조각상과 초상화 및 재위시절의 공적이 배열돼있고, 2성전(二圣殿)에는 중앙에 당고종과 측천무후의 동상이 있으며, 좌우로 당시의 저명했던 대신들이 자리를 잡고 있다.

당고종과 측천무후

측천무후 조각상

대불루

대불

측천무후 조상

송묘석각(宋墓石刻)은 송(宋, 960~1279)나라 때의 묘에서 출토된 석각들로 당시의 가무와 희극, 가옥구조, 고사 속의 인물 등을 그 내용으로 하고 있다.

당시의 사회상을 유추해볼 수 있는 귀중한 자료로 평가되고 있다.

송묘석각

송묘석각

Close Up

쨔오화고성(昭化古城)

쨔오화고성은 지앤먼슈다오(劍門蜀道)를 근간으로하는 풍경명승구(风景名胜区)의 핵심 경점 중 하나이다.

쨔오화고성의 옛 이름은 쟈멍(葭萌)이다. 쨔오화고성은 성(城)이면서도 관문역할을 겸했었기에 "쟈멍관(葭萌关, 가맹관)"이라고도 했다.

쨔오화고성은 4면이 산으로 둘러싸여있고, 또한 3면이 강물에 접해있는데, 쟈링쟝이 뱀이 기어가듯 구불구불 흐르면서 이샨(翼山, 익산)과 비쟈샨(笔架山, 필가산)을 갈라놓은 모양이 마치 거대한 산수태극도(山水太极图) 같아 "천하제일태극(天下第一太极)"이라고도 부른다.

쨔오화고성은 유비(刘备)의 촉한(蜀汉)이 태어난 곳으로 옛 모습이 잘 간직돼있어 중국고대 3국의 성(城)이 어떤 모습이었는가를 짐작해 볼 수 있게 한다.

쨔오화고성 산수태극풍광

쨔오화고성 현서

쨔오화고성의 가장 높은 지대에는 이곳 관아(官衙)인 쨔오화현서(昭化縣署)가 있고, 그 주변으로 공자의 사당인 문묘(文廟)와 과거시험장인 카오펑(考棚)이 있다.

(縣衙街, 현아가) 거리에는 정절패방(貞节牌坊)이 있고, 남쪽으로 갈라지는 투페이지에(吐費街, 토비가) 거리에는 효우패방(孝友牌坊)이 있다.

쨔오화고성 문묘

짠펑먼

문묘 공자상

태수가 풍광

쨔오화고성의 성문은 짠펑먼(瞻凤门, 첨펑문)이다. 짠펑먼은 성의 정문으로 동쪽에 있으며, 명(明, 1368~1644)나라 때 축조됐다. 성루(城樓)에 서면, 맞은편 봉령산(凤灵山)의 봉황을 볼 수 있다고 해서 붙여진 이름이다.

짠펑먼을 들어온 길은 타이쇼우지에(太守街, 태수가)라는 이름의 간선대로가 되어 서쪽으로 뻗어나가며, 쨔오화고성을 남북으로 가른다.

타이쇼우지에 거리에서 북쪽으로 갈라지는 씨앤야지에

쟈밍정

정절패방

밍위예샤(明月峽, 명월협)

밍위예샤협곡은 4㎞길이에 폭 100m인 협곡으로 쓰촨성의 북부에 위치한다. 이곳은 쓰촨(四川)·샤안시(陝西)·깐수(甘肅)의 3성(省)이 맞닿는 곳이기에 밍위예샤를 일컬어 "촨북문호(川北門戶)"라 하기도 하고, 역사적으로는 촉한 영토의 북쪽 요충지라는 의미에서 "촉북중진(蜀北重鎭)"이라고도 했다.

밍위예샤의 지리적 위치

밍위예샤의 본래 이름은 노을이 흩날리는 계곡이라는 의미의 페이샤샤(飞霞峽)였다.

당(唐, 618~907)나라의 10대 임금 현종(玄宗, 712~756)이 '안사의 난(安史之乱)'을 피해 청두(成都)로 갈 때, 이 지역 관원들이 천자(天子)인 임금을 조배(朝拜, 알현)한 고장이라 하여 고장의 명칭을 챠오티앤(朝天, 조천)으로 바꾸매, 페이샤샤(飞霞峽)도 고장의 이름을 따서 챠오티앤샤(朝天峽)로 바꿔 부르게 된다.

또한 명(明, 1368~1644)·청(淸, 1616~1911)시대 때는 문인묵객들이 자연숭상에 심취하는데, 그러한 시류를 따라 이백(李白)도 이곳에 와 읊기를 "청풍은 맑고(淸風淸), 명월은 밝다(明月明)."고 하였다.

이 시구(詩句)가 널리 퍼지면서 이제까지의 챠오티앤샤(朝天峽)가 밍위예샤(明月峽)로 바뀐다. 그러나 이 고장의 토박이들은 아직도 챠오티앤샤로 부르기를 고집하고 있다.

챠오티앤 조배석각도

지질학적으로 밍위예샤의 생성역사는 2억년 전으로 거슬러 올라간다.

그 때 일어난 '인도-챠이나 조산운동'으로 친링(秦岭)과 롱먼산(龙门山)이 생겨날 때, 그 힘이 이 지역의 두터운 규소질회암과 규소질암의 암석층에 작용하여 평탄하던 지층을 배사구조(背斜构造)로 바꿔놓는다.

본래 규소질회암과 규소질암은 물에 잘 침식되지 않고, 풍화에도 강한데, 이 암석층에 끼어있던, 물에 잘 침식되는 지층이 친링에서 발원되어 내려오는 쟈링장 강물에 녹아내리면서 이 협곡이 생겨났다는 것이다. 밍위예샤의 양쪽 절벽의 확연한 배사구조가 이 학설을 뒷받침하고 있다.

밍위예샤(明月峽)

밍위예샤 암벽의 배사구조

밍위예샤는 친링(秦岭)과 다빠산(大巴山)을 사이에 두고 있는, 씨안(西安)과 청두(成都)를 각각의 기반으로 하는 두 왕조 간의 유일무이한 통로였다. 평시에는 상거래통로였고, 전시에는 군수물자의 보급로였다. 이러한 지리적·역사적 여건으로 말미암아 이곳에는 예전부터 있었던 여러 형태의 길이 공존하고 있다. 양장소도(羊肠小道)·잔도(栈道)·견부도(纤夫道)·선도(船道)·천섬공로(川陕公路)·보성철로(宝成铁路)가 그것들인데, 고금의 도로가 한 곳에 망라돼있다고 해서 이곳을 일컬어 "중국의 교통사박물관(交通史博物馆)"이라고 한다.

양장소도(羊肠小道)는 두발로만 다닐 때, 되풀이해 다님으로써 생겨난, 양 창자모양의 구불구불한 길이고, 잔도(栈道)는 절벽에 부설됐던 나무판자다리이며, 견부도(纤夫道)는 물에 띄운 배를 사람이 강변을 따라 끌고 다니던 길이다.

선도는 쟈링장을 오가던 수상의 뱃길이고, 천섬공로는 민국시기(民国时期, 1912~1949)에 건설된 현대식 도로이다. 보성철도(宝成铁路, 宝鸡-成都)는 1950년대에 개통되었다.

광위엔 시가지에서 밍위예샤가 소재한 챠오티앤쩐(朝天镇)에 도착하면 삼륜차들이 늘어서 있는 광경이 눈에 들어온다. 5㎞가량 떨어져있는 밍위예샤까지는 이 삼륜차를 이용하게 되는데, 5위안정도 받는다. 밍위예샤를 둘러보는데 2시간 정도 소요된다. 돌아올 때 대기하고 있는 삼륜차가 없는 경우 답답해질 수가 있다. 관광안내소에 도움을 구하도록 한다.

밍위예샤의 관광은 쟈링장 강가를 따라 남쪽으로 2㎞정도에 걸쳐있는, 아래쪽의 잔도(栈道)와 위쪽의 마차도(马车道)를 오가며 여러 경점을 둘러보는 것을 내용으로 한다. 주된 것을 간추려보면 다음과 같다.

① **쟈링장(嘉陵江)**

쟈링장은 중국의 남북을 가르는 친링(秦岭)에서 발원하여 창장(长江)에 합류되기까지 1,119㎞를 흐른다. 샤안시성(陕西省) 펑현(凤县) 동북부의 아름다운 고장 쟈링골(嘉陵谷)을 거쳐 흐른다고 해서 쟈링장이라 했으며, 예전에는 "랑슈이(阆水)", "위슈이(渝水)"라고도 불렸다. 당나라의 시인 이상은(李商隐)은 쟈링장을 읊기를 "담배연기와 달빛을 머금은 천리 쟈링장의 푸른 물빛이 하늘의 푸르름을 능가한다."고 했다. 밍위예샤의 쟈링장은 서쪽으로 민산(岷山)의 무오티앤링(摩天岭)이 있고, 동쪽으로는 다빠산(大巴山)서쪽 끝의 미창산(米仓山)이 있으며, 그 사이의 챠오티앤링(朝天岭)을 뚫고 내려오는 것이다.

② **견부도(纤夫道)와 견부석(纤夫石)**

밍위예샤의 쟈링장 강가에는 예전에 견부(纤夫, 배를 끄는 인부)들이 물위에 띄운 배에

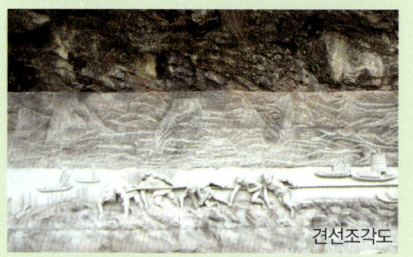
견선조각도

밧줄을 걸어 끌고 상류로 올라 다니던 길이 지금도 남아있는데, 이 길을 일컬어 견부도(纤夫道)라고 한다. 견부도는 곳에 따라 오직 한 발로만 짚고 지나갈 수 있는 절벽의 외길도 있고, 배가 떠가는 방향을 일정하게 하기위해 앞사람의 발자국을 따라 밟아나가야 했다. 쟈링쟝 강가에는 견부석(纤夫石)이라 하여 견부들의 밧줄자국이 생생한 바위가 있다. 쟈링쟝 견부들의 피땀자국인 것이다.

견부석

③ 표준식 잔도

잔도는 기본적으로 절벽에 구멍을 뚫어 옆으로 들보가 되는 나무기둥을 박고, 이 나무기둥이 힘을 받을 수 있도록 지면에서 나무기둥을 올려 받친 다음, 그 위에 널빤지를 깔아 길을 만드는 것이다. 그렇게 만든 것을 표준식 잔도로 개념 짓는다.

표준식 잔도

④ 고잔도(古栈道)의 공안(孔眼)

공안은 잔도의 들보를 절벽에 박아 넣기 위해 판 구멍을 말한다. 구멍의 깊이는 75㎝이고, 가로와 세로는 45㎝를 기준으로 한다. 대들보가 약간 위를 향할 수 있도록 구멍은 속으로 경사가 져있다. 밍위예샤에는 400여개의 공안이 있다.

고잔도 공안

⑤ 선반식 잔도(搭架式栈道)

낭떠러지가 높아 지면에서 들보받침대를 세울 수 없는 경우, 1차적으로 공안을 뚫어 들보를 설치하고, 그 위에 받침대를 올려 만든 잔도를 선반식 잔도라고 한다.

선반식 잔도

⑥ 밍위예쨘거(明月栈阁, 명월잔각)

잔도에는 위로부터 낙석과 유수가 자주 쏟아진다.

이를 피하고, 아울러 오가는 사람들이 쉴 수 있도록 곳에 따라 잔도에 정자를 짓는데, 이를 일컬어 밍위예쨘거라고 한다. 멀리서 보는 밍위예쨘거는 마치 공중에 떠있는 것 같기도 하여 "페이거(飞阁, 비각)", 또는 "윈쨘(云

栈, 운잔)"이라고도 한다.

명월잔각

⑦ 보성철로(宝成铁路)

보성철로는 1965년에 개통되었다. 샤안시성(陝西省)의 빠오지시(宝鸡市)와 쓰촨성(四川省)의 청두시(成都市)를 잇는 668km거리의 철도이다. 270여 곳의 터널과 620여 곳의 교량이 있다. 이백(李白)이 읊었던 시구 "슈다오난(蜀道难)"의 험준한 국면을 나타내주는 지표라 할 것이다.

보성철도

⑧ 쟈링쟝 조운(漕运)

진(秦, BC221~BC207)·한(汉, BC206~AD220) 시기에 쟈링쟝에는 배가 짐을 싣고 떠다니는 수상조운이 이루어지고 있었으며, 송(宋, 960~1279)나라에 이르러서는 조운이 발달하여 잔도가 쇠퇴하였다.

⑨ 쮸거량의 북벌

촉한(蜀汉)의 승상 쮸거량(诸葛亮, 제갈량)은 서기 227년에 병사를 거느리고 7년간의 북벌을 도모하는데, 밍위예샤(明月峡)는 필요로하는 군수품의 수송로였기 때문에 쮸거량은 그 유지 보수에 심혈을 기울였다.

전해오는 바로는 선안(栓眼, 나무못)과 수조(水槽, 물홈)는 쮸거량이 발명한 것이고, 쵸우비이(筹笔驿)역참과 군사묘(军师庙)도 당시에 생긴 명승고적이다.

⑩ 명월석(明月石)

명월석

명월석은 밍위예샤 강물에 잠겨있는 커다란 바위이다. 전해오기로는 이 바위에 커다란 보석이 박혀있었고, 이 보석은 사람들이 밤중에도 탈 없이 오갈 수 있도록 달처럼 빛을 내고 있었다.

그런데 애석하게도 이곳을 지나가던 탐욕스런 승려가 도술을 부려 그 보석을 빼갔는데, 그래서 지금은 보석이 박혔던 구멍만이 남아 있을 뿐이다.

⑪ 진헤왕(秦惠王)의 멸촉(灭蜀)

AD316년에 진(秦)나라의 혜왕(惠王)은 촉(蜀)나라를 멸망시킬 것을 쨩이(张仪)와 쓰마추오(司

진헤왕의 멸촉도

마추(马错)에게 명하며, 이들은 금우도(金牛道)와 밍위예샤(明月峡)를 통해 촉(蜀)나라를 공격하여 멸망시킨다.

(张仪)와 사마추오(司马错)가 군사를 몰고 내려와 촉나라를 멸망시킨 것이다.

⑫ 5정개도(五丁开道)

5정개도 조각상

진(秦)나라의 혜왕이 촉(蜀)을 정벌하고자 하나 산길이 험하여 좀처럼 그 뜻을 이룰 수가 없었다.

장고(长考) 끝에 혜왕은 꾀를 내기를 진나라에는 금똥을 누는 소가 있는데, 이 소를 촉왕(蜀王)에게 주려하나 길이 막혀 갈 수가 없으니, 촉나라에서는 길을 뚫어 이 소를 가져가라 하였다. 이 말을 곧이들은, 어리석은 촉나라의 왕은 다섯 장정을 보내 험한 산을 뚫어 길을 내니, 이 길이 금우도(金牛道)이고, 종국에는 이 길을 통해 진(秦)나라의 장수 쨩이

⑬ 목우류마(木牛流马)

목우류마

촉나라의 쮸거량이 북벌을 도모할 때, 소요되는 군수품을 물길로 편리하게 수송하기 위해 목우(木牛)와 류마(流马)를 창안했으며, 바퀴가 하나인 계공차도 만들어 효율적으로 활용하였다.

⑭ 라오후쭈이(老虎嘴)

밍위예샤(明月峡)의 마차도(马车道)를 닦을 때, 깎아지른 절벽을 옆으로 들여 파서 만든 길목이다.

그 모양이 마치 호랑이가 입을 벌리고 있는 형상이라 하여 라오후쭈이라고 한다.

라오후쭈이

권역별관광

14 난총시(南充市)

난총시 위치도

1. 전체모습

난총시(南充市)는 쓰촨성의 동북부 지역에 위치하며, 쟈링쟝(嘉陵江)의 중상류가 난총시를 남북으로 관통한다.
12,500㎢(제주도의 6.7배) 넓이에 750만 명의 인구가 살고 있으며, 행정상으로는 3구(区)·1시(市)·5현(县)으로 구획되어 있다.

3구(区)는 쉰칭(顺庆)·까오핑(高坪)·쟈링(嘉陵)이고, 1시(市)는 랑쫑(阆中)이며, 5현(县)은 난부(南部)·씨충(西充)·이롱(仪陇)·잉산(营山)·펑안(蓬安) 이다.

그 대체적인 현황은 다음 표와 같다.

(표) 난총시의 행정구획 현황

구현별	면적 (km²)	인구 (만명)	인구밀도 (인/km²)	정부소재지
쉰칭(顺庆)	555	64	1,152.4	-
까오핑(高坪)	812	59	724.5	-
쟈링(嘉陵)	1,170	70	595.8	-
랑쫑(阆中)	1,878	88	467.2	-
난부(南部)	2,236	129	577.1	난롱(南隆)
씨총(西充)	1,108	65	588.3	진청(晋城)
이롱(仪陇)	1,767	110	623.2	신쩡(新政)
잉산(营山)	1,633	94	574.7	랑치(朗池)
펑안(蓬安)	1,334	71	532.8	쪼우코우(周口)

난총시(南充市)는 충의지방(忠仪之邦)·삼국원(三国源)·사조지도(丝绸之都)·쟈링제일곡류(嘉陵第一曲流) 등 여러 이름으로도 불린다.

이 고장 출신의 지신(纪信, ?~BC204)이, 유방(刘邦)과 항우(项羽)가 초한전쟁(楚汉之争)을 벌일 때 유방을 도와 한(汉)나라를 세우는데, 그 충정과 공로가 한(汉, BC206~AD220)나라는 물론 송(宋, AD960~1279)-원(元, 1206~1368)-명(明, 1368~1644)을 이어 내려오면서 기려졌던 데서 충의지방(忠仪之邦)이라는 호칭이 비롯됐고, 이 고장 출신 천쇼우(陈寿, 233~297)가 그의 나이 48세 때 《삼국지(三国志)》를 쓰기 시작한 데서 3국원이란 이름이 태어났다.

이 고장이 5,000년의 잠업역사를 지녔고, 전국의 4대 비단 생산지라는 데서 사조지도(丝绸之都)란 이름이 붙었으며, 이곳을 흐르는 쟈링쟝의 물길이 359°를 돌아 흐르는 칭쥐곡류(青居曲流)가 있어 쟈링제일곡류(嘉陵第一曲流)라는 이름이 생겨났다.

난총시 행정구획

2. 자연과 지리

난충시가 위치한 쓰촨분지의 동북부 쟈링쟝(嘉陵江) 중류지역은 북쪽으로는 낮은 산지이고, 남쪽으로는 구릉지대 이다. 이 지역의 해발고도는 256~889m 범위로 쓰촨분지 바닥의 대체적인 해발고도 400~800m보다 낮은 지역이 많다.

난충시는 전형적인 중아열대습윤계절풍기후구(中亚热带湿润季节风气候区)로 쓰촨분지 저지대의 공통적인 기후 특징을 나타낸다. 즉, 분명한 4계절·따뜻한 겨울·일찍 찾아오는 봄·더운 여름·비 많은 가을·운무(云雾) 등이 그것이다. 연 평균 기온은 15.8~17.8℃, 1월평균기온은 5~7℃, 7월 기온은 26~28℃이고, 강우량은 980~1,150mm이다. 계절별로는 여름에 45%가 내리고, 가을과 봄에 각각 25%가 내리며, 겨울비는 5%정도이다.

3. 교통

난충은 쓰촨분지의 한가운데서 동쪽으로 약간 치우쳐있으면서 주변의 바쫑(巴中)·광안(广安)·쑤이닝(遂宁)과 더불어 또 하나의 경제권을 이룬다. 인구 3,300만 명의 난충경제권은 청두경제권과 총칭경제권의 연결고리가 되면서 쓰촨 북부지방의 대외문호로 역할한다. 이러한 경제적 역할을 배경으로 도로(道路)·철로(铁路)·수로(水路)·공로(空路) 등의 교통이 발달해있다.

도로로는 청두(成都)·광안(广安)·총칭(重庆)·광위엔(广元)·바쫑(巴中)·루쪼우(泸州)·한쫑(汉中)·미앤양(绵阳)·더양(德阳)·다쪼우(达州) 등지가 고속도로로 연결되며, 212번국도(甘肃 兰州 - 重庆 1,302km)와 318번국도(上海 - 西藏 友谊桥, 5,476km)가 난충을 경유한다.

수로(水路)에서의 난충은 쟈링쟝에서 제일로 치는 항구이다. 북쪽으로는 1,000톤의 배가 광위엔(广元)까지 올라가며, 남쪽으로는 총칭을 거쳐 샹하이(上海)까지 이어진다.

철로(铁路)로는 달성철로(达成铁路:

成都-达州, 374km)가 동서로 지나가고, 란유철로(兰渝铁路: 兰州-重庆, 820km)가 남북으로 통과한다.

공로(空路)로는 까오핑공항(高坪机场)을 통해 샹하이(上海)·베이징(北京)·광쪼우(广州)·션쩐(深圳)·라싸(拉萨)·우루무치(乌鲁木齐)·씨안(西安)·항쪼우(杭州)·쿤밍(昆明)·판쯔화(攀枝花)·지유쨔이고우(九寨沟) 등지로 연결된다.

4. 먹을거리

난총지역의 전통 먹을거리를 정리해 보면 다음과 같다.

(표)난총의 전통 먹을거리

음식명	개요
쉰칭양로우펀 (顺庆羊肉粉)	쌀가루로 만든 국수를 삶아 만두와 함께 양고기탕국에 만 것임. 가느다란 면발의 부드러움, 만두소의 담백함, 유백색 탕국의 뜨거움을 이 음식의 삼선특색(三鲜特色)이라 하여 별미로 꼽음. 옛 사람들이 이 음식 한 그릇으로 땀을 내면 감기가 가신다고 했을 정도로 몸을 따뜻하게 하며, 겨울철에 즐겨먹음.
촨뻬이량펀 (川北凉粉)	'량펀(凉粉)'은 녹두 등 콩류를 원료로 하여 쑨 묵을 말함. 촨뻬이량펀은 청(清, 1616~1911)나라 말 때부터 있어왔으며, 쓰촨음식의 속성이라 할 맵고 담백하고 개운한 맛을 고스란히 지니고 있다는 평임. 촨뻬이량펀의 전통적인 재료는 백완두(白豌豆)이고, 고추·후추·생강·파즙·빙당(氷糖) 등을 혼합하여 만든 "홍유(红油)"로 묵 특유의 맛을 냄.
궈쿠이관량펀 (锅盔灌凉粉)	3mm정도의 굵기로 길게 뺀 묵을 홍유(红油)에 무쳐먹는 요리로 난총의 토박이들이 비오는 날 집에서 쉬면서 많이 해먹던 음식임.
빠오닝간니유로우 (保宁干牛肉)	빠오닝간니유로우는 말린 쇠고기로 랑쭝(阆中)지역의 이름난 음식 중 하나이며, 쨩페이니유로우(张飞牛肉)라고도 부름. 생고기를 그대로 말려서 한 것과 고기를 익혀서 만든 것의 두 가지가 있음. 붉은 빛이 도는 간니유로우(干牛肉)는 육질이 부드럽고, 연하며, 맛도 있어 술안주로 많이 소비됨.
빠이탕쩡무오 (白糖蒸馍)	'쩡무오(蒸馍)'는 찐빵을 의미함. 빠오닝의 백설탕찐빵은 청(清)나라 6대 황제 건륭(乾隆, 1735~1796)년간에 후이족(回族) 제빵사가 개발한 것으로 알려짐. 세월이 오래 돼 겉 딱지에 곰팡이가 끼고, 속살마저 말라버렸더라도, 이를 다시 쪘을 때는 본래의 모양과 맛으로 되 살아난다함. 먼 길을 떠나는 사람들이 기본적으로 지참하는 먹을거리임.
잉샨반야 (营山板鸭)	잉샨반야(营山板鸭)는 그 역사가 매우 오래고, 널리 알려진 음식임. 잉샨반야는 그 제조시기가 입동 후 입춘 전으로 한정돼있고, 원료오리의 선정요건도 매우 엄격함. 거세 안한 수오리·월동한 늙은 오리·야원 오리는 배척되고, 통통한 오리·깃털에 광택이 나는 오리·식욕이 왕성한 오리 등이 선정대상이 됨. 가공공정도 독특하며, 완성된 제품은 소정의 형태로 규격화되어 있음. 총칭·윈난·꾸이쪼우·샤안시·광쪼우 등지로 공급됨.

5. 볼거리

난총시의 주요 볼거리로는 랑쫑고성(阆中古城)·화광루(华光楼)·쨩페이사당(张飞庙)·칭쥐곡류(青居曲流) 등이 있다.

(표) 난총의 주요 볼거리

경 점	개 요	소재지
랑쫑고성 (阆中古城)	난총시 북쪽 130km거리의 쟈링쟝(嘉陵江) 강변에 접해있음. 랑슈이(阆水, 쟈리쟝)가 성(城)의 3면을 감싸고 흐르기 때문에 외관상으로 강 가운데 떠있는 것 같다고 해서 그 이름이 비롯됨. 아름다운 옛 성임.	랑쫑(阆中)
화광루 (华光楼)	당(唐, 618~907)나라 때 처음 세워짐. 현존 건물은 청(清)나라 11대 황제 광서(光绪, 1875~1908)년간에 중건된 것임. 30m의 높이이며, 난총 시가지에 있음.	"
쨩페이사당 (张飞庙)	청(清, 1616~1911)나라 때 세워진 4합원(四合院) 형식의 건물로 대문·대전·후원·좌우의 패방(牌坊) 등으로 조성됨.	"
칭쥐곡류 (青居曲流)	칭쥐곡류는 난총시를 남북으로 흐르는 쟈링쟝(嘉陵江)이 잠시 외유라도 하듯 서쪽으로 삐져나가 한 바퀴 원을 그리고 난 다음 다시 남쪽으로 흐르는, 15km거리의 물길임. 이 돌아 흐르는 강물의 상류인 취슈이향(曲水乡) 사람들은 강 하류의 칭쥐쩐(青居镇)에 장이라도 보러 갈 때면 한나절가량 배를 타고 내려가며, 집으로 돌아올 때도 강 하류 쪽으로 배를 타고 내려감. 이러한 풍경을 일러 사람들은 "도류30리(倒流三十里)"라고 함. 중국의 1리(里)는 500m임.	"

<볼거리 풍모>

랑쫑고성 전경

칭쥐곡류

랑쫑고성(阆中古城)

랑쫑(阆中)은 전국(战国, BC475~BC221) 시대 파국(巴国)의 도읍지였으며, 성(城)의 보존상태가 양호하여 중국의 4대고성(四大古城) 중 하나로 꼽힌다. 랑쫑은 그 풍광이 매우 아름다우며, 그 특색을 반영한 여러 호칭들이 있다. "풍수고성(风水古城)", "랑원선경(阆苑仙境)", "천하제일강산(天下第一江山)", "랑쫑천하희(阆中天下稀)" 등이 그것이다.

랑쫑시(阆中市)는 현급시(县级市)로 그 면적이 제주도와 엇비슷한 1,878㎢ 이며, 88만의 인구가 살고 있다. 그 중 신시가지를 제외한 고성(古城)은 1.8㎢ 이며, 쟈링쟝 강변에 접해있다.

가. 랑쫑문화의 복합성과 특색

랑쫑의 문화는 여러 요소들이 복합돼있다. 그 요소들을 연원(渊源)에 따라 개관해보면, ①일찌기 신석기시대부터 있어왔던 본원문화(本源文化), ②고대의 바런(巴人)이 활동하면서 형성한 바런문화(巴人文化), ③고대 풍수학의 이론을 바탕으로 하여 축성된 풍수문화(风水文化), ④촉한(蜀汉)의 쟝페이(张飞)를 비롯한 삼국시대 영웅들을 배경으로 하는 삼국문화(三国文化), ⑤과거시험 급제자 배출의 역사인 과거문화(科举文化), ⑥서한(西汉 BC206~AD25) 때의 루워씨아훙(落下闳)과 그 뒤를 이어 내려오는 이곳 출신 천문학자들이 쌓아온 천문문화(天文文化), ⑦도교·불교·이슬람교·천주교·기독교 등 서로 다른 종교들이 조화 발전시킨 종교문화(宗教文化), ⑧촨뻬이피영(川北皮影) 연극과 촨쥐좌창(川剧座唱) 등의 독특한 민속문화(民俗文化), ⑨빠이탕무오(白糖蒸馍)·촨뻬이량펀(川北凉粉)·러량미앤(热凉面)과 같이 지역 생활에 녹아있는 특유의 음식문화(饮食文化) 등이 있고, 이들 문화들이 복합되어 랑쫑문화를 형성하고 있는 것이다.

랑쫑의 이러한 문화적 색채가 짙게 나타나 있는 곳으로 구지에썅(古街巷)과 구위엔루워(古院落)를 들 수 있고, 구창화(古窗画) 그림을 통해 그 정서를 느껴볼 수 있다.

구지에썅(古街巷)의 "지에(街)"는 큰길을, "썅(巷)"은 골목길을 의미한다. 옛날의 큰길과 골목길인 구지에썅은 전체 2.1㎢의 넓이에 61

구지에썅 풍광

구지에썅 순성행진

개의 크고 작은 거리들이 있으며, 파촉(巴蜀)의 옛 건물들이 원래의 모양대로 잘 보존돼있어 "옛 파촉건물의 실물보고(巴蜀古建筑的实物宝库)"라는 영예를 안고 있다.

랑쫑고성 사람들은 이 고장을 찾는 관광객에 대한 고마움의 표시와 더불어 모든 일이 순조롭게 이루어지기를 기원하는 의미로 매일 오후에 순성행진(順成行进)을 거행한다. 순성행진의 중심인물은 쨩뻬이(张飞, 장비)이며, 그 옛날 쨩뻬이가 거리를 둘러볼 때의 모습을 재현한 것이라고 한다.

구위옌루워(古院落)는 옛 민가의 정원을 말한다. 랑쫑의 민가는 그 형식이 북방의 4합원(四合院)과 남방의 원림(园林)을 조화시킨 형식으로, "천주식(串珠式)" "품(品)자형" "다(多)자형" 등 여러 형태가 있다.

대표적인 곳으로 쨩쨔다위옌(张家大院)·콩쨔다위옌(孔家大院)·마쨔다위옌(马家大院) 등이 있으며, 고수명목(古树名木)들과 더불어 옛 생활의 풍치를 느껴볼 수 있다.

챵화(窗花)는 종이를 오려 만든 그림으로 츈지에(春节) 때 창유리에 붙여왔다.

중국의 북방지역에서는 지금도 유행하고 있으며, 남방에서는 예전과는 달리 츈지에 때의 그러한 습관은 사라지고, 이제는 결혼식 때만 붙인다. 챵화의 구도와 양식, 그리고 형상과 색채가 다양하고, 칼놀림이 섬세하여 그 만드는 과정을 "전지수공예술(箭纸手工艺术)"이라고도 한다.

나. 주요 경점

랑쫑고성의 이름난 경점으로는 한환후사(汉桓侯祠), 당대불탑(唐代佛塔), 오룡묘(五龙庙), 영안사(永安寺), 청대사천공원(清代四川贡院), 화광루(华光楼), 천궁원(天宫院), 등왕각(藤王阁), 금병산(锦屏山), 파파사(巴巴寺), 루워씨아홍고거(落下闳故居) 등이 있다.

① 한환후사(汉桓侯祠, 한환호우츠)

한환호우츠는 삼국시대(三国时代, 220~280) 때, 촉한의 명장이었던 쨩페이(张飞, 장비)의 사당이다. 쨩페이 사후의 시호(谥号)가 환호우(桓侯)이고, 이 시호에서 사당의 이름이 비롯되었다.

1,500여 평의 부지에 산문(山门)·적만루(敌万楼)·좌우패방(左右牌坊)·동서곁채(东西厢房)·대전(大殿)·후전(后殿)·묘정(墓亭)·묘총(墓冢) 등 660여 평의 건물과 치장물이 들어서 있으며, 그중 적만루(敌万楼, 디완로우)는 명(明, 1368~1644)나라 때의 건물로 가장 오래 된 것이다.

쨩쨔다위옌풍모

마쨔다위옌풍모

한환후사 정문

당대불탑

짱뻬이 사당

짱뻬이 초상

게 한다.

③ 오룽묘(五龙庙, 우룽먀오)

오룽묘

당(唐)나라 때 세워진 것으로, 허로우썅(河楼乡) 빠이후춘(白虎村)의 우룽산(五龙山) 산기슭에 있다.

원래는 산문(山门)·희루(戏楼, 연극무대)·좌우상방(左右厢房, 좌우곁채)·문창각(文昌阁) 등이 있었으나 현재 남아있는 것은 원(元, 1271~1368)나라 때의 문창각 뿐이다.

② 당대불탑(唐代佛塔)

당(唐, 618~907)나라 때의 것으로 높이는 8.3m이다.

탑자리는 4각형으로 매화형 수미좌(须弥座, 佛座)가 새겨져있고, 밥그릇을 포개어 올려놓은 것 같은 몸통 한가운데의 배(舟)모양 불감(佛龛)에는 부처가 새겨져있다.

이 불탑은 조형도 기이하려니와 어느 방향에서 보거나간에 한쪽으로 약간 기울어져 있는 그 자세가 사람들로 하여금 호기심을 갖

④ 영안사(永安寺, 용안스)

용안스 절은 랑쭝 시가지에서 30km거리의 슈이관쩐(水观镇) 용안스춘(永安寺村)에 있다. 절 뒤에 솟아오른 암석이 마치 용의 얼굴 같고, 그 암석의 롱탄허(龙滩河) 강물에 닿아있는 모양이 마치 한 마리의 용이 몸을 물에 담그고 있는 것 같아 기이한 느낌을 준다.

용안스절은 당(唐, 618~907)나라 때 창건

영안사

사천공원풍모

됐으며, 현존 건물은 원(元, 1271~1368)나라와 청(清, 1616~1911)나라 때의 것이다. 용안스의 전체적인 배열은 폭이 좁고 길이가 긴 세 단계의 4합원(四合院) 형식이며, 대웅보전(大雄宝殿)을 중심 건물로 하고 있다.

대웅보전에는 석가모니(释迦牟尼)·약사(药师)·아미타(阿弥陀)의 세 부처가 존치되어 있고, 그 양쪽으로는 18자리의 나한상(罗汉像)이 있는데, 이들 모두의 빚어진 자태가 자연스럽고, 그 채색이 선명하여 보는 이들이 좋아한다.

이곳의 벽화 또한 유명하다. 대웅보전 외에 관음루(观音楼)·대전(大殿)·서상측전(四厢侧殿)·천왕전(天王殿)·고영안선원산문(古永安禅院山门) 등의 옛 건축물들이 남아있다.

⑤ 청대사천공원(清代四川贡院)

공원(贡院) 공위옌)은 예전에 과거를 보던

사천공원

장소를 일컬음이다. "공(贡)"은 황제에게 받친다는 의미의 글자이고, 황제에게 받칠 인물을 뽑는 장소라는 의미에서 "공위옌(贡院)"이라 이름 붙여진 것이다. 이곳 랑쭝의 공위옌은 전국에서도 보기 드물게 전체 모습이 잘 보존되어 있다.

랑쭝공위옌은 사합원(四合院) 세 개가 잇대어진, 삼진4합원(三进四合院) 형식이다. 제1진은 공당(公堂)으로, 이곳에서 과거응시자를 호명하고, 시험지를 내어주는 등 시험을 관리했다.

제1진과 제2진의 곁채는 수험장으로 들고 나는 쪽문이 있고, 제2진과 제3진은 과거 응시생의 숙소였다.

⑥ 화광루(华光楼)

화광루는 랑쭝고성 거리에 세워진 문루(门楼)이다.

5m높이의 토대를 포함, 모두 36m의 높이이며, 문루는 4층으로 되어 있다.

화광루는 랑쭝고성의 표지성 건축물로 인식되어 있다.

건물 안에는 랑원12루(阆苑十二楼)의 축소판 그림과 더불어 송(宋)나라 인종(仁宗, 1022~1063) 때 이곳 지방관아의 수령이었던 리씨앤칭(李献卿) 등의 다음 글귀가 랑쭝의 옛 풍정을 잘 나타내주고 있다.

삼면강광포성곽(三面江光抱城郭),
강의 경치가 성곽의 삼면을 감싸고,

사위산세쇄인하(四圍山勢锁烟霞).
사방의 산세는 안개 낀 노을 속에 잠겨있다.

춘성천불야(春城天不夜),
봄날 랑쫑의 거리는 밤이 따로 없으며,

인어시여조(人语市如潮).
사람들이 왁자지껄 오가는 거리가 마치 물결 같다.

화광루

⑦ 천궁원(天宮院, 티앤궁위엔)

랑쫑의 티앤궁위엔은 랑쫑 현성 남쪽 20km 되는 곳의 첩첩산중에 들어있다. 당(唐, 618~907)나라 때, 천문가 위엔티앤강(袁天罡)과 리츈펑(李春风)이 연이어 이곳에 살면서 하늘을 관찰하고, 그 결과를 책으로 내어 천문이론의 기초를 닦았으며, 그들은 죽어서도 이곳에 묻혔다. 후세에 사람들은 그들을 기념하여 이곳에 티앤궁위엔을 세웠는데, 당(唐)나라 때에는 만년대(万年台)·우왕정(牛王亭)·정전(正殿)·관음전(观音殿) 등이 있었고, 명(明)나라 8대 황제 천순(天顺, 1457~1464) 때 중건했으며, 지금은 4,200여 평의 넓이에 풍수박물관 등 풍수유적전시구(风水遗迹展示区)가 마련돼 있다.

천궁원 정문

천궁원 풍광

풍수박물관에 소장돼있는 전시품 중 특히 사람들의 관심을 끄는 것은 "추배도(推背图)"와 "칭골탑(称骨塔)"이다. 추배도(推背图)와 칭골탑(称骨塔)에 관해서는 다음과 같은 이야기가 전해온다.

〈추배도(推背图)〉

위엔티앤강(袁天罡)과 리츈펑(李春风)은 만년에 신선(神仙)들의 세계로 들어갔는데, 자연을 벗 삼아 노닐던 어느 날 들이 마주쳤다.

신선세계에 든 이후로 처음 만난 것이다. 들이는 다리도 쉴 겸 서로 등을 맞대고 앉아 얘기꽃을 피웠다. 천지가 형성되기 이전부터 시작하여 자신들이 선경에 든 이후 세상에서 벌어질 일에 이르기까지 화두는 시공을 초월했다.

그리고 자신들이 주고받은 이야기를 길이 남기고자 그 내용을 화폭에 담기까지 하였다. 그렇게 그려진 그림이 모두 60장면인데, 이것이 추배도인 것이다. 여기에는 미래 사회의 변천까지도 예언하고 있는 등, 이른 바 "천기(天机)"에 관한 것까지 포함하고 있어 사람들은 이를 "중국의 7대 예언" 중 하나라고 말들을 한다. 중국정부에서는 그 내용에 미신적 요소가 많다하여 "금서(禁书)"로 관리하고 있다.

〈칭골탑(称骨塔)〉

칭골탑은 사람의 뼈 무게를 달아 잰 수치로 그 사람의 명운을 알아볼 수 있다는, 그러한 오묘함을 지닌 탑이다. 출생의 년(年)·월(月)·일(日)·시(時)에 따라 정해진 수치를 적용하여 숫자가 얻어지면, 그 숫자가 지정하는 점괘를 보는 것이다. 이렇게 해서 점쳐진 사람들의 길흉화복(吉凶祸福)과 영욕성쇠(荣辱盛衰)는 수학적 방법을 통한 음양의 이치에 접근한 결과로서 공감되는 부분이 많다고들 한다. 위엔티앤강(袁天罡)이 창안한 것으로 알려져 있다.

⑧ 등왕각(腾王阁)

란쭝 시가지로부터 북쪽으로 4km 떨어진 위타이산(玉台山) 위에 있다. 당(唐, 618~907)나라 초기의 것으로 분위기가 웅장하다. 등왕각의 유래는 다음과 같다.

등왕(腾王)의 "등(腾)"은 임금이 신하에게 내리던 작위(爵位)의 하나로 당초에는 외자였다. 그러던 것이 북주(北周, 557~581) 때부터 "왕(王)"자를 덧붙이기 시작했으며, 중국 역사상 16명의 등왕(腾王)이 있다. 그 중에 가장 걸출했던 인물이 등왕각(腾王阁)과 관련이 있는 리위엔잉(李元婴)이다.

리위엔잉은 당(唐)나라의 시조 고조(高祖 618~626)인 이연(李渊)의 스물한 번째 아들이자 2대 임금 태종(太宗, 626~649) 이세민(李世民)의 바로 밑 동생이다. 이세민이 왕위에 오른 후 아우에게 등왕(腾王)이란 작위를 내리고 식읍(食邑)을 하사한다.

등왕 리위엔잉은 성품이 호탕·방자하여 높은 벼슬에 오르지 못하고, 지방관으로 떠돌면서 풍류를 즐기는데, 한 때는 쟝씨성(江西省)의 간쟝(赣江) 강가에 높은 누각(楼阁, 등왕각)을 짓고, 명사들을 모아 고담활론(高谈阔论)을 벌이기도 하고, 술을 마시며 시를 짓는 생활을 하였다.

리위엔잉의 그러한 생활을 못마땅하게 여긴 3대 임금 고종(高宗, 649~683)은 간쟝(赣江) 강가의 등왕각을 헐어 없애고, 그에게 내렸던 식읍마저 빼앗아버린 다음, 그를 지금의 랑쫑(阆中)인 롱쪼우(隆州)로 내친다. 하지만, 리위엥잉은 그러한 처사에 아랑곳하지 않고, 이곳에 등왕정(腾王亭)을 짓는데, 그것이 오늘 날의 랑쫑 등왕각이다.

옛날 롱쪼우(隆州)에는 나비가 많았고, 등왕정의 주위에 날아드는 나비는 눈이 현란할 정도로 어지럽고 아름다웠다. 리위엥잉은 여전히 풍류를 즐기면서도 그 나비들을 화폭에 담고자 그림 그리는 도구며 물감이며 그리는 기법 등을 손수 개발·창안함으로써 나비그림의 독보적인 영역을 가꾼다. 리위엥잉의 그러한 나비그림은 궁중에서 유행했고, 백성들에게까지 널리 퍼지는데, 사람들은 이러한 나비그림을 "등파접화(腾派蝶画)"라 했고, 리위엥잉을 일러 "등파접화의 비조(腾派蝶画的鼻祖)"라고 했다.

난쫑 거리패방

위타이샨과 등왕각

등왕각과 쟈링쟝

⑨ 금병산(金屏山, 진핑샨)

옛날에는 "랑샨(阆山)"이라 했고, "천하제일강산(天下第一江山)"이라고도 불렀다. 꽃과 나무가 어우러진 것이 마치 비단 같이 아름다운 데서 비롯된 명칭이다. 진핑샨 원림은 24만여 평의 넓이이며, 석벽 아래로는 강물이 흐르고, 산등성이는 말안장처럼 가운데가 살짝 들어가고 오른쪽부분은 솟아있다. 그 모양이 병풍을 쳐놓은 것 같다하여 진핑샹(金屏山)이라 불리는데, 다른 한편으로는 말안장 같다 하여 마안샨(马鞍山)이라고도 한다. 이곳에 여러 누각과 정자 및 사당 등이 있다.

파파사

⑩ 파파사(巴巴寺, 바바스)

판롱샨(蟠龙山) 남쪽기슭 4,000평가량의 부지에 세워진 이슬람교 사원이다. "파파(巴巴)"는 아랍어로 "선조", "조상"을 의미한다.

루워씨아홍구거 풍모

⑪ 루워씨아홍(落下闳)의 고거(故居)

루워씨아홍은 중국 천문사(天文史)의 시조 같은 인물이다. 고거는 옛집을 의미한다. 성이 루씨야(落下)이고, 이름이 홍(闳)인 그는 한무제(汉武帝, BC1412~BC87) 때의 사학자이자 문학가인 쓰마치앤(司马迁)의 천거로 황제에게 발탁됐으며, 중국 최초의 달력인 태초력(太初历)을 창제하였다.

권역별관광

15

광안시(广安市)

광위엔시의 위치

1. 전체모습

　광안시는 쓰촨성(四川省)의 동부지역에 위치하며, 따라서 쓰촨성의 동쪽 대문이라는 의미의 "촨동원호우(川东门户, 천동문호)"로도 불린다. 광안시는 "싼샤쿠취(三峡库区, 삼협고구)에 닿아있다. 싼샤쿠취(三峡库区)는 중국지리에서 다소 생소한 용어로 "쓰촨분지와 충칭시가 맞닿는 지역으로부터 후베이성의 이창에 이르기까지의 지역"을 포괄한다. 싼샤쿠취(三峡库区)의 대부분은 오늘날 싼샤댐 건설로 수몰되었다. 광안시는 쓰촨분지의 동쪽 가장자리에 위치하기 때문에 서쪽은 해발고도가 185m 수준이고, 동쪽으로는 점진적으로 높아져 1,700여m에 이른다. 이곳에 화잉샨(华莹山)이 있다.

광안시는 6,344km²(제주도의 3.5배)의 넓이에 459만 명의 인구가 살고 있으며, 행정적으로는 1시할구(市辖区)·1현급시(县级石)·3현(县)으로 나뉘어 있다. 시할구는 광안(广安)이고, 현급시는 화잉(华莹)이며, 현은 위예치(岳池)·우성(武胜)·린슈이(邻水) 이다. 그 대체적인 현황은 다음과 같다.

(표) 광안시 행정구획 현황

구시현별	면적 (km²)	인구 (만명)	인구밀도 (인/km²)	정부소재지
광안(广安)	1,536	125	813.8	농후이(浓洄)
화잉(华莹)	466	35	751.1	솽허(双河)
위예치(岳池)	1,457	117	803.0	지유롱(九龙)
우성(武胜)	966	83	859.2	앤코우(沿口)
린슈이(邻水)	1,919	99	515.9	딩핑(鼎屏)

2. 자연과 기후

광안에는 취쟝(渠江)과 쟈링쟝(嘉陵江)이 남-북방향으로 흐른다. 취쟝은 중부지역을, 쟈링쟝은 동부지역을 각각 위에서 아래로 관통한 후 남쪽에서 동서방향으로 흐르는 챵쟝(长江)에 합류된다. 광안지역은 중아열대습윤계절풍기후구(中亚热带湿润季节风候区)에 속한다. 기후는 온난하고, 강수량은 풍부하다. 연평균기온은 17.1℃(15.8~17.7), 1월평균기온 6℃, 7월평균기온 27.8℃이며, 연간 강우량은 1,200mm(1,000~ 1,500)이다. 강수량의 40% 이상이 여름철에 내린다.

광안시 행정구획

3. 교통

광안(广安)은 항공(航空)·철로(铁路)·도로(道路)·수로(水路) 등의 교통이 입체적으로 갖춰진 지역이다. 도로는 고속도로를 비롯하여 총연장 8,215km가 깔려있으며, 취쟝(渠江)·

쟈링쟝(嘉陵江)이 창쟝과 연결되는 수로는 총칭(重庆)까지 이어진다.

4. 볼거리

광안의 볼거리를 정리해보면 다음과 같다.

(표) 광안의 볼거리

경 점	개 요	소재지
얜코우고진 (沿口古镇)	쓰촨의 동부지역에서는 가장 오래된 고장으로 쟈링쟝 유역에 있음. 후이족(回族) 사람들이 거주하는 지역으로 명(明, 1368~1644)말·청(淸, 1616~1911)초에 형성됐으며, 그 시대의 풍격이 그대로 보존되어 있음.	광안(广安)
덩샤오핑고리 (邓小平故里)	덩샤오핑의 고향으로 광안구 씨에씽쩐(协兴镇)에 있음. 덩샤오핑고거보호구(邓小平古居保护区)로 지정돼있음.	〃
롱쉬고우 (龙须沟)	롱쉬고우(龙须沟)는 린슈이쩐(邻水镇) 화잉샨(华蓥山)에 있음. 15㎢의 넓이이며, 풍경구로 지정돼있음. 천심동(川心洞)·청계협(清溪峡)·천생교(天生桥)·롱쉬폭포(龙须瀑布) 등의 경점이 있음.	린슈이(邻水)
위린샤 (御临峡)	린슈이현에 있는 위린허(御临河) 골짜기로 풍광이 좋아 소삼협(小三峡)으로도 불림.	〃
석림여유구 (石林旅游区)	20㎢넓이의 국가지질공원임. 화잉시 시가지에서 24km거리에 있으며, 화잉샨의 암석들을 볼거리로 삼는 곳임.	화잉(华蓥)
추이후 (翠湖)	위예치현에 있음. 사계절 따라 풍광이 독특한데, 봄철에는 망호루(望湖楼)를, 여름철에는 방원(芳园)을, 가을철에는 꾸이샨(龟山)을, 그리고 겨울철에는 롱화샨(龙华山)을 그 대표적 경치로 꼽음.	위예치(岳池)
펑샨(凤山)	위예치현성 썅펑샨(翔凤山)기슭에 있는 공원으로 2만여 평의 넓이임.	〃

〈볼거리 풍모〉

옌코우구쩐

덩샤오핑구쥐

화잉샨

권역별관광

다쪼우시(达州市)

16

다쪼우시의 위치

1. 전체모습

　다쪼우시(达州市)는 스촨성(四川省) 동북부, 다빠샨(大巴山) 남쪽 기슭에 있다. 전체면적 16,591㎢(제주도이 9배)에 650만 인구가 살고 있으며(2009년), 행정상으로는 1시할구(市辖区)·1시(市)·5현(县)으로 나뉘어 있다. 통촨구(通川区), 완위옌시(万源市), 다현(达县), 쉬옌한현(宣汉县), 카이쟝현(开江县), 다쮸현(大竹县), 취현(渠县) 등이 그들이며, 대체적인 현황은 다음과 같다.

(표) 다쪼우시의 행정구획

구현별	면적 (km²)	인구 (만명)	인구밀도 (인/km²)	정부소재지
통촨(通川)	451	39	846.7	-
완위엔(万源)	4,065	56	137.8	완위엔(万源)
다(达)	2,688	124	461.3	난와이(南外)
쉬엔한(宣汉)	4,266	177	414.9	동썅(东乡)
카이쟝(开江)	1,033	57	551.8	신닝(新宁)
다쭈(大竹)	2,075	107	515.7	쮸양(竹阳)
취(渠)	2,013	137	680.6	취쟝(渠江)

다쪼우시의 행정구획

2. 역사

다쪼우의 역사는 유구하다. 동한(东汉, AD25~220) 초에 현(县)이 설치되고, 수(隋, 581~618)·당(唐, 618~907)나라 때 통쪼우(通州)가 되며, 송(宋, 960~1279)나라 때 다쪼우가 되어 그 지명이 오늘에 이르고 있다. 다쪼우의 정서를 엿볼 수 있는 이야기가 다음과 같이 전해온다.

당(唐)나라 15대 임금 헌종(宪宗)년간인 815년에 시인 원쩐(元稹, 779~831)이 통쪼우(通州)의 수령으로 좌천되어 와 보니 산간벽지에 인적은 드물고, 길에는 온통 뱀과 벌레들뿐이었다.

원쩐은 있는 힘을 다해 통쪼우를 살기 좋은 고장으로 가꾸매, 인총이 늘어나고 백성들의 삶이 윤택해졌다. 818년 정월 초아흐렛날, 원쩐이 허난(河南)으로 전근되어 떠나게 되자 온 고장의 사람들이 그와의 이별을 아쉬워하며, 성 남쪽의 추이핑샨(翠屛山)과 성 북쪽의 펑황샨(凤凰山)에 올라 그를 환송하였다.

그 때 이후로 다쪼우 사람들은 정월 초아흐렛날이 되면, 남녀노소 모두가 높은 산에 올라가 원쩐(元稹, 속칭 元九)의 공덕을 되새김과 아울러 풍우순조(风雨顺调)하여 풍년이 들기를 기원하고 있는데, 그 역사가 1,200년이 되었고, 등고절(登高节)이라는 명절로 자리 잡았다.

2. 자연과 지리

다쬬우시의 전반적인 지세는 동북쪽으로 높고, 서남쪽으로 낮아진다. 동북쪽이 다빠샨(大巴山)지대이고, 서남쪽이 쓰촨분지구릉지대(四川盆地丘陵地帶)인 것이다. 지점으로는 쉬옌한현(宣汉县)의 다투완바오(大団堡)가 해발 2,458m로 가장 높고, 취씨앤(渠县)의 티앤관춘(天关村)이 해발 222m로 가장 낮다.

다빠샨이 쉬옌한현(宣汉县)의 북부를 동서방향으로 가로지르는 가운데 밍위예샨(明月山)·통루워샨(铜镙山)·화잉샨(华蓥山)이 남북방향으로 내려흐르면서 다쬬우를 산간지대(70.7%)·구릉지대(28.1%)·평야지대(1.2%)로 가른다.

다쬬우에는 다빠샨(大巴山)에서 발원된 취쟝(渠江)이 흐른다. 취쟝(渠江)은 챵쟝(长江)의 지류인 쟈링쟝(嘉陵江) 수계에 속한다.

다쬬우는 아열대습윤계절풍기후대(亚热带湿润季节风气候带)에 속한다. 해발 800m 이하의 저산(低山)·구릉(丘陵)·하곡(河谷)지대는 기후가 온화하고, 동난(冬暖)·춘조(春早)·하열(夏热)·추량(秋凉)의 4계절이 뚜렷하다. 해발 800~1,000m의 중산간지는 기후가 음습하며, 봄이 늦고 여름이 무덥다.

해발 1,000m 이상의 고산지대는 겨울이 길고, 봄추위가 늦게까지 있으며, 가을에 무서리가 일찍 내린다. 연평균기온은 14.7~17.6℃ 범위이고, 평균강수량은 1,076~1,270mm범위에 있다.

3. 교통

다쬬우는 쓰촨(四川)·후베이(湖北)·샤안시(陕西)·총칭(重庆)의 4성구(省区)로 두루 통하는 교통요충지이다.

210번국도와 318번국도가 교차하고, 다쬬우(达州)-총칭(重庆)간·다쬬우(达州)-바쫑(巴中)간·다쬬우(达州)-씨안(西安)간 등의 고속도로가 놓여있다.

또한 철도로는 달성선(达成线: 达州-成都, 353km)·상유선(襄渝线: 襄攀-重庆, 850km)·달만선(达万线: 达州-万州, 157km) 철도가 지나간다.

다쬬우시의 교통약도

다쪼우는 중국 서남부에서 네 번째로 큰 기차역이자 두 번째로 큰 차량편성역이다.

다쪼우에는 허쉬공항(河市机场)이 있다. 청두(成都)·광쪼우(广州)·션쩐(深圳)·베이징(北京)·샹하이(上海) 등지로 연결된다.

4. 볼거리

다쪼우시는 명(明)나라 때의 저명한 지리학자 쉬씨아커(徐霞客, 1587~1614)가 일컫기를 "씨난치셩(西南奇胜, 서남기승)"이라 하였다. 중국 서남부의 진기한 풍경명승지라는 의미이다. 주요 볼거리를 정리해보면 다음과 같다.

(표) 다쪼우시의 주요 볼거리

경 점	개 요	소재지
롱쨔오타 (龙爪塔)	당(唐, 618~907)나라 때 세워진 탑으로 롱쨔오샨(龙爪山, 일명 玉印山) 산 위에 있음. 청(清)나라 6대 황제 건륭(乾隆, 1735~1796)과 11대 황제 가경(嘉庆, 1796~1820)년간에 보수됨. 기반면적 17.4평, 바깥직경 6m, 둘레 27m 크기의 9층으로 돼있으며, 아래층에 대문이 나 있고, 그 위의 8개 층에는 창문이 나 있으며, 맨 위는 쇠로 된 솥뚜껑 모양의 주물로 마감함. 통촨의 시가지를 한 눈에 내려다 볼 수 있는 명소임.	통촨 (通川)
쩐포어샨 (真佛山)	해발 910m 높이에 있는, 60만평넓이의 산으로 다씨앤(达县) 현성 남쪽 30km거리의 푸샨썅(福善乡) 관내에 있음. 청(清)나라 건륭황제 때 쟝더화(蒋德化)라는 농민이 수행을 하며 의술을 베풀던 곳임. 불교성지로 돼있음.	다씨앤 (达县)
티에샨 (铁山)	해발 880m높이에 있는 800만평넓이의 산임. 다씨앤 현성으로부터 23km거리에 있으며, 삼림공원으로 지정돼있음.	〃
화어샨 (花萼山)	주봉인 난티앤먼(南天门, 해발 2,380m)이 마치 갓 피어날 것 같은 부용(芙蓉) 같고, 그 주위를 부용의 꽃받침(花萼) 같은 5자리의 작은 산봉우리들이 둘러서 있음. 산 이름 "화어(花萼)"는 그런 형상에서 비롯됨. 석회암지질로 동굴이 많고, 지표면에는 깔때기 모양으로 패인 누두(漏斗)가 산재해있음. 그중 유명한 것은 주봉인 티앤먼 북쪽의 완슈핑로우도우(万树坪漏斗)임. 바닥넓이 6000평에 벽 높이 500m로 마치 산간 분지처럼 보임.	완위옌 (万源)
관인씨아 (观音峡)	총면적 25km²의 협곡으로 완위옌시로부터 5km 거리에 있음. 북쪽으로는 샤안시(陕西)에 접하고, 남쪽은 총칭(重庆)으로 통함. 석회암층 지대이며, 깎아지른 양쪽 절벽 사이의 계곡은 묘한 정적이 흐르고 있음.	〃
빠타이샨 (八台山)	계단처럼 층을 이루며 높아지는 산이라 하여 빠타이샨(八台山)이라는 이름이 붙음. 주봉인 신빠타이(新八台, 해발 2,348m)와 협곡바닥간의 상대고도차가 1,500~1,700m에 이르며, 주봉에서 내려다보이는 뭇 산봉우리들은 마치 끊임없이 퍼져나가는 파도 같음. 더불어 운해(云海)·일출(日出)·불광(佛光)·백설(白雪) 등의 아름다운 경치가 연출됨.	〃

경 점	개 요	소재지
빠이리샤 (百里峡)	다빠샨(大巴山) 남쪽기슭 쉬엔한현(宣汉县) 관내에 있는, 65㎢넓이의 협곡으로 그 길이는 140㎞임. 해발 452~2,148m높이에 위치하며, 4곡(谷)·5구(区)·6맥(脉)·7절(绝)·8괴(怪)·9곡(曲)·10봉(峰)·100동(洞)·1,000경(景)이 거기에 있는, 대자연의 풍경명승구(风景名胜区)임.	쉬엔한 (宣汉)
한췌 (汉阙)	"한(汉)"은 유방(刘邦)이 건국한, BC206~AD220년에 존재했던 중국의 고대국가이고, "췌(阙, 궐)"는 ①옛날 대궐의 문 앞 양쪽에 세운 망루(望楼), ②묘 앞 양쪽에 세운 비석, ③문 따위를 의미함. 훗날 그 의미가 변하여 대궐을 의미하기도 함. 한(汉)나라 때 특히 췌를 많이 세웠는데, 그 대상은 도성문(都城)·궁전(宫殿)·능묘(陵庙)·사묘(祠庙)·관아(官衙) 등임. 전국의 29곳에 한췌(汉阙)가 남아있는데, 그 중 6곳이 취씨앤(渠县)에 있으며, 보존상태도 양호함. 그런 연유로 취씨앤을 "한췌지향(汉阙之乡)"이라고도 부름.	취씨앤 (渠县)

<볼거리 풍모>

한췌

빠이리샤풍광

한췌

한췌

 롱쨔오타
 빠타이샨
 빠이리샤풍광
 빠이리샤풍광
 빠이리샤풍광
 빠이리샤풍광
 관인샤
 빠이리샤정문

쩐포어샨(真佛山)

쩐포오샨(真佛山, 진불산)은 다쪼우시(大州市) 다씨앤(达县) 푸샨썅(福善乡) 소재 치리씨아산맥(七里峡山脉)의 중간 부분에 있다. 이곳에 더화스(德化寺)절을 중심으로 하는 쩐포어샨풍경구(真佛山风景区)가 있다.

8만평의 부지에 더화스(德化寺)절을 비롯한 4,500여 평의 건물이 들어서 있으며, 주요 경점으로는 더화스(德化寺)·위포어스(玉佛寺)·진강스(金刚寺)·링윈짜이(凌云寨) 등의 인문경관과 옌쯔후(胭脂湖)·싼씨앤쉬(三仙市)·하이루워동(海螺洞)·리앤화안(莲花庵)·윈화샨(云华山)·다오지량(刀脊梁) 등의 자연경관이

쩐포어샨풍경구 산문

있다.

쩐포오샨의 내력에 관하여 다음과 같은 다씨앤(达县)의 현지(县志) 기록과 더불어 그러한 기록을 부연하는 이야기들이 전해온다.

청(清)나라 6대 황제 건륭(乾隆, 1735~1796)년간에 이 고장의 까오핑짜이(高坪寨) 마을에 쟝(蒋)씨 성의 농민이 수행을 하면서 의술을 베풀어 수많은 사람들을 질병의 고통에서 헤어나게 했으며, 그래서 사람들은 그를 일컬어 "쟝선인(蒋善人)" 또는 "쟝활불(蒋活佛)"이라 하였다. 훗날 그는 까오핑짜이(高坪寨) 마을에 손수 절을 세우고, 더화스(德化寺)라 했는데, 참배객으로 늘 붐볐다.

당시 쑤이딩(绥定)의 목민관이 자손이 없어 적적하던 차에 이곳 더화스절에 소원을 빌어 자식을 얻으매, 그는 부처의 공덕을 찬양하며 세 채의 불전(佛殿)을 짓고, 산문에 "진불사(真佛寺)" 석자를 써서 걸었다. 이로써 쩐포어스(真佛寺)라는 이름이 비롯되었다.

쩐포어샨은 전해오기로 여래부처(如来佛祖)가 쟝더화(蒋德化)라는 이름의 효자로 현신하여 태어나 활동하던 곳이다. 그는 허벅지 살을 다섯 차례나 베어 부모님의 병을 치료했으며, 의술을 베풀어 백성들의 질병을 낫게 하였다. 쟝더화는 주장하기를 "덕으로써 대중을 감화시키고, 충효는 그 근본이 된다."고 하였다. 이는 심오하여 이해하기 어려운 불교철학사상과 중국유교의 수신제가 교훈인 충효를 결합하여 많은 사람들로 하여금 사상적으로 익숙한 충효를 통해 쉽게 불교에 접근할 수 있게 하고자 함이었다. 그 결과 쩐포어샨의 더화스절은 늘 참배객으로 북적이게 되었고, 그는 불교선종(佛教禅宗) 청운파(青云派)의 창시자가 되었다.

쩐포어산이 있는 푸산썅(福善乡)에서 더화스(德化寺)사찰로 오르는 길에 옛 이름이 "포어루지에(佛祿街)"였던, 수십 호 규모의 마을이 있다. 예전에는 더화스(德化寺)절의 승려들에게 편의를 제공하고, 그 덕으로 먹고사는 거리였기에 그러한 이름으로 불렸다. 훗날 더화스를 찾는 참배객이 늘어나면서 "포어루지에(佛祿街)"의 "불(佛, 포어)"자가 "복(福, 푸)"자로 바뀌는데, 이는 참배객을 선한마음으로 대함으로써 복을 받는다는 의미가 깔려있다. 즉, "선하면 복을 받고, 복은 반드시 선함으로부터 유래된다. 따라서 복과 선은 일체다(从善便有福 有福必从善, 故为福善)."라는 말에서 푸샨(福善)이라는 이름이 생겨나게 된 것이다.

쩐포어산풍경구의 정문을 들어서면, 산 중턱의 사찰로 오르는, 폭 3.2m의 1,118 돌계단이 가파르게 놓여있고, 그 양편으로 녹나무(香樟) 고목들이 늘어서있다. 이 돌계단을 짚어 올라가다 보면 "왕롱팅(望龙亭)"이라는 이름의 아름다운 정자를 만난다. 다음과 같은 이야기가 전해온다.

더화스(德化寺)절 지을 때, 수많은 인부들은 산위에 물이 없어 갈증의 고통을 크게 겪고 있었다. 어느 날, 자칭 도사(道士)라는 사람이 제자와 함께 나타나서 물을 끌어올 수 있는 신통력이 있다며 자기가 시키는 대로 하라고 하였다.

그 도사는 소맷자락에서 큼지막한 술잔을 꺼내어 제자의 머리에 엎어 놓고는 그런 상태로 7일이 지나면 물이 쏟아질 것이니 절대로 손을 대지 말라고 신신당부하고 홀연히 사라져버렸다. 그렇게 6일이 되던 날, 갈증을 견디지 못한 인부들은 더 참지 못하고 그 제자의 머리에 엎어놓은 잔을 들어 뒤집어 보는데, 물은 보이지 않고 달팽이 한 마리만이 졸졸 물 흐르는 소리를 내고 있었다.

7일째 되던 날 도사가 나타나서 술잔이 뒤집어진 것을 보고 말하기를 동해의 용왕이 물을 끌고 중간 쯤 오던 중에 이곳 인부들이 그 사이를 못 참아 잔을 뒤집어 보는 바람에 용왕이 대노하여 되돌아갔다고 하였다. 이에 인부들은 잘못을 반성하고 성의를 다해 용왕에게 용서를 빈다는 의미로 정자를 짓고, 용왕이 돌아오기를 바란다는 의미의 왕롱팅(望龙亭, 망룡정)이라 이름 지었다. 그리고 아침저녁으로 그리 되기를 빌고 또 빌었다.

그 후로 수백 년이 지났고, 그 동안에 수많은 사람들이 이곳을 다녀갔지만, 이제까지 용을 봤다는 사람은 아무도 없다. 하지만, 끝없이 이어지는 논과 밭에서는 곡식이 자라고, 여기저기 마을에서 밥 짓는 연기가 모락모락 피어올라오는 전원풍경이 펼쳐지고 있는 것으로 봐서는 필시 용왕이 왕롱팅에서의 기원을 외면하지 않고 다녀갔으리라고 사람들은 짐작하고 있다.

더화스 정문

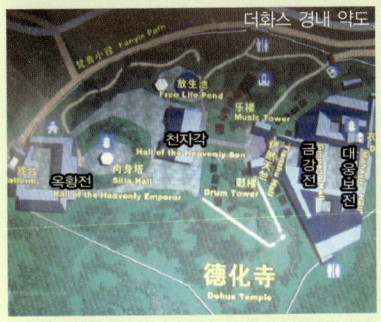
더화스 경내 약도

예불방(앞)과 왕룡팅(뒤)

　더화스(德化寺) 사찰은 산 중턱에서 산꼭대기를 향해 정감 있게 배열돼있다. 사찰의 대문은 6개의 돌기둥으로 이루어진 6면(面)의 패방(牌坊)으로 되어있다. 중방 위로는 세로로 쓴 "진불산(真佛寺)" 세 글자의 편액이 걸려있고, 그 아래로는 "승(胜)" "경(境)" 두 글자가 가로로 쓰여 있다. 승경(胜境)은 좋은 경치의 명소라는 의미이겠다.

　사찰 문을 들어서면 위를 향해 전전(前殿)·중전(中殿)·후전(后殿)의 순으로 배열돼 있다. 전전(前殿)은 옥황전(玉皇殿)으로 600여 평의 넓이이며, 한가운데에 옥황대제(玉皇大帝)가, 그리고 그 양쪽으로 4대천왕(四大天王)이 자리 잡고 있다. 맞은편에는 반원형의 희루(戏楼 공연장)가있다.

　중전(中殿)은 천자전(天子殿)이다. 15전(十五殿)이라고도 부르며, 문의 중방 위에는 가로로 "동천복지(洞天福地)"의 네 글자가 쓰여 있다. 전각에 들어서면 여러 크고 작은 신상(神像) 30여 자리가 존치돼있고, 전각의 좌우에는 여러 형태의 탑묘(塔墓) 100여 기(基)가 무리지어 있다.

　중전의 후문을 나서서 돌계단 100개를 짚어 올라가면 후전에 이른다. 후전의 문 중방에는 "엄연천축(俨然天竺)"의 네 글자가 쓰여 있는데, 그 빛깔이 선연하여 눈이 절로 번쩍 뜨인다. 후전은 주전(主殿)과 양쪽의 소전(小殿)으로 구성돼있으며, 그 중간에 선방(禅房)이 있다.

　쩐포어산의 사찰문과 3대전에는 모두 36개의 6면체 돌기둥이 건물의 주요부분을 떠받치고 있다. 육면체 기둥의 한 면의 폭은 22~25cm이고, 높이는 8~14m이다. 이런 기틀로 지어진 더화스 3대전은 쓰촨성 동부에서 그 규모가 가장 크며, 보존이 잘 돼 있어 건축풍격과 건축예술 면에서 그 가치를 높게 평가받고 있다.

권역별관광

17 바쫑시(巴中市)

바쫑시의 위치

1. 전체모습

　바쫑시는 쓰촨성의 동북부, 샤안시성(陝西省)과의 경계지역에 있다. 바쫑시는 쓰촨성의 성회인 청두(成都)로부터 400km의 거리이고, 샤안시성의 성회인 씨안(西安)과는 650km 떨어져 있으며, 총칭(重庆)까지는 500km거리이다. 바쫑시의 전체면적은 12,325㎢ (제주도의 6.7배)이며, 인구는 425만 명이다(2008년). 행정상으로는 바쪼우구(巴州区)·통쟝현(通江县)·난쟝현

(南江县) · 핑창현(平昌县)의 1구3현으로 나뉘어 있다. 그 대체적인 현황은 다음 표와 같다.

(표) 바쫑시의 행정구획

구현별	면적 (km²)	인구 (만명)	인구밀도 (인/km²)	정부소재지
바쪼우(巴州)	2,566	149	580.7	-
통쟝(通江)	4,125	80	193.9	누워쟝(诺江)
난쟝(南江)	3,383	90	266.0	난쟝(南江)
핑창(平昌)	2,227	106	476.0	쟝코우(江口)

바쫑은 동한(东汉, AD25~220) 때 이미 한창현(汉昌县)이 설치됐고, 북위(北魏 386~534) 때 바쪼우(巴州)가 된다. 한고조(汉高祖) 유방(刘邦, BC206~BC195)과 촉한(蜀汉, AD221~263)의 장비(张飞)가 활약했던 지역이기도 하다.

바쫑은 경제작물중심의 국가 농산물 비축기지 이다. 누에고치 · 담배 · 차 · 과일 · 감자 · 생강 등의 재배가 두드러진다. 흰목이버섯(银耳)은 이 고장의 특산물이다.

2. 자연과 지리

바쫑(巴中)은 쓰촨성과 샤안시성이 맞닿는 미창샨(米仓山) 남쪽 기슭에 자리 잡고 있다. 미창샨은 다빠샨(大巴山)의 한 지맥이고, 다빠샨은 친링(秦岭)에 속한다. 친링은 동쪽의 화이허(淮河)와 더불어 중국을 남북으로 가르

바쫑시의 행정구획

는 기준지역이다.

바쫑은 아열대계절풍기후대(亚热带季节风候带)에 속하며, 연평균기온은 16.9℃, 1월평균 5.2℃, 8월평균 27.3℃이다. 연평균강수량은 1,118mm이다.

3. 교통

바쫑의 교통은 비교적 편리하다. 53km의 러빠철도(乐巴铁道: 南江乐坝-巴州)가 2008년에 보성철도(宝成铁道:

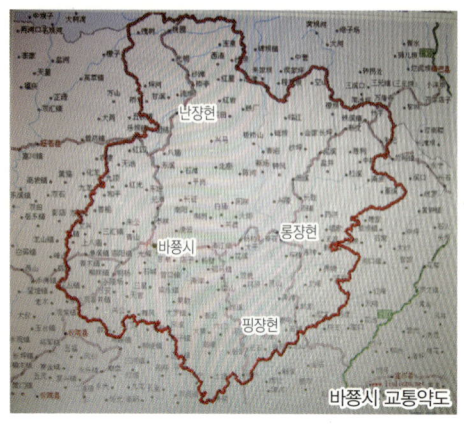

바쫑시 교통약도

陝西 宝鸡-四川 成都)에 이어졌고, 다쪼우(达州)를 통한 상유철도(襄渝铁道: 湖北 襄攀-重庆)와의 연결도 코앞에 두고 있다. 이로써 옛 도시 바쫑(巴中)이 청두(成都)·씨안(西安)·총칭(重庆)·우한(武汉) 등 외지의 대처(大处)와도 손쉽게 통하게 된다.

도로교통 또한 빠르게 발달하고 있다. 광위엔(广元)과 바쫑(巴中)을 잇는 138㎞의 광빠(广巴)고속도로가 2010년에 개통되면서 청두(成都)까지 4시간 정도에 도달할 수 있고, 다쪼우(达州)·광안(广安)·씨안(西安) 등 각 방향으로 나가는 도로망 또한 잘 갖춰져 있다. 바쫑공항이 있어 공로로도 연결된다.

4. 먹을거리

바쫑의 특색음식으로 촨촨(串串)과 쌍구둔라로우(香菇炖腊肉)가 있다. 촨촨은 꼬치음식이다. 적당한 크기로 썬 여러 식재료를 대꼬챙이에 꿰어 각종 향료가 가미된 탕(汤) 속에서 삶아 익힌 다음, 먹는 사람의 취향에 맞는 조미료를 뿌려준다.

바쫑의 촨촨은 일반화돼있는데, 특히 위엔차오빠지에(原草坝街)거리의 것이 유명하다. 역사도 가장 오래려니와 맛도 좋아 많은 사람들이 이곳을 찾는다.

쌍구둔라로우(香菇炖腊肉)의 "쌍구(香菇)"는 표고버섯이고, "둔(炖)"은 약

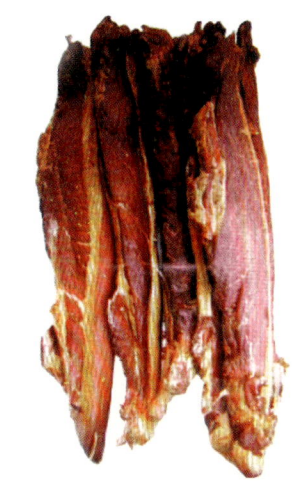

바쫑 쌍구둔라로우

바쫑 촨촨

한 불에 장시간 고는 것을 의미한다. "라로우(月昔肉)"는 소한(小寒, 양력 1월 초)이 지난 후 잡은 돼지의 고기를 1개월 정도 소금에 절였다가 측백나무(柏) 가장귀(나뭇가지의 아귀)를 태워 그 연기를 쐰 것이다.

보관성이 좋아 1~2년이 지나도 변질되지 않는다. 쌍구둔라로우는 일반적으로 혈환(血丸)과 함께 먹는다. 혈환은 돼지선지와 두부 및 찹쌀밥으로 빚어 만든 것인데, 그 맛도 괜찮다.

5. 볼거리

바쫑은 산세가 가파르다. 힘차게 솟아오른 산봉우리와 그 주위를 맴도는 운무는 살아 움직이는 한 폭의 그림으로 표현된다.

다음 표는 바쫑의 주요 볼거리를 정리한 것이다.

(표) 바쫑시의 주요 볼거리

경 점	개 요	소재지
언양쩐 (恩阳镇)	1,500년 전 바족(巴族)사람들의 유적이 남아있는 고장임. 지금은 8km² 넓이의 마을로 3만 명의 인구가 살고 있으며, 현성으로부터 17km 떨어져 있음.	바쪼우(巴州)
누워슈이허 (诺水河)	누워슈이허는 그 발원지가 샤안시성(陕西省) 난쩡현(南郑县)임. 누워슈이허(诺水河)강의 양쪽으로 깎아지른 산들이 솟아있고, 종횡으로 나있는 골짜기들은 울창한 숲으로 덮여있음. 바쫑의 통장현을 흐르고 있는 누워슈이허(诺水河)강의 유역은 해발 500~2,189m의 높이에 있으며, 그 면적은 450여 km²임. 이 지역에 누워슈이허반(诺水河畔)·린장씨아구(临江峡谷)·콩샨티앤펀(空山天盆)·마빠쉬린(麻坝石林) 등의 풍경구가 있음.	통장(通江)
지에씨앤링 (截贤岭)	초(楚)나라와 한(汉)나라간의 산간 격전지로 난쟝현(南江县) 현성으로부터 39km의 거리에 있음.	난쟝(南江)
광우샨 (光雾山)	광우샨은 쓰촨성과 샤안시성 간의 경계인 미창샨(米仓山) 남쪽기슭에 있음. 600km²의 넓이에 타오위엔(桃园)·무오양청(牟阳城)·쉬빠위에탄(十八月潭)·션먼(神门)·샤오우씨아(小巫峡) 등의 풍경구가 있음.	〃
콩샨공원 (空山公园)	콩샨공원은 쓰촨성 통장현 관내, 쓰촨분지 동북쪽 변두리의 미창샨 동남쪽에 있음. 해발 2,117m의 3,500평 삼림공원임.	〃
쫑펑둥 (中峰洞)	불광동(佛光洞)이라고도 불리는 동굴임. 36 갈래의 곁가지 동굴이 있으며, 웅장함(雄)·아름다움(美)·험함(险)·빼어남(秀)·괴상함(奇)·괴괴함(幽) 등을 모두 갖췄다는 평가임. "지하암용박물관(地下岩溶博物馆)"으로도 불림.	〃
마애조상 (摩崖造像)	마애조상은 암석절벽에 새긴 글·그림·불상 따위를 의미함. 바쫑에는 난칸(南龛)·슈이닝스(水宁寺)·시칸(西龛)·베이칸(北龛)의 네 곳에 마애조상이 있음. 그 가운데 난칸마애조상(南龛摩崖造像)이 더욱 유명하며, 바쫑 시가지로부터 14km거리의 화청샨(化成山)에 있음. 140여 곳의 불감에 2,000여 자리의 조상(造像)이 있음.	〃

<볼거리 풍모>

권역별관광

아빠짱족챵족자치주
(阿坝藏族羌族自治州)

18

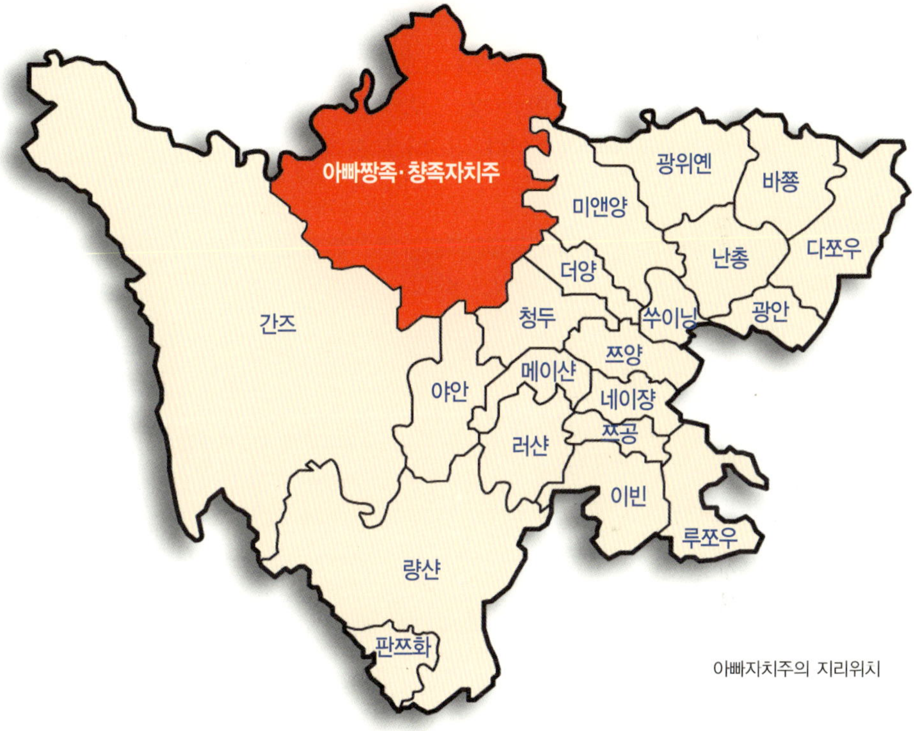

아빠지치주의 지리위치

아빠자치주의 행정구획

1. 전체모습

아빠짱족챵족자치주는 쓰촨성의 서북부에 위치한다. 이곳은 칭짱고원(青藏高原)의 동남쪽 변두리와 헝두안산맥(橫斷山脈)의 북부, 그리고 쓰촨성의 서북고산협곡(西北高山峽谷)이 겹치는 지역으로 지형지모(地形地貌)가 매우 복잡하고 지리환경이 독특하다.

지난 10여 세기 전에는 중국 고대의 챵족(羌族)·선비족(鮮卑族)·투판족(吐蕃族)·한족(汉族)·후이족(回族) 사람들이 어울려 살아왔으며, 오늘 날에 이르러서는 짱족(藏族, 52%)·챵족(羌族, 18%)·후이족(回族, 3%)·한족(汉族, 27%) 등이 주를 이루어 살고 있다.

이 지역이 고도가 높고 교통이 불편하여 그간 중국정부의 민족융합정책으로 말미암아 타 지역에서는 많이 사라지고 없는, 소수민족 고유의 풍속과 정서가 이 지역에는 비교적 많이 남아있다.

아빠자치주(阿坝自治州)는 8만4,200여 km²(제주도의 46배, 남한의 85%)의 면적에 85만 인구가 살고 있으며(2004년), 행정상으로는 13개 현(县)으로 나뉘어 있다. 그 대체적인 현황은 다음 표와 같다.

(표) 아빠짱족챵족자치주 행정구획

현별	면적(km²)	인구(만명)	인구밀도(인/km²)	정부소재지
마얼캉(马尔康)	6,639	5	7.5	마얼캉(马尔康)
원촨(汶川)	4,083	11	26.9	웨이쪼우(威州)
리(理)	4,318	4	9.3	짜구나오(杂谷脑)
마오(茂)	4,075	11	27.0	펑이(凤仪)
송판(松藩)	8,486	7	8.2	진안(进安)
지우쨔이고우(九寨沟)	5,286	6	11.4	용러(永乐)
진촨(金川)	5,524	7	12.7	진촨(金川)
샤오진(小金)	5,571	8	14.4	메이씽(美兴)
흐이슈이(黑水)	4,154	6	14.4	루화(芦花)
랑탕(壤塘)	6,836	3	4.4	랑커(壤柯)
아빠(阿坝)	10,435	6	5.7	아빠(阿坝)
러얼가이(若尔盖)	10,437	7	6.7	다쨔스(达扎寺)
홍위옌(红原)	8,398	4	4.8	총씨(邛溪)

아빠주(阿坝州)의 13현(县)은 그 특색에 따라 나름대로의 별호(別号)를 지니고 있다. 그 특색과 별호를 일별하면 다음과 같다.

(표) 아빠짱족챵족자치주의 현별 특색과 별호

현별	특 색	별 호
마얼캉(马尔康)	"마얼캉(马尔康)"은 짱족말로 "불씨가 왕성한 지방(火苗旺盛的地方)", "흥왕발달할 땅(兴旺发达之地)"을 의미함. 아빠자치주의 인민정부가 이 곳에 있음.	고원의 보석(高原明珠)

현 별	특 색	별 호
마얼캉 (马尔康)	"마얼캉(马尔康)"은 짱족말로 "불씨가 왕성한 지방(火苗旺盛的地方)", "흥왕발달할 땅(兴旺发达之地)"을 의미함. 아빠자치주의 인민정부가 이곳에 있음.	고원의 보석 (高原明珠)
원촨 (汶川)	전국에 네 곳밖에 없는, 챵족(羌族) 집단거주현 중의 한 곳임. 중국 고사(故事)에서 홍수를 다스린 대우(大禹)의 고향이 이곳이며, 판다곰의 낙원이자 챵족수예(羌族绣艺, 羌绣)의 고장이라는 영예를 안고 있음.	판다곰의 고향 (熊猫之乡)
리 (理)	구얼고우온천(古尔沟温泉) 등 관광개발소재가 풍부하며, 빼어난 자연경관과 더불어 옛 챵족문화·짱족문화로 대표되는 인문경관이 가득한 지역임.	상서로운 땅 (吉祥之地)
마오 (茂)	전국 최대의 챵족 거주지임. 챵족의 민간문학·음악·무용·풍속 등이 고스란히 보전되고 있음. 중국챵족박물관(中国羌族博物馆)이 이곳에 있음.	챵족의 땅 (羌人之地)
송판 (松蕃)	BC316년에 진(秦)나라가 촉(蜀)나라를 멸하고 지앤디현(湔氐县)을 둠. 훗날 당고조(唐高祖, AD618~626)가 송주위(松州卫)와 판주위(蕃州卫)를 설치하였으며, 명(明)나라 태조(太祖, 1368~1398) 때 송판(松蕃)으로 개편함.	고원의 고성 (高原古城)
지유쨔이고우 (九寨沟)	"세계자연유산(世界自然遗产)", "세계생물권보호구(世界生物圈保护区)"로 UN에 등록됨. 더불어 중국 국가급의 "우쟈오(勿角)다슝마오(大熊猫, 자이언트판다곰)보호구", "빠이허(白河) 진쓰호우(金丝侯, 금사후원숭이)보호구", 간하이즈(甘海子)국가삼림공원", "신선지풍경구(神仙池风景区)", "흐이허풍광대(黑河风光带)", "우쟈오(勿角)빠이마짱족풍정원(白马藏族风情园)", 지유쨔이티앤탕(九寨天堂)" 등이 연이어 있으면서 동화속의 세계를 연출함.	동화의 세계 (童话世界)
진촨 (金川)	고원지대이면서 농업이 발달했고. 배가 많이 생산됨. 이 지역에서 생산되는 설리(雪梨)배는 과실의 외관이 좋고, 크기가 굵음. 껍질은 얇고, 속살은 부드러우며 즙이 많음.	눈배의 고향 (雪梨之乡)
샤오진 (小金)	관내에 국가급의 쓰구냥산(四姑娘山)풍경명승구와 쟈진산(夹金山)삼림공원이 있음. 고원의 눈 덮인 경치가 성스럽게 느껴짐.	설역의 땅 (雪域之乡)
흐이슈이 (黑水)	녹아내린 석회임의 칼슘성분이 쌓이고 굳어져서, 마치 태선(苔藓, 이끼)이 잔뜩 낀 것처럼 보이는 카롱고우(卡龙沟)계곡과 극지(极地)의 베이스캠프로 불리는 싼아오쉐산(三奥雪山), 그리고 채색그림의 화랑 같은 야커씨아(雅克夏)국립삼림공원, 세계적으로 보기드믄 다구빙하(达古冰川) 등이 흐이슈이현에 있음.	오색숲의 세계 (彩林世界)
랑탕 (壤塘)	"랑(壤)"은 짱족 언어의 "쨩(幢, 당)"을 음역한 한어(汉语)로 궁전의 용마루에 올려놓아졌던 일종의 장식품이자 신에 바치는 공신물(供神物)을 의미함. 또한 짱족 언어의 "탕(塘)"은 넓은 들판을 의미함. 전체적으로는 신에게 바쳐진 넓은 초원이 됨.	고원신성 (高原新城)
아빠	칭짱고원(青藏高原)의 동남쪽 변두리와 쓰촨성의 서북부 고원이 맞닿고, 깐수(甘肃)·칭하이(青海)·쓰촨(四川)의 세 성(省)이 접하는 지역으로 이곳에서 각 지방의 생산물이 활발하게 거래됨. 또한 아빠고원	고원상업도시

현 별	특　　색	별 호
(阿坝)	은 대초원의 풍광과 휘황찬란한 사원건물, 그리고 천자백태의 불탑 등이 어우러져 있어 관광의 명소가 되고 있음.	(高原商城)
러얼가이 (若尔盖)	러얼가이에는 중국에서 가장 아름답다는 "고한습지초원(高寒湿地草原)"이 있으며, 이곳에 희귀조인 흑경학(黑颈鹤)이 서식하고 있어 "중국흑경학의 고향(中国黑颈鹤之乡)"이라는 영예를 지니고 있음.	중국의 습지 (中国湿地)
훙위옌 (红原)	고한초지(高寒草地)에 의존하는 마오니우(牦牛)소 사육업과 관광업이 이 지역 산업의 근간임.	야크소의 고향 (牦牛之乡)

2. 지리와 기후

쓰촨성의 전체 모양을 편의상 북쪽을 향해 펼쳐놓은 박쥐로 비유할 때, 아빠자치주는 박쥐의 머리와 목 부분에 해당된다. 북쪽으로는 대부분 깐수성(甘肃省)과 접하며, 왼쪽 편 일부가 칭하이성(青海省)과 닿는데, 이 지역을 바옌카라산맥(巴颜喀拉山脉)과 아니마칭산맥(阿尼玛卿山脉)의 서쪽 끝단이 가로지르고, 서북-동남방향으로는 따쉐샨(大雪山)·충라이샨(邛崃山)·민샨(岷山)이 나란히 놓여있다. 그 사이로 다두허(大渡河)와 민쟝(岷江)이 흘러내린다.

아빠지치주는 그 지형지모(地形地貌)가 복잡한 만큼이나 기후도 다양하다. 전반적으로는 서북산지에서 동남쪽의 중산간지대로 내려오면서 기온은 높아지며, 전 지역의 연평균기온은 0.8~4.3℃의 분포이다.

산간평원지대의 경우, 습윤기후(湿润气候)로 여름철은 따뜻하면서 서늘하고, 겨울과 봄은 춥다. 연평균기온은 5.6~8.9℃이다. 고산협곡지대의 경우, 해발고도에 따라 아열대(亚热带)-온대(温带)-아한대(亚寒带)-한대(寒带)로 기후가 바뀌는데, 해발 2,500m이하에서 아열대와 온대기후가 나타나고, 해발 2,500~4,100m에서 한온대기후(寒温带)가 나타난다. 이 지대의 연평균기온은 1~5℃이다.

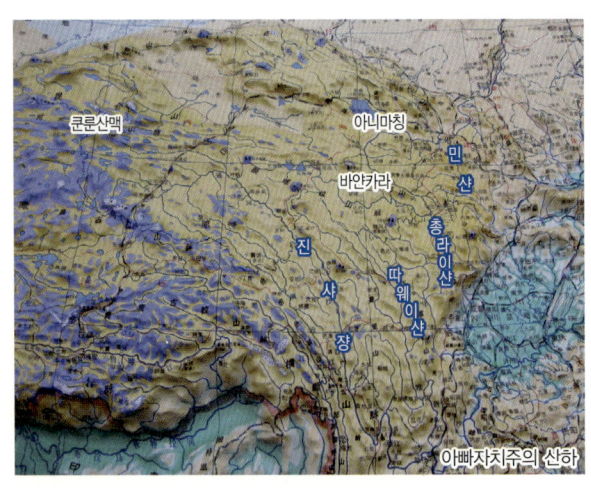
아빠자치쥬의 산하

해발높이 4,100m 이상의 지대는 한대(寒帶)로 일 년 내내 겨울이고, 년 중 눈이 쌓여있다.

3. 교통

아빠자치주의 교통약도

아빠주의 교통은 동서방향의 317번 국도와 남북방향의 213번 국도를 근간으로 한다. 시짱(西藏)의 챵두(昌都)에서 동진하는 317번 국도가 마얼캉(马尔康)·리(理)·원촨(汶川)의 세 현(县)을 경유하고, 샤안시성(陝西)의 씨안(西安)에서 남진하는 213번 국도가 러얼가이(若尔盖)·송판(松潘)·마오(茂)의 세 현(县)을 경유하여 내려오다가 원촨(汶川)에서 서로 만나 청두(成都)로 들어간다.

4. 볼거리

아빠자치주는 그 아름다운 자연풍광과 외지로부터 고립된 채 보전되어오고 있는 민족문화로 말미암아 관광자원으로서의 가치가 날로 높아지고 있다. 주요 볼거리를 간추려보면 다음과 같다.

(표) 아빠짱족챵족자치주의 주요 볼거리

경 점	개 요	소재지
미야루워 (米亚罗)	짱족(藏族)과 챵족(羌族)의 민족정서가 깊이 배어있는 고장으로 리현(理縣) 현성의 서북쪽으로 60km 떨어져있음. 뭇 산들이 이어지고, 냇물이 종횡으로 흐르며, 가을 단풍이 유명함. 베이징(北京) 썅산(香山)단풍구의 180배면적임. 구얼고우온천(古尔沟)이 있음.	리 (理)
타오핑챵짜이 (桃坪羌寨)	리현(理县) 현성의 서북쪽으로 20km 거리에 있는 챵족(羌族) 마을임. 이곳에 외지사람들로부터 "구바오(古堡, 옛 망루 겸 보루)"로 불리는 "댜오로우(碉楼)"가 있음.	〃
황롱 (黄龙)	길이 3.6km에 폭 30~170m의 석회암 계곡으로 민산(岷山)의 주봉인 쉐바오딩(雪宝顶, 5,588m) 아래에 있음. 황롱계곡의 해발높이는 3,160~3,574m범위이며, 관광대상은 지표개화(地表钙化, 석회암에서 녹아나온 칼슘이 쌓이고 굳어진 바위)경관과 더불어 물이 그려내는 경치임. 개화채지군(钙化彩池群)·개화탄(钙化滩)·개화폭포(钙化瀑布)·개화동(钙化洞)들과 라마묘(喇嘛庙)사원 등이 있음.	송판 (松潘)
모우니고우 (牟尼沟)	송판 현성 남쪽으로 30km거리에 있는 계곡임. 지유짜이고우(九寨沟)와 황롱(黄龙)의 풍경을 두루 갖췄다는 평가임. 짜가폭포(扎嘎瀑布)와 얼다오하이(二道海)의 두 경구로 조성됨.	〃

경 점	개 요	소재지
지유쨔이고우 (九寨沟)	전체면적 720㎢의 풍경명승구로 슈쩡(树正)·르쩌(日则)·쩌챠와(则查洼)의 세 골짜기로 이루어짐. 사방에 10여개의 설봉(雪峰)이 있으며, 경내에는 크고 작은 호수 114곳, 폭포 17곳, 샘 47곳, 탄(滩) 5곳 등이 있음. 이들이 조화되어 연출하는 자연경관이 관광의 주 대상임. 당초에 짱족마을이 아홉 군데에 있어 그 이름이 비롯됐다는 지유쨔이고우에는 목조가옥·수차(水车)·경번(经幡) 등 그들의 생활풍속이 자연에 녹아들어 있음. 사람들은 이러한 풍광을 일컬어 "동화세계(童话世界)", "세외도원(世外桃园)"이라 함.	지유쨔이고우 (九寨沟)
광파스 (广法寺)	청(清)나라의 4대(四大) 황묘(皇庙, 황제들의 사당) 중 하나임. 나머지 셋은 베이징(北京)의 용허궁(雍和宫), 샨시성(山西省)의 우타이샨(五台山), 시짱(西藏, 티베트)의 푸화스(普化寺)에 있음. 원래는 용쫑스(雍忠寺, 雍忠은 吉祥神를 의미함)였으나, 청나라의 6대 황제 건륭(乾隆, 1735~1796)년간에 새로 지으면서 광파스(广法寺)로 개명하고 "정교항선(正教恒宣)"이란 편액을 내림. 현재 전당(殿堂)에 걸려있음. 정전(正殿의 순금 빛 용마루가 찬란하며, 뒷문 밖에는 4자리의 장경탑(藏经塔)이 있음. 한 때는 2,000명이 넘는 승려들이 지냈다 함. 이들 승려들의 취사용 솥은 매우 커서 찻물을 끓이다가 발을 헛디딘 공양주가 솥에 빠져죽은 것도 모르고, 그 끓인 차를 다 마셨는데, 나중에 솥 바닥에 백골이 있는 것을 보고서야 사람이 빠져죽은 것을 알았다는 얘기가 전해옴.	진촨 (金川)
쓰꾸냥샨 (四姑娘山)	쓰꾸냥샨은 헝두안샨(橫断山) 산맥의 동쪽 변두리에 있는 총라이샨(邛崃山)의 네 봉우리들임. 그 중 야오메이펑(幺妹峰)이 총라이샨의 최고봉이며, 해발 높이가 6,250m임. 해발높이 5,664m, 5,454m, 5,355m의 나머지 세 봉우리도 야오메이펑과는 3~5㎞의 범위에 있으며, 고생대와 중생대의 사암(砂岩)과 판암(板岩) 등 풍화(风化)가 더 딘 암석 산이어서 깎아지른 듯 하늘을 향해 솟아있음. 쓰꾸냥샨 주위로는 해발 4,000m 이상의 고산 봉우리만 20여개가 넘고, 일 년 내내 눈에 덮여있음. 쓰꾸냥샨의 동쪽으로는 미친 듯이 휩쓸고 내려가는 민장(岷江)이 있고, 서쪽으로는 지세가 험하기로 이름난 다두허(大渡河)가 있음. 쓰꾸냥샨에는 원시림이 널리 뒤덮고 있으며, 그 숲 속에 여러 종류의 희귀 동식물이 서식하고 있음. 그 이름이 널리 알려진 워롱쟈이언트판다곰자연보호구(卧龙大熊猫保护区)는 쓰꾸냥샨의 동쪽기슭에 있음.	샤오진 (小金)
카롱고우 (卡龙沟)	해발 4,000m높이에 있는 계곡으로 흐이슈이현 현성 동북쪽으로 70㎞거리에 있음. 원시림·석림·폭포·설산 등이 계곡 안에 들어있음.	흐이슈이 (黑水)
방투워스 (棒托寺)	원(元, 1206~1368)나라 때 창건된, 장전불교 닝마파(宁玛派)의 사원임. 라마탑 32자리가 있으며, 그 중 32m높이의 쟝요타(降妖塔) 안에는 명(明, 1368~1644)나라 때의 불상과 벽화가 보존돼있음. 방투워스에 소장돼있는 석각장문대장경(石刻藏文大藏经)은 명(明)·청(青)시기의 것으로 50여만 조각의 돌 양면에 새겨져있으며, 200평가량의 터에 11m높이로 쌓여있음.	랑탕 (壤塘)

<볼거리 풍모>

빙투워스

카롱고우 풍광

모우니고우

카롱고우 풍광

카롱고우 풍광

지유쨔이고우(九寨沟)

가. 개요

지유쨔이고우는 아빠짱족챵족자치주(阿坝藏族羌族自治州)의 지유쨔이고우현(九寨沟县) 관내에 있다. 수계(水系)로는 쟈링쟝(嘉凌江) 상류인 빠이슈이허(白水河)의 한 계곡에 있으며, 이 계곡에 짱족(藏族) 마을 9곳이 있다 해서 구채구(九寨沟, 지유쨔이고우)라는 이름이 붙여졌다. 지유쨔이고우(九寨沟)의 기원에 관하여 다음과 같은 이야기가 전해온다.

> 그 옛날, 초목만물을 주관하는 비양뚜워밍러바신(比央朵明热巴神)에게 아홉 딸이 있었는데, 그들은 총명하고, 용감하며, 착하고, 아름다웠다. 그들이 어느 날 빠이슈이허(白水河) 계곡의 눈 덮인 산을 지나다가 보니, 한 마귀 뱀이 아름다운 물에다가 독을 풀어 넣고 있었으며, 그 물을 먹은 사람과 동물들이 죽어가고 있었다. 이를 본 비양뚜워밍러바신의 아홉 딸들은 계곡으로 내려와 뱀 마귀를 잡아 죽이고, 그곳의 짱족 청년 아홉과 짝을 맺어 가정을 이루면서 각기 울타리를 치고 살았다. 이 아홉 가정이 세월과 더불어 번창하여 아홉 부락으로 커졌으며, 후세 사람들은 이를 일러 구채구(九寨沟, 지유쨔이고우)라 하였다.

지유쨔이고우에서 보는 취해(翠海, 푸른 호수)·첩폭(叠瀑, 겹친 폭포)·채림(彩林, 오색이 화려한 숲)·설봉(雪峰 눈 덮인 산)·장정(藏情 짱족의 민족정서)을 일러 지유쨔이고우의 5절(五绝)이라고 하는데, 이들 요소들이 서로 잘 어울려 들어내는 정경은 아름답기 그지없다. 이러한 풍광을 사람들은 "동화세계(童话世界)"라 하고, UN에 자연유산으로 등록하여 보존하고 있다.

나. 교통

지유쨔이고우가 있는 지유쨔이고우현(九寨沟县)은 쓰촨성의 서북 고원지대에 위치한다. 공로(空路)로는 청두(成都)의 솽리유공항(双流机场, 해발고도 495m)과 현지의 지유황공항(九黄机场, 해발고도 3448m)을 오가는 비행기 편이 있으며, 50분정도 소요된다. 불과 40~50분 사이에 3,000m의 고도변경이 있게 되므로, 특히 지유황공항에 내렸을 때는 현기증이나 구토 등의 현상이 나타난다. 신경을 쓰도록 한다.

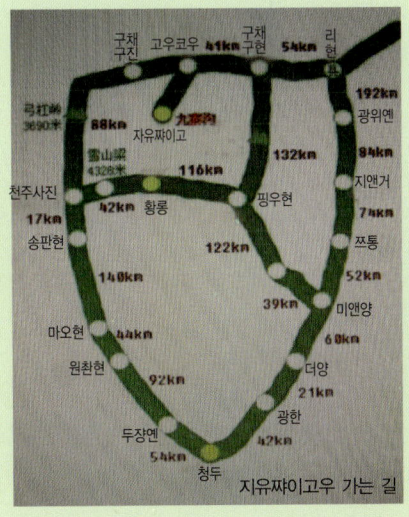

지유쨔이고우 가는 길

육로로는 그림에서 보는 바와 같이 여러 경로의 조합이 있을 수 있다. 청두-미앤양-핑우-지유쨔이고우현 노선으로 갈 경우 420㎞ 정도의 거리이며, 하루가 소요된다.

다. 기후

지유쨔이고우는 해발 1,900~3,500m 높이에 걸쳐있다. 이 지대는 고원습윤기후구(高原湿润气候区)에 속하며, 따라서 봄철의 평균기온은 9~18℃범위이고 하루 중의 온도 교차 폭이 크다.

여름철의 평균기온은 19~22℃로 비교적 안정돼있으나 야간은 쌀쌀하므로 가벼운 방한복을 준비하는 것이 좋다. 가을철은 쾌적하지만, 10월 이후의 날씨는 춥고 땅이 얼기 시작한다. 겨울철은 영하의 날씨로 매우 춥다. 지유쨔이고우의 4계절은 제각각의 특징적인 아름다움을 지니고 있으며, 특히 10월 중하순의 경치를 으뜸으로 친다.

라. 경점

지유쨔이고우는 바오징옌(宝镜岩) 바위산을 왼쪽으로 바라보면서 남쪽을 향해 시작된다. 슈쩡고우(树正沟)에 들어서면서 펀징하이(盆景海)·루웨이하이(芦苇海)·쐉룽하이(双龙海)·

지유쨔이고우 관광노선

지유쨔이고우 정문

워롱하이(卧龙海)·슈쩡푸부(树正瀑布)·라오후하이(老虎海)·씨니유하이(犀牛海) 등 여러 호수를 차례로 지나 누워르랑푸부(诺日朗瀑布, 낙일랑폭포)에 이르게 된다.

슈쩡고우(树正沟)는 지유쨔이고우의 주된 골짜기로 13.8㎞의 길이이며, 지유쨔이고우 전체 호수의 40%가 이 계곡에 있다.

누워르랑푸부(诺日朗瀑布)에서 길은 좌(左)·우(右)로 갈린다. 왼쪽 길은 쩌차와고우(则查洼沟) 골짜기로 들어가고, 오른쪽 길은 르쩌고우(日则沟) 골짜기로 통한다.

쩌차와고우는 18㎞길이로 씨아지지에하이(下季节海)와 샹지지에하이(上季节海)를 지나 챵하이(长海)에 이르고, 르쩌고우 역시 18㎞의 길이로 징하이(镜海)·쩐쭈탄(珍珠滩)·진링하이(金铃海)·콩췌허다오(孔雀河道)·우화하이(五花海)·숑마오하이(熊猫海)·지앤쭈하이(箭竹海)·팡차오하이(芳草海)·티앤허하이(天鹅海) 등 여러 호수를 거쳐 원시삼림에 이른다. 지유쨔이고우의 이름 나있는 풍경들은 르쩌고우에 들어있다.

바오징옌산

져서 된 것으로 "개화(鎧华)"라고 한다.

③ 루웨이하이(芦苇海, 로위해)

루웨이하이

① 바오징옌(宝镜岩, 보경암)

지유쨔이고우 골짜기로 들어서면서 왼쪽으로 높다랗게 보이는 산 정상에 400여m높이의, 도끼로 찍어 내린 듯 말끔한 절벽이 있다.

전해오기로 지유쨔이고우의 만산지주(万山之主)인 쨔이쨔가(扎依扎嘎)가 꽂아놓은 보경(宝镜)이며, 그 아래에는 백성을 못살게 굴던 마귀가 깔려있다고 한다.

"루웨이(芦苇)"는 갈대를 말한다. 루웨이하이는 2.2km에 걸치는 수중 갈대밭이다.

갈대 사이로 흐르는 물은 맑디맑고, 백로와 물오리 등 각종 물새들이 갈대 위로 머리를 내밀고 희롱하는 모습은 주위 경관을 활기차게 한다.

② 펀징하이(盆景海, 분경해)

펀징하이는 완만하고 널따란 경사지를 물이 아주 서서히 흐르는 호수이다.

펀징탄(盆景滩)이라고도 한다. 물에 적응된 소나무(松树)·측백나무(柏树)·고산버들(高山柳) 등의 나무들이 물 위에 서있고, 나무 밑둥은 마치 분재의 화분처럼 되어 있다.

이런 모양새 때문에 분경해(盆景海, 펀징하이)라는 이름이 비롯된 것이다. 화분모양의 것은 석회암에서 녹아나온 칼슘이 쌓이고 굳어

④ 슈쩡푸부(树正瀑布, 수정폭포)

슈쩡푸부는 슈쩡쨔이(树正寨) 부락을 저만치에 두고 지나는 도로 곁에 있으며, 지유쨔이고우에 입장하여 제일 먼저 맞는 폭포이다.

지유쨔이고우의 4대 폭포 중 가장 작은 것으로 폭포의 위 폭 62m에 낙차는 11m이다.

슈쩡푸부는 비록 규모는 작지만, 흘러내리는 물은 그 모양새가 섬세하고, 물소리는 감동적이다.

펀징하이

슈쩡푸부

⑤ 씨니유하이(犀牛海, 서우해)

씨니유하이는 지유짜이고우에서 두 번째로 큰 호수로 그 길이는 2.2km이다. 평균수심 17m에 가장 깊은 곳은 40여m에 이른다. 씨니유(犀牛)는 코뿔소를 의미하며, 호수의 이름이 씨니유가 된 데에 다음과 같은 이야기가 전해온다.

씨니유하이

옛날, 중병으로 숨이 넘어갈 지경이 된 라마(喇嘛)의 승려 하나가 코뿔소를 타고 이곳을 지나다가 심한 갈증이 들어 길옆 호수의 물을 떠 마셨다. 물을 마신 라마승은 몸속에서 생기가 퍼져나가는 것을 느끼고, 이곳에 머물면서 낮밤으로 호수의 물을 마셨다. 얼마를 그렇게 지내는 동안에 놀랍게도 병은 치유됐고, 건강도 좋아졌는데, 이 라마승은 예전의 그 고통스러웠던 날들을 떠올리며 차마 길을 떠날 수가 없었다.

그렇게 호수를 떠나지 못하던 라마승은 영원히 호수와 같이 하기로 마음먹고, 끝내는 코뿔소를 타고 호수 속으로 들어가 버렸다. 이후 사람들은 이 호수를 씨니유하이(犀牛海)라고 불렀다.

씨니유하이는 지유짜이고우의 여러 호수 중에서도 그 경색의 변화가 가장 다양한 호수로 알려져 있다.

매일 아침 피어오르는 운무 속의 호수 수면에 주변 산색(山色)이 거꾸로 떠있는 경치는 묘한 신비감을 불러일으킨다.

⑥ 누워르랑푸부(诺日朗瀑布, 낙일랑폭포)

누워르랑푸부는 폭포의 위 폭 300m에 낙차 20m규모의 크기로 개화암석(锴华岩石)의

누워르랑푸부

위를 흘러 떨어진다.

"누워르랑(诺日朗)"은 짱족 말로 높고, 크며, 웅장하고, 위대한 "남신(男神)"을 의미한다. 따라서 누워르랑푸부(诺日朗瀑布)는 그러한 이미지를 갖는 폭포가 되며, 아침 햇살을 받아 반짝이는 폭포는 장관을 이룬다.

폭포 맞은편에 관람대가 있으며, 이곳에서 누워르랑푸부를 한눈에 볼 수 있다.

⑦ 지지에하이(季节海, 계절해)

지지에하이는 누워르랑푸부에서 왼쪽으로 있는 쩌차와고우 골짜기의 호수들로 아래쪽에 있는 것이 씨아지지에하이(下季节海)이고, 위쪽에 있는 것이 샹지지에하이(上季节海)이다.

씨아지지에하이는 여름이면 꽃과 풀이 어우러진 산허리에 박혀있고, 샹지지에하이는 우차이치(五彩池) 연못에 인접해있다.

이 호수들은 계절 따라 물의 양이 늘었다

줄었다 한다. 초겨울에서부터 봄에 이르기까지 물이 마르고 온통 풀로 뒤덮여 소와 양의 방목지가 되고, 여름부터 물이 늘어나면서 짙은 푸른색을 띤다.

그리고 가을이 되면 자주 내리는 빗물이 고여 물이 가득 찬 호수가 된다.

상지에하이

⑧ 쩐쮸탄(珍珠灘, 진주탄)

"탄(灘)"은 개펄이나 모래톱과 같이 물과 연관된 넓은 평지를 일컫는 것이다.

쩐쮸탄은 물이 160m폭으로 흘러내리는 완만한 산비탈이다.

3만평 가량의 울퉁불퉁한 개화암석(鎧华岩石)의 밭에 물이 깔려 흐르면서 깨어지고 튀어 오르는 물방울들이 마치 진주알들이 흘러내리는 것 같다하여 진주탄(珍珠灘, 쩐쮸탄)이란 이름이 붙게 되었다.

이런 이야기가 전해온다.

씨아지에하이

오래 전 옛날에, 여신(女神)이 길을 가다가 짱족 청년을 만나 사랑하게 되었다.

그 청년 역시 여신을 사모하게 되었고, 그 징표로 진주를 꿰어 만든 목걸이를 여신에게 주었다. 여신 또한 그 답례로 산도 찍어 내릴 수 있는 신부(神斧)도끼를 그 청년에게 주었다. 청년은 물 부족으로 고통을 받는 마을 사람들을 위해 그 도끼로 산을 찍어 물길을 냈고, 마을 사람들은 갈증의 고통에서 벗어나게 되었는데, 천신이 이를 알고 신의 물건을 함부로 내돌린 것에 대노하며 여신의 목에 걸린 진주목걸이를 잡아 뜯어 버렸다.

이때 흩어져 떨어진 진주가 오늘날까지도 흘러내려 사람들로부터 쩐쮸탄이라 불리는 것이다.

쩐쮸탄

쩐쮸탄푸부

⑨ 챵하이(长海, 장해)

챵하이는 지유쨔이고우에서 가장 긴 호수로 4km가 넘는다. 또한 챵하이는 지유쨔이고우에서 가장 높이 있는 호수로 해발 3,100m가 넘는다. "S"자 형으로 굽어있어 한눈에 들어오지 않으며, 겨울철에는 60~70cm의 두께로 얼음이 언다.

징하이

챵하이

⑩ 징하이(镜海, 경해)

징하이는 르쩌고우(日则沟) 골짜기 초입에 있는 호수로 누워르랑푸부로부터는 2km의 거리이다. 900여m의 길이에 5만8,000평의 크기이며, 평균수심은 11m(최대 24m)이다. 바람이 잔잔한 날의 수면은 거울 같아 물위에 뜬 경치와 주변의 경치가 구분이 안 될 정도이다. 그래서 사람들은 혼돈에 빠져 "물고기가 하늘에서 놀고, 새들이 물 밑에서 난다(鱼在天上游 鸟在水底飞)"는 말을 하게 되는 것이다. 또한 살짝 바람이라도 불라치면, 흰 비단을 깔아 놓은 것 같은 수면에 주변 경치가 모자이크된 것처럼 보이는데, 그 모양이 참으로 인상적이다. 징하이에 다음과 같은 이야기가 전해온다.

여신(女神)인 워누워써모어(沃诺色嫫)가 남신(男神)인 다거(达哥)로부터 받은 약혼선물을 잃어버리고 나서 그 상심을 달래고자 날이면 날마다 이곳 호숫가에 나와 앉아 몸치장을 하였다. 다거남신은 워누워써모어의 그러한 모습이 애처로워 그녀에게 제안하기를 서로의 마음이 변하지 않을 것임을 맹서하는 의미에서 텅챤슈(藤缠树, 등전수)나무를 심자고 하였다. 텅챤슈나무는 등나무의 일종으로 서로 휘감고 올라가는 성질이 있으며, 그렇게 검은 머리가 파뿌리처럼 하얗게 될 때까지 같이 산다는 의미를 지니고 있다. 그래서 사람들은 부부수(夫妇树)라고도 부른다. 워누워써모어와 다거 두 신은 서로의 사랑하는 마음을 그 부부나무에 쏟으며 정성껏 돌보았으며, 부부나무가 쑥쑥 자라나는 만큼 그들의 사랑도 깊어 갔다. 훗날 사람들은 그들의 사랑을 기리며, 이곳을 "애정공원(爱情公园)"이라 불렀고, 오늘날에는 연인들이 줄지어 찾아와 자신들의 모습을 물에 비춰 보이며 변하지 않을 애정을 다짐한다. 그러한 정서를 쓰촨 출신의 현대시인 천쯔꽝(陈之光)은 다음과 같이 읊었다.

내가 내 모습을 징하이에 비추니(我影投镜海),
징하이는 내 마음을 간직하네(镜海留我心).
백발이 되도록 서로가 잊지 않으니(白首不相忘),
지유쨔이의 정은 그렇게 유구하다(悠悠九寨情).

⑪ 우화하이(五花海, 오화해)

우화하이는 르쩌고우(日则沟)의 콩췌허(孔雀河) 상류 끝에 있는 호수이다. 우화하이는 지유쨔이고우의 여러 경점 중에서 으뜸으로 치는 곳이다. 사방이 산으로 둘러싸여 있으며, 철 따라 들어나는 온갖 색채는 색의 향연장, 그 자체이다.

쑹마오푸부

우화하이

⑬ 티앤어하이(天鹅海, 천아해)

티앤어하이

⑫ 쑹마오하이(熊猫海, 웅묘해)

2만7,000여 평의 넓이에 평균수심 14m인 호수이다. 호수의 주변에 중국 사람들이 좋아하는 판다곰(熊猫)이 서식하고 있다. 호수 주변 바위 결의 무늬가 물에 비친 모습은 마치 판다곰이 물속에 들어앉은 것 같아 보인다. 쑹마오하이 호수에는 물 폭 50m, 낙차 78m의 3단 폭포가 있다. 쑹마오하이푸부(熊猫海瀑布)이다.

광활한 면적의 반 늪지 호수이다.

야초가 빽빽하게 들어서 있고, 뒤섞여있는 들꽃들이 아름답다. 그 사이를 맑은 물이 휘돌아 흐르며, 백조(天鹅)를 비롯한 온갖 들새들이 무리를 지어 나른다.

쑹마오하이

황룽풍경구(黃龍风景区)

가. 개요

황룽 정문

황룽풍경구는 아빠짱족챵족자치주(阿坝藏族羌族自治州)의 송판현(松潘县) 현성(县城)으로부터 56km 거리의 쉐바오딩(雪宝顶) 산 아래에 있다. 쉐바오딩은 민산(岷山)의 주봉으로 그 높이는 해발 5,588m이다.

황룽풍경구는 그 면적이 700㎢(제주도의 2/5)이며, 황룽중심부(黃龍中心部)와 모우니고우(牟尼沟)골짜기의 두 지역으로 나뉜다. 황룽중심부는 황룽고우(黃龍沟)·단윈샤(丹云峡)·쉐바오딩(雪宝顶)의 세 풍경구로 나뉘고, 모우니고우는 짜가푸부(札嘎瀑布)와 얼다오하이(二道海)의 두 풍경구로 나뉜다. 풍경구 안에 불교의 이름난 사찰 황룽스(黃龍寺)가 있어 황룽(黃龍)이란 이름이 유래되었다.

풍경구(黃龍风景区)의 4절(四绝)로 오색찬란한 못·눈 덮인 산·황금빛이 도는 골짜기·울창한 숲 등을 꼽으며, 그 조화된 아름다운 풍광은 널리 알려져 있다.

황룽계곡은 경사가 높기 때문에 일반적으로 황룽풍경구 정문에서 케이블카를 타고 올라간 다음에 위로부터 걸어 내려오면서 그 풍광을 감상한다.

그 경로는 다음 그림과 같다.

황룽풍경구(黃龍风景区)는 길이 7km에 폭 300m의 황룽고우(黃龍沟)가 중심을 이룬다. 황룽고우는 황색의 개화암석(铠华岩石)으로 된 골짜기로 멀리에서 본 산세가 마치 숲속에 들은 용(龍)과 같다하여 짱룽샨(藏龙山, 장룽산)으로도 불린다. 황룽

232

나. 기후

황룡풍경구는 고원온대아한대계절풍기후대(高原温带亚寒带季节风气候带)에 속한다. 따라서 1년 중 겨울철은 길고 여름철은 극히 짧아 봄철과 가을철이 맞닿아있는 느낌을 준다. 황룡풍경구의 연평균기온은 5~7°C이고, 가장 더운 7월의 평균기온은 17°C이며, 가장 추운 1월의 평균기온은 3°C이다. 아침과 저녁으로 안개가 많이 끼고, 비는 5~8월에 집중된다. 관광적기는 4~11월이다.

다. 환경과 자원

황룡풍경구는 칭짱고원의 동부 가장자리와 쓰촨분지의 서부 가장자리가 맞닿는 지역으로 쉐산(雪山)·후야산(虎牙山)의 동서방향 단열(断裂)과 민산(岷山)·짜가산(扎嘎山)의 남북방향 단열이 교차하며 서로 뒤섞여 지형이 매우 복잡하다. 황룡고우(黄龙沟)의 해발높이는 2,000m에서 점점 높아져 산꼭대기는 3,800m에 이르는데, 그 과정에서 ①아열대상록수와 활엽낙엽수의 혼재림, ②침엽수와 활엽수의 혼재림, ③고산침엽수림, ④고산관목 및 초지 등이 차례로 나타난다. 황룡풍경구는 기본적으로 남북방향의 계곡에 들어있기 때문에 남쪽의 따뜻하고 습한 기류가 계곡 깊숙이까지 들어오며, 따라서 남방의 동물까지도 이곳에 올라와 서식한다. 이제까지 조사된 바로는 모두 24목(目) 54과(科) 221종(种)의 척추동물이 서식하고 있다.

라. 교통

황룡풍경구로의 접근은 항공편과 육로편이 있다. 항공편은 접근이 간편하지만 낮은 지대에서 높은 지대로 급작스럽게 이동하는 것이기 때문에 고산반응에 시달릴 수가 있다. 반면, 육로편은 번거롭기는 하지만, 생리적으로 고도 상승에 적응될 시간적 여유를 가질 수 있다.

항공편은 청두(成都)에서 송판현(松潘县)의 촨쮸스진(川主寺镇)에 소재한 지유황공항(九黄机场)으로 들어오며, 육로로는 청두의 신난먼(新南门) 버스터미널에서 황룡으로 가는 버스를 타게 된다. 213번 국도를 이용하게 되며, 도로사정은 양호한 편이다.

마. 주요 경점

(1) 황룡고우(黄龙沟, 황룡구)

황룡고우는 민산의 주봉인 쉐바오딩(雪宝顶)으로부터 시작해서 아래쪽으로 푸장(涪江)에 이르는, 길이 7.5km에 폭 1.5km의 완만한 계곡이다. 유황색(乳黄色)의 바위로 가득 찬 골짜기가 마치 밀림 속에 구불구불 기어가는 황룡(黄龙)과 같다하여 황룡(黄龙, 황룡)이라 불렸으며, 명(明, 1368~1644)나라 때 황룡을 받드는 황룡사 절이 지어졌다.

황룡고우 골짜기 위로는 쉐바오딩 설산이 올려다 보이고, 그 아래로 물줄기들이 타고 내려오면서 아름다운 연못들과 폭포, 그리고 물 언덕을 연출한다. 폭이 넓고 밋밋한 경사지를 물이 뒤덮고 흘러내리는 물 언덕은 보는 이의 마음도 씻겨 내려가는 것 같이 느껴진다.

황룡고우의 주요 볼거리로 전화지(转花池, 짠화치)·오채지(五彩池, 우차이치)·영월채지(映月彩池, 잉위예차이치)·옥취채지(玉翠彩池, 위추이차이치)·두견협채지(杜鹃峡彩池, 두쥐앤샤차이치)·명경도영지(明镜倒影池, 밍징다오잉지)·용배유금폭(龙背琉金瀑, 롱베이리우진푸)·쟁염채지(争艳池, 쩡옌차이치)·분경지

(盆景池, 펀징치) · 금사포지(金沙圃地, 진사푸디) · 금폭사은(金瀑泻银, 진푸씨에인) · 비폭유휘(飞瀑琉辉, 페이푸리유후이) · 영빈지(迎宾池, 잉빈치) 등을 꼽으며, 그 대략적인 위치는 그림에서 보는 바와 같다.

이들 볼거리는 계곡의 위로부터 내려오면서 감상하게 되는데, 이를 위해 먼저 케이블카를 타고 올라가게 되며, 케이블카에서 내린 다음에는 1.7㎞거리의 산허리를 타고 돌아 황룡동(黄龙洞)에 이르러 관광길에 합류한다.

황룡고우 경점도

황룡동

정염채지

분경지

금폭사은폭포

명경 도영지

세신동

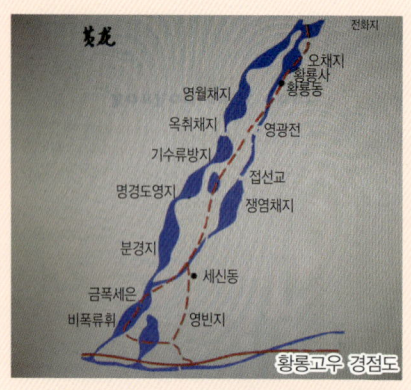

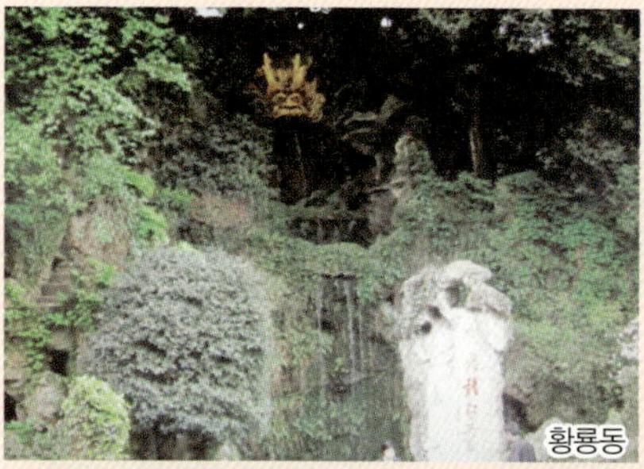

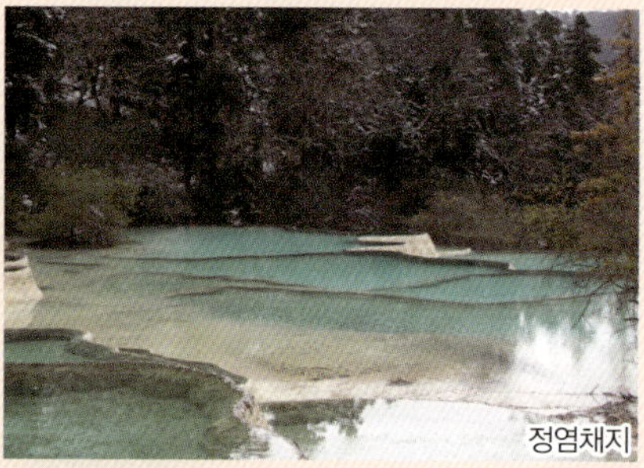

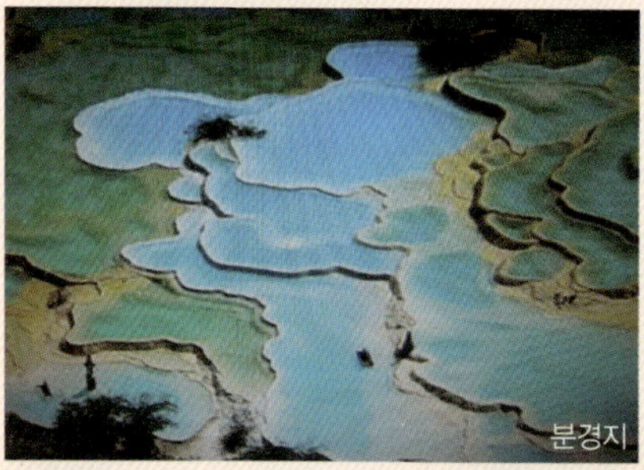

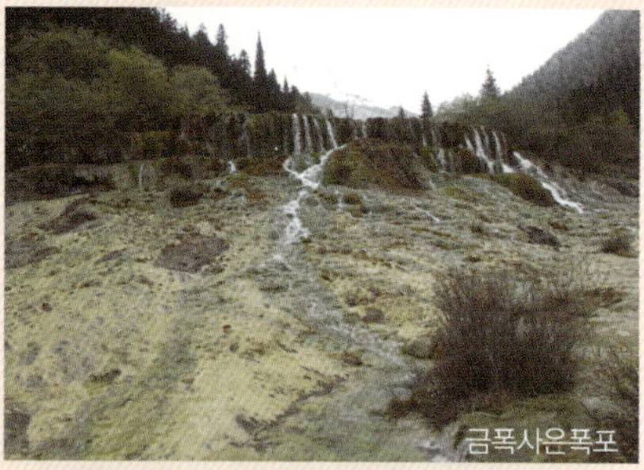

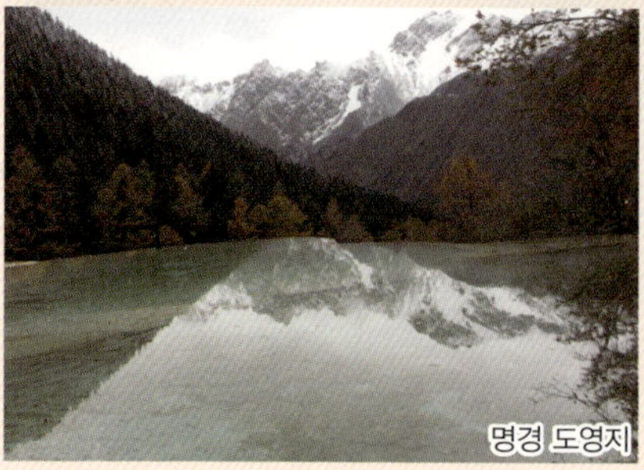

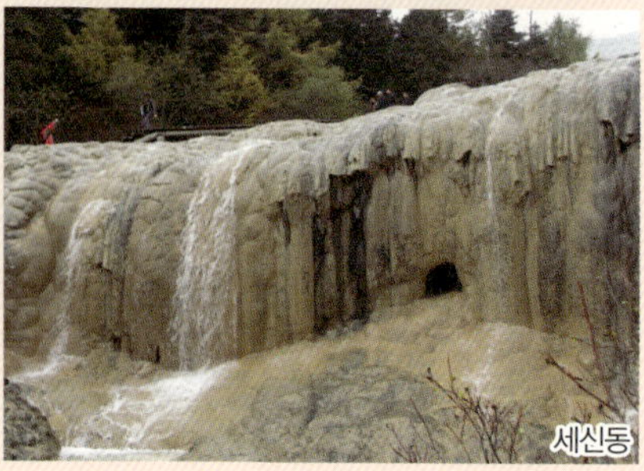

세신동(洗身洞)은 폭포의 폭이 40m이고, 낙차가 10m인 폭포이다. 칼슘화(석회화)된 바위가 꺼져 내리면서 만들어진 것으로 이런 유의 폭포로는 세계 최대라고 한다.
　폭포물이 쏟아져 내리는 벽에는 높이 1m에 폭이 1.5m인 동굴이 있고, 그 동굴은 물안개가 가득 차있어 마치 동굴입구에 장막을 쳐놓은 것 같다. 전해 오기로는 선인(仙人)이 이곳에서 몸을 씻었다 하며, 불임의 여인이 이곳에서 목욕을 하면 아이를 갖게 된다고 했다.
　황룡계곡에 흐르는 물에는 탄산칼슘이 녹아있다. 이 물이 1.3㎞의 계곡을 흘러내려오는 가운데 물 속의 칼슘이 유리되어 지표면에 축적돼 생긴 것이 금사포지이다.

단윈샤 풍광

쉐바오딩 풍광

지른 절벽으로 둘려있고, 그러면서도 동쪽으로는 길을 터주고 있다.

(2) 단윈샤(丹云峡, 단운협)

단윈샤경구(丹云峡景区)는 그 준수한 협곡 풍광으로 사람들에게 인기가 있다.

협곡은 19㎞의 길이이고, 협곡의 위쪽과 협곡의 아래쪽 간의 고도차가 1,300m에 이른다. 또한 협곡의 양쪽으로 솟아있는 산봉우리들은 협곡의 바닥에 비해 1,000~2,000m정도 높다. 단윈샤의 겨울은 백설의 세계이고, 봄철은 진달래꽃으로 붉으며, 여름철은 녹음으로 푸르다. 가을철은 단풍으로 붉게 물드는데, 특히 석양 무렵에는 하늘에서 불 구름이 내려앉는 형상을 떠올리게 된다. 단윈샤(丹云峡, 붉은 구름 계곡)란 이름도 그러한 경관에서 비롯된 것이다.

(3) 쉐바오딩(雪宝顶, 설보정)

쉐바오딩은 민샨산맥의 주봉으로 해발 5,588m의 높이이며, 송판현(松潘县) 현성에서 동쪽으로 50㎞의 거리에 있다.

일 년 내내 눈에 덮여있는 쉐바오딩산은 그 산허리에 바위들이 겹겹이 서 있고, 사방으로는 호수들이 있어 4해(四海)에 둘려 싸여 있다고 말들을 한다. 서(西)·북(北)·남(南)의 3면은 전문등반가들도 접근이 어려울 만큼 깎아

(4) 짜가푸부(扎嘎瀑布, 찰알폭포)

짜가푸부는 모우니고우 골짜기의 원시림 안에 있다. "짜가(扎嘎)"는 짱족의 언어로 "흰 바위 위를 흐르는 거센 물결"을 의미한다. 짜가푸부는 해발 3,270m 높이에 걸려있는데, 물 폭 35m에 낙차는 93m이다. 폭포의 위는 호수이고, 아래쪽으로는 물이 3단에 걸쳐 떨어진다. 석회암에서 녹아나온 칼슘이 굳어져서 만들어진 개화석벽(锴华石壁) 위를 타고 내리는 이 폭포의 물소리는 20㎞ 밖에서도 들리는데, 마치 수많은 말들이 질풍노도처럼 달리는 말발굽소리 같다고 한다. 짜가푸부경구(扎嘎瀑布景区)의 길이는 54㎞이며, 개화석벽 위의 폭포로는 중국 최대이다.

짜가푸부

쓰꾸냥산(四姑娘山)

쓰꾸냥산은 아빠짱족창족자치주의 샤오진현(小金县)과 원촨현(汶川县) 사이에 있다.

일 년 내내 눈과 얼음에 덮여있는 네 자리의 산봉우리가 마치 흰 면사포를 쓰고 있는 성스러운 낭자와 같다고 해서 붙여진 이름이라고 한다. 쓰꾸냥산의 자연보호구 면적은 1,375㎢(제주도의 75%)이며, 그 중 1/3정도만 개방되고 있다. 쓰꾸냥산은 공가산(贡嘎山)의 별칭인 촉산지왕(蜀山之王)의 황후산(皇后山, 蜀山皇后)이자 동방성산(东方圣山)이라는 영예를 지니고 있다.

쓰꾸냥산은 헝두안산맥(横断山脉)의 동쪽언저리에 있는 총라이산(邛崃山)의 최고봉이다. 해발고도가 각각 6,250m, 5664m, 5454m, 5355m인 네 봉우리가 3~5㎞ 범위에서 일직선으로 배열돼있다. 쓰꾸냥산의 동쪽으로는 민쟝(岷江)이, 그리고 서쪽으로는 다두허(大渡河)가 험한 기세로 남쪽 창쟝(长江)을 향해 흐른다. 쓰꾸냥산은 대체로 세 가지 유형의 자연현상을 내보이고 있다. 산 아래쪽의 계곡은 기후가 온화하고, 비가 자주 내리며, 맑은 계곡물이 넘쳐흐른다. 빙천(氷川)이 감겨있는 산허리는 구름이 에워싸고 있으며, 지세가 험준한 산봉우리는 백설이 눈부시다.

쓰꾸냥산에는 관광지로 개발된, 세 갈래의 계곡이 있다. 솽챠오고우(双桥沟), 챵핑고우(长坪沟), 하이즈고우(海子沟)가 그것이다. 그 개요는 표와 같다.

(표) 쓰꾸냥산의 세 계곡

계곡별	개요
솽챠오고우 (双桥沟)	계곡 안에 그곳 사람들이 통행하는 나무다리 두 곳이 있다해서 붙여진 이름이라고 함. 양류목으로 지어진 양리유차오와 홍삼나무로 된 비엔챠오가 그것임. 35㎞거리의 계곡은 깎아지른 절벽 속에 들어있으며, 54개의 경점이 있음. 산봉우리박람회 같기도 하고, 산골짜기 진열관 같다고도 함. 관광차가 계곡을 운행함.
챵핑고우 (长坪沟)	걷거나 말을 타고 관광하는 계곡임. 걷는 사람들을 위한 잔도가 잘 설치돼있음. 원시림 등 자연경관이 빼어남.
하이즈고우 (海子沟)	19㎞거리의 계곡이며, 10여 곳의 호수가 있음으로써 그 이름이 비롯됨. "하이즈"는 호수를 의미함. 계곡 안은 비교적 넓고 평탄함.

솽챠오고우

솽챠오고우

솽챠오고우

<쓰꾸냥산 풍모>

권역별관광

간즈짱족자치주
(甘孜藏族自治州)

19

간즈자치주의 행정구역 위치

1. 전체모습

간즈짱족자치주(甘孜藏族自治州)는 속칭 캉바지구(康巴地区)라고도 한다. 신비롭고 아름다운 자연풍광과 더불어 1천년 넘게 이어오는 캉바문화(康巴

아빠자치주의 행정구획

文化)가 거기에 있다. 간즈자치주는 15만3,000㎢(남한의 1.5배)의 면적에 90만 명의 인구가 살고 있으며, 그 중 80%가까이가 짱족(藏族) 사람들이다.

간즈자치주는 그 지리적 위치에 따라 캉동(康東)·캉난(康南)·캉뻬이(康北)의 세 지역으로 묶으며, 행정적으로는 18현(县)으로 나뉘어 있다. 그 대체적인 현황은 표와 같다.

간즈의 행정구획

(표) 간즈짱족자치주의 행정구획

권역별	현별	면적(㎢)	인구(만명)	인구밀도(인/㎢)	정부소재지
캉동(康東)	캉딩(康定)	11,486	11	9.7	위린(榆林)
	루딩(泸定)	2,165	8	37.0	루챠오(泸桥)
	단바(丹巴)	4,656	6	12.9	짱구(章谷)
	지유롱(九龙)	6,766	5	7.4	가얼(呷尔)
	야장(雅江)	7,558	4	54.3	허코우(河口)
	다오푸(道孚)	7,053	5	7.1	씨앤슈이(鲜水)
캉뻬이(康北)	루훠(炉霍)	4,601	4	8.7	신두(新都)
	간즈(甘孜)	7,303	6	8.2	간즈(甘孜)
	신롱(新龙)	8,570	4	4.7	루롱(茹龙)
	더거(德格)	11,025	7	6.3	경칭(更庆)
	빠이위(白玉)	10,386	4	3.9	지앤셔(建设)
	쉬취(石渠)	24,944	6	2.4	니가(尼呷)
	써다(色达)	9,332	4	4.3	써커(色柯)
캉난(康南)	리탕(理塘)	13,677	5	3.7	까오청(高城)
	바탕(巴塘)	7,852	5	6.4	씨아츙(夏邛)
	썅청(乡城)	5,016	3	6.0	썅바라(香巴拉)
	다오청(稻城)	7,323	3	4.1	진쮸(金珠)
	더롱(得荣)	2,916	2	6.9	쏭마이(松麦)

2. 교통

간즈자치주(甘孜自治州)에는 317번 국도와 318번 국도가 동서방향으로 관통하고있으며, 성급(省級) 도로가 남북 방향의 산맥 사이를 비집고 각 현으로 이어진다. 외지에서 간즈자치주로 접근하는 노선을 정리해보면 다음과 같다.

(표) 간즈자치주로의 접근로

경 로	개 요
청두(成都)-야안(雅安)-루딩(泸定)-캉딩(康定)	쓰촨(四川)의 서북고원과 쓰촨분지(四川盆地)를 연결하는 교통 대동맥으로 6시간 정도 소요됨.
청두(成都)-바랑산(巴朗山)-르롱(日隆)-단바(丹巴)	와롱산(卧龙山)·쓰꾸냥산(四姑娘山) 등의 풍경구를 지나며, 간즈자치주(甘孜自治州)의 동대문이라 할 단바(丹巴)로 들어감. 8시간정도 소요됨.
청두(成都)-마얼캉(马尔康)-써다(色达)	간즈자치주(甘孜自治州)와 아빠자치주(阿坝自治州)를 잇는 북부 산간지대의 교통로임. 7시간정도 소요됨.
진촨(金川)-다오푸(稻孚)	간즈(甘孜)와 아빠(阿坝)의 두 자치주를 잇는 중부지대의 교통로임.
다오청(稻城)-판쯔화(攀枝花)	루구후(泸沽湖) 등으로의 관광노선으로 각광받고 있음.

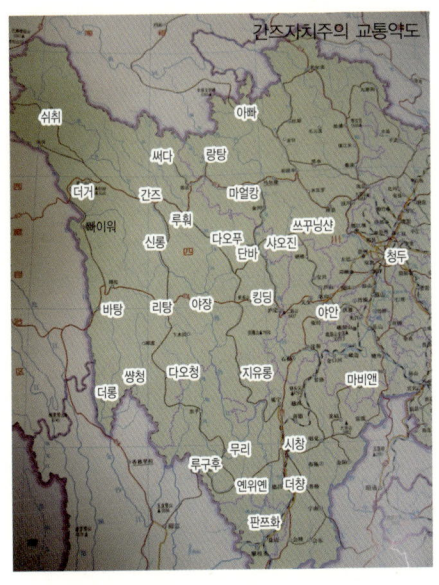

간즈자치주의 교통약도

3. 역사

간즈자치주는 오래 전부터 챵족(羌族)과 짱족(藏族) 사람들이 모여 사는 지역이다. 당(唐, 618~907)나라 때는 투판(吐蕃)에 속했으며, 원(元, 1206~1368)나라 때는 중앙에서 선위사사(宣慰使司)를 두어 토사제도(土司制度)를 시행하였다. 토사제도라 함은 중국 조정의 변방소수민족에 대한 통치형태로 그들 고유의 사회제도를 유지하도록 하되 조공을 바치도록 하는 것이었다. 이러한 토사제도는 청(清, 1616~1911)나라 말기까지 이어지다가 신해혁명(新亥革命, 1911) 후 천변특구(川边特区)가 설치됐으며, 1939년에 시캉성(西康省) 간즈짱족자치주(甘孜藏族自治州)로 개편되었다.

간즈자치주는 예로부터 한(汉)·짱(藏) 간 경제 문화교류의 요충지였다.

루훠(炉藿)에서 발굴된 고인류의 유골을 통해 볼 때, 이 지역에는 구석기시대부터 사람이 살았던 것으로 추정되며, 한무제(汉武帝, BC141~BC87) 때 이미 중앙조정과 관계를 맺고 있었다. 당(唐, 618~907)·송(宋, 906~1279) 시대 때, 차마고도가 열리면서 캉바문화(康巴文化)가 꽃을 피운다.

4. 여행환경과 볼거리

캉딩현(康定县)

캉딩(康定)은 간즈자치주의 최대도시이며, 간즈짱족자치주의 인민정부 소재지이다. 캉딩은 간즈자치주의 동부에 위치하며, 간즈자치주의 대문으로 역할 한다. 캉딩의 서쪽으로 있는 쩌뚜워샨(折多山) 산맥 중의 단다샨(丹达山) 동쪽을 "캉(康)"이라 했는데, 이 지역의 안정을 의미하는 "캉디안딩(康地安定, 강지안정)"에서 캉딩이라는 지명이 만들어졌다고 한다.

따쉐샨(大雪山) 중단(中段)의 쩌뚜워샨(折多山)과 공가샨(贡嘎山)이 캉딩현의 남북방향으로 이어져 놓이면서 캉딩현을 동(东)과 서(西)로 가른다. 캉딩현의 동부는 고산협곡지대로서 해발 5,000m이상의 산봉우리들이 널려 있고, 그 중 공가샨의 주봉은 해발 7,556m의 높이로서 협곡 바닥과의 고도차가 3,500m나 된다. 캉딩현의 서부와 서북부는 고원(高原) 내지는 고산협곡(高山峡谷)지대로서 다두허(大渡河)가 남쪽으로 흐른다. 캉딩 현성(县城)은 그리 크지 않다. 2~3성급 빈관과 초대소들이 있어 숙박에는 별 문제가 없다. 캉딩의 음식은 기본적으로 촨차이(川菜)로서 특유의 맵고 얼얼한 맛이 깔린다. 충초계(虫草鸡, 총차오지)·패모계(贝姆鸡, 뻬이무지)·천마주자(天麻肘子, 티앤마쪼우즈)·산채납육(酸菜腊肉, 쑤안차이라로우)·소고(烧烤, 샤오카오) 등의 음식이 먹어볼만 하다.

칸딩현의 볼거리들을 정리해보면 다음과 같다.

(표) 캉딩현의 주요 볼거리

경 점	개 요
타공초원 (塔公草原)	캉딩 현성으로부터 서쪽으로 110km 거리에 있음. 쩌뚜워샨(折多山)을 넘고, 신두챠오(新都桥)에 이르러 북쪽으로 방향을 잡아 올라가면 타공스(塔公寺) 절이 나옴. 타공스는 타공(塔公) 일대 관광의 중심이 됨. 타공은 폐허가 다 된 마을임. 도로 양편으로 집들이 늘어서 있으며, 그 밖으로 초원이 펼쳐져 있음. 타공스절은 초원 위에 휘황찬란한 모습으로 서 있으며, 그 뒤로 야라신산(惹拉神山)이 보임. 타공스와 야라신산은 도보로 30분 정도의 거리임 "타공(塔公)"은 짱족 말로 "보살이 좋아하는 곳(菩萨喜欢的地方)"이란 의미이고, 타공스(塔公寺)절은 캉바지구 사람들의 불교성지로 되어있음. 야라신산의 주봉은 해발 5,820m 높이이며, 짱족사람들의 4대신산(四大神山) 중의 하나임. 여름이면 푸른 초원위에 눈을 이고 우뚝 솟아있는 모습이 선경(仙境)을 연상시킴.

경 점	개 요
무거추워 (木格措)	비교적 최근에 개발된 풍경구임. 호수·삼림·초원·폭포·온천·야생동식물 등이 잘 조화된 자연경관이 관광의 중심대상이 됨. "무거추워(木格措)"는 짱족 말로 "야인해(野人海)"라는 의미임. 350㎢(제주도의 1/5) 면적에 볼거리로서 칠색해(七色海)·두견협(杜鵑峽)·약못온천(藥池溫泉)·방초평(芳草坪)·삼림초원(森林草原)·백해(白海)·홍해(红海) 등이 있음. "하이(海)"나 "추워(措)"는 호수를 의미함.
파오마샨 (跑马山)	캉딩현 현성 교외에 있음. 1983년에 파오마산 공원으로 개발됨. 산허리의 광활한 초원과 산봉우리를 맴도는 흰 구름 등 고원풍경의 전형을 보여줌. 산봉우리에 지샹스(吉祥寺) 사원이 있고, 4월초파일 욕불절(浴佛节) 날에는 석가모니의 생일을 축하하는 짠산(转山, 산돌이)과 말달리기(赛马) 등의 행사가 열림.
신두챠오 (新都桥)	쓰촨과 시짱을 연결하는 318번국도(촨짱남선)와 317번국도(촨짱북선)간의 연결도로가 갈라지는 곳임. 교통상의 그런 의미와 더불어 가없는 초원, 구불구불 흐르는 계곡의 내(川), 황금색 백양나무, 첩첩이 이어지는 산등성이들, 드문드문 자리 잡고 있는 짱족 사람들의 마을, 그 사이에서 한가롭게 풀을 뜯는 소와 양떼 등 짱족 고장의 전형적인 풍광이 거기에 있음. 사진작가들이 즐겨 찾는 고장임.
와쩌향 (瓦泽乡)	신두챠오에서와 같은 짱족마을의 전형적인 풍광과 더불어 무야천장대(木雅天葬台)가 있음. 무야는 캉딩현의 쩌뚜워샨 서쪽, 다오푸현(道孚县) 이남, 야장현(雅江县) 이동, 지유롱현(九龙县) 이북으로 구획 지어지는 지구이며, 이곳에 사는 사람들을 "무야와(木雅娃)"라고 함. 그리고 그들이 지키고 발전시켜온 생활풍습을 무야문화, 그들의 언어를 무야어(木雅语)라고 함.
온천 (温泉)	캉딩에는 얼다오챠오(二道桥)와 마오팡창(毛纺场)의 두 온천(温泉)이 있음. 얼다오챠오까지는 4㎞, 마오팡창까지는 15㎞의 거리인데, 마오팡창온천이 거리는 좀 멀지만 찾아오는 사람이 상대적으로 적고, 환경여건이 좋음.
공가샨 (贡嘎山)	캉딩 현성으로부터 남쪽으로 55㎞ 거리에 있음. 주봉인 따쉐샨(大雪山)은 해발높이가 7,556m이며, 쓰촨성에서 가장 높은 산임. 일 년 내내 눈에 덮여있는 설산으로부터는 110여 줄기의 빙하가 흘러내림. 그 중 가장 큰 것은 30여 ㎢의 면적에 16㎞의 길이이며, 아래쪽으로는 원시삼림의 안쪽 5㎞까지 들어와 있음. 세계에서도 보기 드문 삼림 속의 빙하임.

타공초원

아라신산

 타공향 거리
 타공풍광
 파오마샨
 신두챠오 들판
 신두챠오쩐 거리
 와쩌향
 타공스와 야라신산

루딩현(泸定县)

루딩은 서쪽의 따쉐산맥(大雪山脉)과 동쪽의 총라이산맥(邛崍山脉) 사이에 들어있는 산간지방으로 남북방향의 다두허(大渡河) 유역에 자리 잡고 있다. 다두허는 루딩을 하서(河西)와 하동(河东)으로 가른다. 하서지구에는 하이루워고우빙하(海螺沟氷川)·옌즈고우(燕子沟)·야쟈겅(雅加埂)·난먼관고우(南门关沟) 등의 자연경관이 있고, 하동지구에는 루딩철삭교(泸定铁索桥)다리·화린라오지에(化林老街)거리·백마고총(白马古冢)무덤 등의 인문경관들이 있다. 주요 볼거리를 정리해보면 다음과 같다.

(표) 루딩현의 주요 볼거리

경 점	개 요
하이루워고우 (海螺沟)	하이루워고우는 공가산(贡嘎山) 동남쪽 기슭의, 빙하로 침식된 계곡임. 아시아대륙의 가장 동쪽에 있는, 그리고 해발고도가 가장 낮은 빙하로 이름이 나있음. 하이루워고우는 1,000여m의 높이에 그 폭이 또한 1,000여m나 되는 크기이며, 위로부터 입설분(粒雪盆)·빙폭포(氷瀑布)·빙천설(氷川舌)의 세 부분으로 계단화 되어있음. 오전 7시경의 아침햇살을 받아 황금빛으로 빛나는 "일조금산(日照金山)"과 온천(温泉)이 유명함. 하이루워고우는 해발높이 2,800~4,800m범위에 있으며, 여름철에는 낮기온이 25℃까지 올라가지만, 야간에는 기온이 내려가고 비도 자주 내리므로 대비하도록 함. 청두(成都) 신난먼(新南门) 버스터미널에서 하이루워고우로 직행하는 버스가 있으며, 322km거리에 6~8시간이 소요됨.
옌즈고우 (燕子沟)	공가산(贡嘎山) 빙하의 녹은 물이 흐르면서 침식시킨 계곡임. 주변에 해발 5,000m 이상의 봉우리들이 15자리가 있으며, 해발 7,556m높이의 공가산(贡嘎山) 주봉으로 이어짐. 해마다 여름이면 수많은 옌즈(燕子, 제비)들이 몰려와 서식하는 데서 그 이름이 비롯됐음. 이곳에 중국의 10대 명천(名泉) 중 하나로 알려진 "약왕신천(药王神泉)"을 비롯하여 여러 아름다운 호수들이 있음.

하이루워고우

일조금산

예즈고우

단바현(丹巴县)

ㅇ. 개요

단바현은 간즈자치주(甘孜自治州)의 동부에 위치하며, 해발높이는 1,800m이다. 연중 서리(霜)가 안 내리는 기간이 316일에 연평균기온은 14℃ 이상이며, 토질도 좋아 사람이 살기에 적합하다. 이 고장에 관하여 "산이 아름답고, 물이 아름답고, 사람은 더 아름답다(山美水美人更美)"는 말이 있다.

중화민국(中华民国, 1912~1949) 초기, 기존의 토사(土司)인 단둥(丹东)·바디(巴底)·바왕(巴旺)을 한 데 묶어 현(县)을 설치할 때, 그 머리글자를 취해 "단바(丹巴)"라 명명한 것이라고 한다. 단바현은 작기는 하지만, 여관·음식점·우체국·은행 등 여행하는 사람들에게 필요한 시설은 모두 갖춰져 있다. 다만 한 가지, 지역이 협소하기 때문에 대형버스가 머무를 공간이 없다는 점이 불편이라면 불편이다. 단바(丹巴) 관광의 요체는 짱쨔이(藏寨, 짱족마을)·댜오로우(碉楼, 방어를 겸한 망루)·하이즈(海子, 호수)·홍예(红叶, 단풍) 등이다.

ㅇ. 교통

댜오로우(碉楼, 조루)는 돌로 쌓아올린, 일종의 망루(望楼) 같은 구조물이다. 고증된 바로는 한(汉, BC206~ AD220)나라 때부터 세워지기 시작했으며, 가장 늦은 것은 청(淸)나라 6대 황제 건륭(乾隆, 1735~1796) 때 샤오진촨(小金川)을 평정하고 세운 것이다. 청(淸)나라 군사가 진촨(金川)지역을 평정하고자 했을 때, 짱족 사람들의 이 댜오로우(碉楼)의 위에에 눌려 많은 병사들의 사기가 떨어지고, 죽임을 당했다. 이에 청(淸)나라 조정에서는 마얼캉(马尔康)-진촨(金川) 일대의 댜오로우을 철거시킨 바가 있다.

단바(丹巴)의 댜오로우 축조에는 두 가지 설이 있다. 하나는 부족 간의 싸움에서 마을을 지키기 위해 쌓았다는 설이고, 다른 하나는 단바에 횡행하며 사람들을 괴롭히고, 목숨을 앗아가는 마귀를 퇴치하기 위하여 쌓았다는 설이다. 어느 쪽이든 간에 자기 부족의 안전과 방어를 위해 구축했던 것이다.

단바의 짱족가정에서는 아들이 태어나면 그 몫으로 댜오로우를 하나씩 세워나가기 시작하였다. 태어나던 해에 기초를 닦고, 나이 한 살씩을 먹을 때마다 한 층씩을 올려갔다. 이렇듯 댜오로우 쌓기는 성년에 이를 때까지 계속되었으며, 그 높이는 10m에서부터 35m에 이르기까지 다양하였다. 형태면에서도 4각(角)·5각·6각·8각·13각의 여러 가지가 있다. 댜오로우는 그 기능에 따라 군사용·봉화용·관채용(官寨用)·풍수용·경계용·주거용의 여러 가지가 있다. 그 소재로는 돌·진흙·마줄기(麻干)·나무 등이 쓰였는데, 수 백 년이 지나면서도 무너지지 않는 것을 보면 짱족 사람들의 지혜와 건축공예기술이 뛰어났음을 알 수 있다.

단바(丹巴)의 댜오로우(碉楼)로는 수워포어(梭城)와 쫑루(中路)의 것이 유명하며, 단바 현성에서 걸어서도 갈 수 있다. 택시로는 기본거리이다.

단바로 접근하는 교통은 원활한 편이다. 청두(成都)에서 올 때는 씨먼(西门) 버스터미널에서 아침에 떠나는 단바(丹巴)행 버스를 탄다. 중간에 잉씨유(映秀)-워롱(卧龙)-바랑샨(巴郎山)-르롱(日隆)-쓰꾸냥샨(四姑娘山) 등을 경유하며, 오후 3시경에 도착한다. 마얼캉(马尔康)에서는 아침 7시경에 단바행 버스가 떠나며, 정오 무렵에 도착한다. 캉딩(康定)에서는 7시경에 출발하여 오후 2시경에 도착한다. 캉딩(康定)-단바(丹巴) 간에는 신두챠오(新都桥)-타공(塔公)-빠메이(八美) 등을 경유한다.

○. 볼거리

단바의 볼거리들을 크게 묶어보면 ①당링풍광(党岭风光), ②쟈쥐짱쟈이(甲居藏寨)로 대표되는 짱족풍정(藏族风情), ③무얼뚜워신산풍광(墨尔多神山风光), ④마오니유구(牦牛谷) 골짜기 등이다. 주요 볼거리들을 정리해보면 다음과 같다.

(표) 단바현의 주요 볼거리

경 점	개 요
당링 (党岭)	당링은 따쉐샨(大雪山) 자락에 있으며, 이곳은 단바(丹巴)와 다오푸(道孚)의 경계지역임. 해발 3,000~5,000m에 걸쳐있으며, 지유쨔이고우(九寨沟)와 같은 풍광에 더하여 신령스러움이 곁들여져 있음. 기후변화가 심한, 고산협곡의 경관을 지님. 당링은 단바 현성으로부터 70km의 거리이며, 길이 험하여 운전기사들이 가기를 꺼려함. 단바 버스터미널에서 오전 10시경에 당링행 버스가 출발하는데, 출발 한 시간 전쯤에 차에 타고 있는 것이 승차를 보장하는 확실한 방법임. 당링의 현지 관광여건은 매우 불편하며, 할 건지 말 건지는 비앤얼(边尔)이라는 곳을 거점으로 하여 상황을 보아 판단하는 것이 바람직함.

경 점	개 요
쟈쥐짱쨔이 (甲居藏寨)	쟈쥐짱쨔이는 쟈롱짱족지구(嘉绒藏族地区)의 대표적인 짱족 마을임. 하천을 낀 산비탈의 숲 속에 성보(城堡) 모양의 짱족 민가가 줄지어 늘어서있는 풍광은 동화세계를 연상시킴. 해마다 봄이 되면, 사람들은 집 단장을 하며, 갓 피어난 배꽃·복숭아꽃과 더불어 그 색채가 돋아남. 가을이면 옥상에 널린 황금빛 옥수수와 붉은 빛 고추가 만산의 단풍과 어우러져 천상의 색채를 경험하는 듯함. 단바 현성에서 쟈쥐짱쨔이의 입구까지는 택시 기본거리이고, 입구에서부터 마을까지는 5km의 이정임. 마을의 도로입구에서 내리지 말고 택시로 마을까지 들어가는 것이 바람직함. *쟈롱짱족(嘉绒藏族)은 짱족언어의 방언인 쟈롱화(嘉绒话)를 구사하는 짱족 사람들로서 아빠(阿坝)·간즈(甘孜)·량산(凉山)지역에 거주함.
무어얼뚜워 (墨尔多)	무어얼뚜워는 짱족 사람들의 4대 신산(神山) 중 하나임. 이곳은 쟈롱짱족(嘉绒藏族)의 발상지이자 쟈롱짱족문화의 중심지임. 무얼뚜워산 주위의 원허허(温和河) 계곡에 사는 사람들을 일컬어 "쟈얼무어챠와롱(嘉尔墨查洼绒)"이라고 했는데, "쟈롱(嘉绒)"은 이를 줄인 말임. 쟈롱짱족 사람들은 무어얼뚜워신산의 사면팔방으로 번창해나가 오늘날 단바(丹巴)·마얼캉(马尔康)·진촨(金川)·샤오진(小金)·흐이슈이(黑水) 등지를 포괄하는 "쟈롱짱취(嘉绒藏区)"를 이룸.

당링

당링 후루하이

당링풍광

무어얼뚜워

쟈쮜 쨩쨔이

여기서 잠깐 ― 쟈쮜쨩쨔이(甲居藏寨) 인상

쟈쮜쨩쨔이(甲居藏寨)는 쨩족 사람들의 마을이고, 단바(丹巴) 현성(县城)에서 5km정도 거리의 산비탈에 있으며, 거기에 가면 그들과 함께 생활하면서 쨩족(藏族) 사람들의 정취를 체험해볼 수 있다는 것, 그런 정도의 정보를 가지고 샤오진현(小金县)의 쓰꾸냥샨(四姑娘山)을 뒤로하고 행보에 나섰다.

쓰꾸냥샨에서 샤오진 현성까지는 60km이고, 샤오진 현성에서 단바 현성까지는 45km 거리인데, 정기적으로 운행되는 차편은 없고, 10인승 정도의 합승 봉고차들이 대기하고 있으면서 어느 정도 성원이 돼야 떠나는, 그런 여건이었다.

차는 헐고, 승차감은 형편없었지만, 쓰꾸냥샨에서 흘러내려 다두허로 들어가는 차창 밖 강물의 아침 고원 풍광이 담백하고 청명했다. 샤오진 현성에 내려 두리번거리는데, 단바에를 갈 거냐고 묻는다. 봉고 차에는 피부는 거칠고 검었지만, 절제된 차림의 농촌 아낙이 타고 있었다. 그녀는 여행차림의 행색으로 알아차렸는지 내게 쟈쮜(甲居)에 관하여 여러 이야기를 하면서 볼만한 곳이라고 했다. 그리고 혹여 쟈쮜에 들리면 찾아오라고 하며 주소와 전화번호를 적어 주었다.

단바 현성에 내리자 택시기사들이 다가와 묻기에 쟈쮜(甲居)에 갈 거라고 했더니 400위안을 달라고 한다. 웃으면서 우리말로 "야, 이 도둑놈아!" 하고는 그 농촌 아낙에게 전화를 했다. 마을에서 정기적으로 다니는 차가 있으니 같이 가자고 했다. 차비는 10위안이고, 마을사람이 대동하는 여행객의 경우 3명까지는 경구(景区) 입장료도 눈감아진다고 했다.

 그 아낙의 집에 도착했을 때는 오후 세시가 넘었다. 시장하겠다며 칼국수를 걸쭉하게 끓여 한 그릇 듬뿍 떠 주고는 자기도 떠가지고 나온다. 쟈쥐짱쨔이는 모두 150호 정도 되며, 3개 촌(村)으로 나뉘어 있다고 한다. 집집이 모두 민박으로 관광객을 맞으며, 농사도 짓고, 가족의 일부는 외지에 나가 돈을 번다고 했다. 이 집은 16명 민박규모에 500여 평 농사를 짓고 있으며, 남편과 자녀 둘이 샤오진에서 직장생활을 한단다. 농사일과 민박일은 친정어머니와 둘이 하고 있다고 했다.

 점심 식사 후 혹여 길을 잃을 수 있으니 일곱 살 먹은 아들을 데리고 마을 구경을 다녀오라고 했다. 비탈에 앉힌 집의 앞이 트인 아래층은 축사이고, 20~30마리 닭과 어미젖소가 있었다. 그 아이는 굴렁쇠를 굴리면서 앞서 가고, 가다가는 길옆의 사과나무에서 사과를 따먹기도 하고, 길가에 걸쳐진 고무호수에서 물을 받아먹기도 하며, 이름 모를 열매를 따서 지나가는 애들과 나눠먹기도 한다. 마을 안길에는 소들이 어슬렁거리고, 사람이 다가가도 무불상관이다. 비록 중국 땅이기는 하지만, 마을에서 풍기는 냄새도 그렇고, 시간을 되돌려 고향에 온 기분이다. 관망대에 올라 계곡을 내려다보니 다두허(大渡河)로 이어지는 따진촨(大金川)강이 까마득히 내려다 보이고, 나무숲에 윗몸을 들어내고 있는 집들이 아닌 게 아니라 동화 속의 그림 같다.

 저녁이 되니 나돌아 다니던 민박 객들이 식탁에 모여 식사를 하는데, 미국·네덜란드·영국 등지에서 온 남녀들이 서양인에게는 어울리지 않을 밥상인데 잘들도 먹는다. 인류학을 전공하고, 이곳을 소재로 박사학위 논문을 쓰기 위해 두 달째 머물고 있다는 미국 청년은 밤이 이슥했는데, 손전등을 들고 외출을 한다. 밤경치도 있는가 보다.

 무당집처럼 알록달록 치장된 방안의 분위기는 의외로 차분하고 아늑하다. 뼘 반은 됨직한 두께의 벽돌로 벽을 쌓고, 나무로 마감한

그 집

방은 밖의 냉랭한 날씨와는 딴판으로 훈훈하다. 솜이 물을 먹듯 잠이 스르르 스며든다.

날이 밝았는데, 비가 온다. 캉딩의 타공초원(塔公草原)을 가기로 했기에 아침 일찍 나서는데, 이집 아낙이 차편을 마련하고, 비옷을 챙겨 입히고는 내 무거운 배낭을 대신 멘다. 맨몸으로 오르기도 버거운 산 비탈길을 그 아낙은 잘도 올라간다. 자기 집 민박 객을 차에 태우고 나서야 그녀는 자기 할 일을 마쳤다는,

그런 느낌의 홀가분한 표정을 지었다. 그리고 덧붙이기를 다음에 또 오면 마중 나갈 테니 단바 현성에서 연락하란다. 왕복차비 20위안과 음식·숙박비 40위안이고 보면 누이 좋고 매부 좋을 일이다.

비록 하루 밤을 묵고 가는 길이지만, 그런 풋풋한 인정을 느낄 수 있기에 이곳 쟈쥐짱쨔이(甲居藏寨)가 쓰촨 서북고원의 관광명소로 자리를 굳힌 게 아닐까 싶어진다.

그집 아낙

그집 아이

그집 객실

연락처: 우동화(吳東華) 159-8374-5037 , 139-9049-5195 , 135-6829-2629

간즈현(甘孜县)

○. 개요

간즈현(甘孜县)은 간즈짱족자치주의 북부, 야롱쟝(雅砻江) 상류지역이다. 이 지역은 칭짱고원의 일부이며, 헝두안산맥(横断山脉)의 동북쪽 변두리이다. "간즈(甘孜)"는 짱족 말로 "순결함"과 "아름다움"을 의미한다.

간즈현은 대륙성고원계절풍기후구(大陆性高原季节风气候区)에 속하며, 연평균기온은 5.6℃이고, 최고온도 31.7℃, 최저온도 -28.8℃를 기록하고 있다. 간즈현의 많은 산봉우리들은 한여름에도, 비록 그 양은 많지 않지만 눈을 뒤집어쓰고 있다. 그래서 사람들은 간즈현을 일컬어 "설산지성(雪山之城)"이라 이른다.

간즈에는 장전불교(藏傳佛敎)의 여러 종파들이 모두 존재하며, 다진스(大金寺)·간즈스(甘孜寺)·빠이리스(白利寺) 등의 사찰이 널리 알려져 있다.

○. 교통

청두(成都)-간즈(甘孜) 간의 거리는 752km이다. 청두(成都)의 신난먼(新南门) 버스터미널에서 오전 10시에 캉딩(康定)행 버스를 타면 367km를 달려 오후 9시경에 중간 기착지 캉딩에 도착한다. 캉딩에서 하룻밤을 자고, 다음

날 아침 6시 30분에 간즈행 버스를 타면 다시 385km를 달려 오후 4시경에 간즈 현성에 도착한다.

O. 볼거리

간즈현의 볼거리로는 장전불교(藏傳佛教)의 사원들과 쮸워라샨(桌拉山)이 있다. 쮸워라샨은 설산지성(雪山之城)의 대표적인 산이다.

간즈현 현성

간즈현성 거리

써댜현(色达县)

써다(色达)는 짱족 말로 "금마(金马)"를 의미한다. 이 고장의 써탕(色塘)이라는 곳에서 말발굽 모양의 금괴가 출토된 데서 그런 이름이 비롯됐다고 한다.

써다현은 간즈자치주의 동북부, 칭하이성(青海省) 바옌카라산맥(巴颜喀拉山脉)의 동남쪽 끝단에 위치하며, 대체적으로 해발 4,000m이상의 높이에 있다. 대부분의 지역이 전형적인 고산구릉지대(高山丘陵地带)이며, 겨울이 길고 여름은 짧아 있는 둥 마는 둥이다. 여름철에도 기후는 한랭하며, 주야간 온도차가 심하다. 청두(成都)-써다(色达) 간의 교통은 이틀이 소요된다. 중간 기착지는 마얼캉(马尔康)이다.

더거현(德格县)

O. 개요

더거현(德格县)은 간즈자치주의 서북부에 위치하며, 진샤쟝(金沙江)을 사이에 두고 시짱자치구(西藏自治区)와 마주한다. 쓰촨(四川)과 시짱(西藏)의 두 성구(省区)를 잇는 촨짱공로(川藏公路)의 북선(北线, 317번국도)이 현(县)의 동서(东西)를 관통하며, 간즈자치주의 정부소재지인 캉딩으로부터는 588km의 거리이다.

더거현(德格县) 현성의 해발높이는 3,240m이고, 웅장하고 아름다운 췌얼샨(雀儿山)이 더거현을 동(东)과 서(西)로 양분한다. 더거현의 동부는 쓰촨분지(四川盆地) 서부의 고원구릉지대(高原丘陵地带)로 목축업이 주를 이루고, 더거현의 서부는 진샤쟝(金沙江)을 낀 고산협곡지대(高山峽谷地帶)로 반농반목(半農半牧)의 농업지대이다. 췌얼샨의 주봉은 어마이용쨔(俄麦雍扎)이며, 해발 6,168m의 높이이다. 더거현은 기본적으로 칭짱고원기후대에 속하므로 여름철이 없고, 연평균기온은 6.5℃에 불과하다. 공기는 건조하고, 비는 많지는 않지만 6~8월에 집중된다.

더거(德格)는 간즈(甘孜)와 더불어 캉바짱족(康巴藏族)의 심장부이자 캉바문화의 발상지이다. 더거는 짱족(藏族)의 걸출한 임금이었던 거사얼(格萨尔)의 고향이다. 간즈현을 꿰뚫어 지난 다음 마니간과(马尼干戈)를 거치고, 췌얼샨(雀儿山)을 넘는 가운데 캉바짱족이 형성해온 그들의 문화를 맛볼 수 있다.

O. 교통

청두(成都)로부터 더거(德格)까지의 접근은 청두(成都)-캉딩(康定)-간즈(甘孜)-마니간거(马尼干戈)-더거(德格)의 여정(旅程)이다. 더거(德格)까지의 직행버스 보다는 구간별로 버스를 갈아타는 것이 덜 복잡하고 융통성이 있다. 또한 췌얼샨야코우(雀儿山丫口)는 해발높이가 5,000m이상이므로 마니간거(马尼干戈)나 간즈(甘孜)에서 고도에 적응한 후 더거(德格)로 진입하는 것이 바람직하다.

O. 볼거리

더거의 볼거리로는 다음과 같은 것들이 회자된다.

(표) 더거현의 주요 볼거리

경점	개요
아쉬초원 (阿须草原)	더거현 현성 동북부 206km 거리에 있는, 2억5천만 평 넓이의 초원임. 해발 4,000m높이에 있으며, 짱족의 거사얼왕이 출생한 곳임. 거사얼은 이곳에서 150여 부락을 통일하여 나라를 세움. 아쉬(阿须)로 가는 노선버스는 없으며, 싼차허(三岔河)-아쉬(阿须) 간의 35km거리를 태워주는 오토바이·트랙터·화물차 등이 있음. 거사얼왕의 사당과 기념관이 아름다운 초원과 더불어 이곳 볼거리의 중심임. 아쉬에는 제대로 갖춰진 숙박시설이 없고, 음식점의 곁방이나 현지인의 가정에서 기숙하게 됨. 가정일 경우 간단한 선물을 가져가는 것이 예의로 되어 있음.
무런추워 (木仁措)	워공향(窝公乡)에 있는 호수임. 거사얼왕이 요괴 선무(森姆)를 퇴치했다는 전설이 있음.
마니간거 (马尼干戈)	더거 동부의 교통요충지로 촨짱북선(川藏北线)인 317번국도 상에 있음. 해발고도 3,800m의 지대로 공기가 희박하고, 기온이 낮음.
	촨짱북선의 마니간거(马尼干戈)-췌얼샨(雀儿山) 구간에 있음. 거싸얼왕의 왕비 쮸무쩡(珠姆曾)이 이곳에 왔다가 그 아름다움에 빠져 돌아가기를 마다했다는 곳으로 겨

경점	개요
신루하이 (新路海)	울철에는 백색의 골짜기에 노루 떼가 노닐고, 여름에는 푸른 산천과 더불어 빙하(氷川)·설봉(雪峰)·창공(苍空)이 어우러진 사이에 풀을 뜯는 소와 양, 그리고 유목민의 거처인 짱펑(藏棚)이 그림 같음. 신루하이는 마니간거로부터 10km의 거리이며, 마부가 딸린 말을 타고 가는 방법, 걸어서 가는 방법, 차를 얻어 타고 가는 방법 등이 있음. 숙식은 현지인의 가정에서 하게 됨.
췌얼샨 (雀儿山)	췌얼샨은 칭짱고원의 동남쪽 변두리와 쓰촨의 서부고원이 마주하는 곳에 있음. 이곳은 헝두안산맥의 북부임. 이곳의 헝두안산맥은 서북–동남 방향으로 놓여있음. 북쪽 면으로는 모라샨(莫拉山)과 위롱허(玉隆河, 야롱장의 지류)에 접하고, 남쪽 면으로는 샤루리샨(沙鲁里山)과 씨허(夕河, 진샤장의 지류)·마이쑤허(麦宿河, 진샤장의 지류)의 두 강에 접함. 주봉인 롱마이어짜(绒麦峨扎, 해발6,168m)는 더거현 마니간거향(马尼干戈乡)에 있으며, 해발 5,000m이상의 설산(雪山) 수십 자리가 이어져 있음. 췌얼샨의 웅장하고 위엄 있는 기상과 철 따라 모양새를 달리하는 자태, 그리고 거대한 장애를 뚫어 길을 만든 인간의 지혜와 능력이 이곳 관광의 중심이 됨.
인경원 (印经院)	제대로 갖춘 명칭은 "서장문화보장덕격인경원대법고길상다문(西藏文化宝藏德格印经院大法吉祥多门)"임. 그냥 "덕격길상취혜원(德格吉祥聚慧院)"이라고도 부름. 1,500여 평의 대지에 연건평 2,700평의 규모이며, 중국 짱족의 각종 도서와 문물을 소장하고 있음. 시짱자치구(西藏自治区)의 라싸인경원(拉萨印经院)·깐수성(甘肃省)의 라보렁인경원(拉卜楞印经院)과 더불어 짱족의 3대 문화중심으로 꼽힘. 더거인경원은 1729년에 착공, 27년간에 걸쳐 완성된, 짱식(藏式) 고건축물로 4합원식 배치이며, 주요문물로는 건물 자체와 목각인쇄판 및 벽화들이 있음.
겅칭스 (更庆寺)	원래는 더거토사(德格土司)의 가족사당으로 1448년에 지어졌으며, 한창 때는 1,500명이 넘는 승려들이 기거했다함. 문화혁명 때 훼멸됐고, 현재의 건물은 1981년에 다시 지어진 것임. 겅창스는 인경원 옆 산허리에 있는데, 당초 인경원은 겅칭스에 속해있었으며, 산 아래의 대경당(大经堂)과 산 중턱의 승방(僧房)들도 컹칭스 소속이었음. 겅창스 옆으로 팔보백탑(八宝白塔)과 전경통(转经筒)이 있고, 사원의 정면 좌우로도 여러 개의 대형 전경통이 있음. 또한 겅칭스가 마주 보고 있는 산 중턱에는 5색의 경번이 빽빽하게 들어서있고, 더불어 대형의 경번 탑도 함께 있음. 이 모든 것들이 함께 어우러져 겅칭스의 독특한 풍광을 연출함.
빠방스 (八邦寺)	빠방스는 장전불교(藏转佛教) 가쥐파(□噶举派) 사원임.
뚜워푸고우 (多瀑沟)	위예바(岳巴)·다마(达玛)·푸마(普玛)의 3개 향(乡)에 걸쳐있는 폭포계곡임.
강투워대교 (岗拖大桥)	더거 현성으로부터 25km 거리이며, 시짱자치구와 쓰촨성을 잇는 진샤장의 다리임.

아쉬초원

무런추워

마니깐거

신루하이

췌얼산

깡투워대교

인경원

인경노관소

빠이위현(白玉县)

빠이위현(白玉县)은 쓰촨성 서부, 진샤쟝 유역에 위치한다. 촨짱북선인 317번국도와 촨짱남선인 318번국도 사이에 자리 잡고 있으며, 교통사정이 매우 좋지 않아 예로부터의 환경과 풍속이 고스란히 보전돼오고 있다.

빠이위(白玉)는 홍교(红教)의 성지(圣地)이다. "빠이위(白玉)"는 짱족의 말로 성스럽고 복 받은 땅이라는 의미의 "길상성덕지방(吉祥圣德的地方)"이다. 빠이위(白玉)로의 접근은 더거(德格), 간즈(甘孜), 비캉(巴康)으로부터 가능하다.

볼거리로는 더거토사(德格土司)의 사당이자 장전불교 사원인 빠이위스(白玉寺)절, 장전불교 닝마파(宁玛派)의 6대 사원 중 하나인 가투워스(嘎拖寺)절, 챵타이초원(昌台草原) 등이 있다.

가투워스

챵타이초원

쉬취현(石渠县)

쉬취현은 쓰촨성의 최북단에 위치한다. 성회(省会)인 청두(成都)로부터는 1,054km의 거리이며, 3일간 소요된다. 청두(成都)-쉬취(石渠) 간을 운행하는 버스는 없으며, 청두(成都)-캉딩(康定)-간즈(甘孜)-루훠(炉藿)-쉬취(石渠)의 여정 중에 편의가 닿는 대로 차편을 이용한다. 쉬취현의 볼거리로는 다음과 같은 것들이 있다.

(표) 쉬취현의 주요 볼거리

경 점	개 요
짜시카 (扎溪卡)	야롱쟝(雅砻江) 양편으로 펼쳐진 아름다운 초원임. 낮게 내려와 있는 쪽빛 하늘아래 구름과 경번(经幡)이 함께 나부끼는 것 같은 착각에 빠져듦.
써쉬스 (色须寺)	황교(黄教)의 거루파(格鲁派) 사원임. 장전불교 최고의 학위인 거씨(格西, 일반학문의 박사학위에 상당)수여자격을 갖춘 사원으로 경내에 구리로 만들어 금물을 입힌 챵바불(强巴佛)이 안치되어 있음. 시짱(西藏) 르카쩌(日喀则)의 짜쉬룬부스(扎什伦布寺)에 이어 중국에서 두 번째로 큰 챵바불임.
	마니챵(嘛呢墙)이라 함은 마니석(嘛呢石, 라마경문을 새긴 돌)으로 쌓은 담장을 말함. 짱족 마을의 곳곳에 마니석을 쌓아 이룬 마니두이(嘛呢堆)가 더욱 발전하여 담장이나 성보(城堡) 모양을 갖춘 것임. 짜시카초원의 곳곳에 마니챵이 있는데, 그 중

경 점	개 요
바거마니챵 (巴格□麻□尼墙)	대표적인 것이 야롱장 강변의 이곳에 있는 바거마니챵임. 전체길이 1.6km, 폭 2~3m, 높이 2~3m의 크기임. 마니석에는 6자진언(六字眞言)과 간쮸얼(甘珠爾)·단쮸얼(丹珠爾)의 경문 구절들이 새겨져있음. 바거마니챵에 다음과 같은 이야기가 전해옴. 바거(巴格)라는 이름의 활불(活佛)이 야롱장 강변에서 쉬고 있던 중에 짱족의 남녀가 바삐 달려오는 것을 보았다. 그들은 사통하여 마을에서 몰래 빠져나와 온갖 고생을 하고 있는 터였다. 여자의 가정은 백만장자였으나, 남자의 가정은 빈한하기 이를 데 없어 여자 집에서 반대를 하자 도망쳐 나왔던 것이다. 이들 남녀가 그날 밤 야롱장 강변에서 쉬는 중에 그 남자는 잠들어있는 여자의 몸에 이제까지 본 바가 없는 각종 진귀한 보물들이 달려있는 것을 보았다. 잠시 정신이 혼미해졌던 남자는 이내 불순한 생각이 들어 여자를 죽이고 보물들을 떼어 감춰놓은 다음 시신은 강물에 던져버렸다. 남자의 행동거지를 보고 있던 활불은 그가 감춰놓은 보물을 챙겨들고 그곳을 떠났다. 그리고 얼마 후에 그 남자가 보석을 찾으러 자신을 찾아왔을 때 엄히 훈계하여 사랑은 고귀한 것이고, 그 어떤 재물로도 바꿀 수 없는 것임을 일깨워주었다. 그 남자는 활불의 훈계에 자신의 행동을 참회하며 크게 통곡하더니 불문에 들어 활불의 제자가 되었다. 그리고 자신의 행동을 평생 참회하면서 돌에 경문을 새겨 마니챵을 쌓았다. 오늘날에도 처녀 총각들이 찾아와 자신들의 애정이 변치 않을 것임을 굳게 다짐하면서 마니챵 이어쌓기를 계속하고 있다.
거사얼온천 (格萨尔溫泉)	옛날, 거사얼왕이 훠국(霍國)을 정복하고 자신의 링국(岭國)으로 돌아오는 길에 왕비 쮸무쩡(珠姆曾)을 비롯, 30여명의 대장군들과 함께 목욕을 했다는 곳임.
아쉬초원 (阿须草原)	쉬취현의 아쉬초원은 칭하이성의 바옌카라산맥으로 이어지는 지역으로 그 풍광에 신비로움이 서려있음. 겨울은 물론 초여름에 이르기까지도 눈으로 말미암아 통행이 제한됨.

바거마니챵

아쉬초원

쨔시카

써쉬스

다오청현(稻城县)

"다오청(稻城)"은 짱족의 말로 "계곡 입구의 넓은 개활지"를 의미한다. 지리상으로는 간즈자치주의 남부, 칭짱고원의 동남부, 헝두안산맥 동쪽의 샤루리산맥(沙鲁里山脉) 중단(中段)에 위치한다. 다오청은 짱족 사람들의 불교성지이다. 다오청(稻城)은 쓰촨성과 윈난성이 맞닿는 지역이다. 청두(成都)로부터 다오청(稻城)으로 가는 길은 캉딩(康定)·야쟝(雅江) 등을 경유하는 촨짱남선(川藏南线, 318번국도)을 타다가 리탕(理塘)에서 남쪽으로 벗어나며,

다오청 가는 길

다오청 풍광

대략 150km를 달려 다오청에 이른다. 윈난성의 쫑디앤(中甸, 쌍거리라)으로부터 매일 아침 다오청으로 향하는 버스가 떠난다. 다오청은 고온계절풍기후대에 속하며, 따라서 4계절이 분명하고, 기온이 낮으며, 주야간 온도차가 크다. 1월은 평균기온 -5.9℃에 극최저 -27℃이고, 7월의 평균기온은 12℃이다. 11월부터 이듬해 3월까지가 겨울이다.

다오청의 볼거리로는 하이즈샨(海子山)과 야딩(亚丁)이 있다.

(표) 다오청현의 주요 볼거리

경 점	개 요
하이즈샨 (海子山)	하이즈샨은 해발 3,600~5,020m의 높이에 면적이 3,287km²인 산으로 모자 모양의 대형 얼음을 이고 있어 "다오청빙모(稻城冰帽)"로 불리며, 널리 알려져 있음. 이 얼음은 히말라야산맥의 조산운동(造山运动) 때부터 있던 얼음으로 보는 이로 하여금 전율과 더불어 황당하다는 느낌을 갖게 함. 하이즈샨자연보호구(海子山自然保护区)로 지정되어 있음.
야딩 (亚丁)	야딩은 다오청현(稻城县) 현성으로부터 83km거리의 르와향(日瓦乡)에 있음. 관광의 중심대상은 1,000여km²의 범위에 우뚝 서 있는, "품(品)"자 모양으로 배열된 다오청의 세 설봉(雪峰)임. 북봉(北峰)인 씨앤나이르이(仙乃日意, 선내일의, 6,032m)는 세 봉우리 중에서 가장 높고, 관세음보살(观世音菩萨)을 의미한다함. 남봉(南峰)인 양마이융이(央迈勇意, 앙매용이, 5,958m)는 문수보살(文殊菩萨)을 의미하고, 동봉(东峰)인 씨아누워뚜워지이(夏诺多吉意, 하낙다길의, 5,958m)는 금강수보살(金刚手菩萨)을 의미함. 이들 웅장한 세 봉우리는 일 년 내내 눈에 덮여 있어 그 위엄과 신비감을 더하고 있으며, 산 아래로는 무디추워(木底措, 珍珠海)·웨이르추워(为日措, 牛奶海)·단쩡추워(丹增措) 등의 아름다운 호수와 더불어 그림 같은 초원이 펼쳐져 있음.

하이즈샨

야딩풍광

하이즈샨

야딩풍광

하이즈샨

야딩풍광

야딩풍광

야딩풍광

리탕현(理塘县)

리탕현(理塘县)은 쓰촨성의 서부, 간즈자치주의 서남부에 위치하며, 촨짱남선인 318번국도의 요충지이다. 간즈짱족자치주의 주정부가 있는 캉딩으로부터는 285km의 거리이고, 청두(成都)로부터는 654km이다.

리탕현은 칭짱고원의 동남부 변두리, 샤루리산맥의 서남쪽 자락에 자리잡고 있어 거니에펑(格聂峰, 6,204m)·샤오짜샨(肖扎山, 5,807m)·커마이농샨(克麦弄山, 5,780m)·쿠얼강쭝샨(库尔岗中山, 5,601m) 등 높은 산들이 있고, 진샤쟝(金沙江) 수계의 리탕허(理塘河)와 나취허(那曲河) 등 여러 하천이 흐른다.

리탕은 짱족 말의 "러통(勒通)"을 한어발음으로 적은 것인데, "러(勒)"는 청동(青铜)을 의미하고, "통(通)"은 지세가 평탄한 초원을 의미한다. 전체적으로는 평탄하기가 구리거울 같은 초원이라는 의미이며, 이곳 리탕의 가없는 초지가 그 배경이 되고 있다.

리탕의 볼거리로는 미륵법륜사(弥勒法轮寺)라는 의미의 챵칭춘커얼(长青春科尔)사원, 해발 6,204m높이의 거니에신산(格聂神山), 온천과 대초원이 있는 마오야(毛垭) 등이 있다.

챵칭춘거얼 사원

리탕현 현성

마오야 풍광

거니에샨

썅청현(乡城县)

썅청현 쌍피스

썅청현(乡城县)은 쓰촨성의 서남쪽 끝이 윈난성의 서쪽 최북단지역과 맞닿는 지역이다. 현성인 쌍피진(桑披镇)은 간즈자치주의 정부소재지인 캉딩으로부터 488km거리이다. 썅청은 짱족 말의 "카청(卡城)"을 한어(汉语)로 음역한 것이며, "손에 든 불주(佛珠)"를 의미한다.

썅청은 헝두안산맥의 중단(中段)에 있으며, 이 지역은 윈꾸이고원(云贵高原)이 칭짱고원(青藏高原)으로 이어지는 지대이다. 남쪽의 쫑다춘(仲达村)이 해발 2,560m로 가장 낮고, 북부의 지에뤄펑(结略峰)이 해발 5,336m로 가장 높다.

썅청의 역사와 문화는 유구하다. 쌍피스(桑披寺)와 러다스(热打寺)의 두 사찰을 중심으로 한 27개소의 불교사원이 이 지역 특유의 불교문화를 형성하고 전해온다.

더롱현(得荣县)

더롱현(得荣县)은 헝두안산맥의 북단에 위치한다. 이 지역은 윈난(云南)·쓰촨(四川)·시짱(西藏)의 세 성구(省区)가 마주하는 지역이다. "더롱(得荣)"은 짱족 말의 "짜씨니밍롱마(扎

西尼明龙玛"를 줄인 것으로 한어(汉语)로는 "길상태양곡(吉祥太阳谷)"이 된다. 상서로운 태양의 골짜기라는 의미일 터이다.

　더롱은 현의 전체면적 중 96%가 대협곡으로 되어있다. 협곡의 산들은 최고 5,499m에 이르고, 계곡으로부터의 고도차는 평균 2,000m이다. 이러한 지역조건으로 말미암아 더롱현에는 연중 4계절이 공존하며, 날씨 변덕이 심하다. 윈난의 쫑디앤(中甸:香格里拉)에서 더롱으로 향하는 버스가 매일 아침에 출발한다.

　더롱은 쓰촨성의 야딩(亚丁) 자연보호지역과 윈난성의 썅거리라(香格里拉)등 황금의 관광지역을 연계시키는 고리 지역으로서 그 풍광 또한 매우 아름답다.

더롱 쏭마이쩐 / 더롱 신산
더롱 풍광 / 더롱 풍광
더롱 풍광 / 더롱 협곡

권역별관광

량산이족자치주
(凉山彝族族自治州)

20

아빠자치주의 지리위치

1. 전체모습

량샨이족자치주(凉山彝族族自治州)는 쓰촨성의 서남부에 위치하며, 윈난성과 접해있다. 전체 6만423㎢(남한의 64%)의 면적에 473만 명의 인구가 거

량산의 지리적 위치

주하며, 행정상으로는 시챵(西昌)의 1시(市)와 15현(县) 및 1자치현(自治县)으로 나뉜다.

그 대체적인 현황은 다음과 같다.

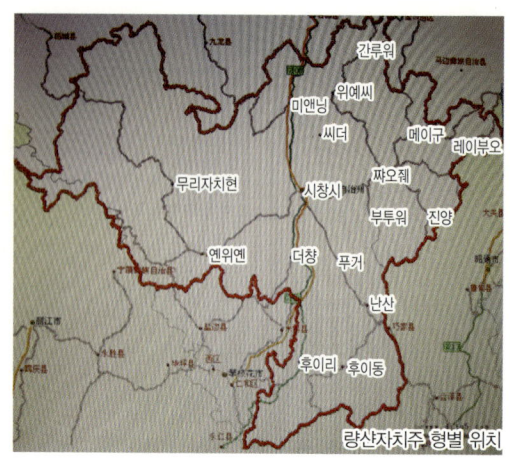

량산자치주 형별 위치

(표) 량샨이족자치주의 행정구획

시현별	면적(km²)	인구(만명)	인구밀도(인/km²)	정부소재지
씨창(西昌)	2,655	61	229.8	베이청(北城)
옌위옌(盐源)	8,388	37	44.1	옌징(盐井)
더창(德昌)	2,284	20	87.6	더쪼우(德州)
후이리(会理)	4,527	46	101.6	청관(城关)
후이동(会东)	3,227	39	120.9	후이동(会东)
닝난(宁南)	1,667	18	108.0	피샤(披砂)
푸거(普格)	1,905	16	84.0	푸지(普基)
부투워(布拖)	1,685	17	100.9	터무리(特木里)
진양(金阳)	1,587	18	113.4	티앤디빼(天地坝)
쨔오줴(昭觉)	2,699	27	100.0	신청(新城)
씨더(喜德)	2,206	20	90.7	광밍(光明)
미앤닝(冕宁)	4,423	37	83.7	청썅(城厢)
위예씨(越西)	2,257	32	141.8	위예청(越城)
간루워(甘洛)	2,156	21	97.4	신쉬빼(新市坝)
메이구(美姑)	2,573	24	93.3	바푸(巴普)
레이부오(雷波)	2,932	25	85.3	진청(锦城)
무리(木里)*	13,252	13	9.8	챠오와(乔瓦)

* 木里藏族自治县

량샨이족자치주에는 이(彝)·짱(藏)·챵(羌)·먀오(苗)·후이(回)·멍구(蒙古)·투쟈(土家)·리수(傈僳)·만(满)·야오(瑶)·동(侗)·나시(那西)·부이(布依)·빠이(白)·쫭(壮)·다이(傣) 등의 소수민족이 분포돼있으며, 현재 지급(地级)의 행정단위로는 중국 전역을 통틀어 이족(彝族)사람들이 가장 많이 사는 지역, 소수민족의 수가 가장 많은 지역, 소수민족의 인구가 가장 많은 지역으로 되어 있다.

2. 지리와 기후

량샨자치주(凉山自治州)의 평균해발 높이는 1,500m이다. 고산(高山)·심곡(深谷)·평원(平原)·분지(盆地)·구릉(丘陵)이 상호 교차하는데, 자치주 내에서 가장 높은 곳이 무리짱족자치현(木里藏族自治县)의 챠량뚜워지펑(恰朗多吉峰)으로 해발 5,958m이고, 가장 낮은 곳은 레이부오현(雷波县)의 진샤쟝계곡(金沙江溪谷)으로 해발 305m이다. 상대고도차가 5,653m이다.

량샨의 산들은 따쉐샨(大雪山)의 남쪽 지맥(支脉)으로 진핑샹(锦屏山)·마오니유샨(牦牛山)·루난샨(鲁南山)·샤오쌍링(小相岭) 등이 있으며, 자치주 내에서 가장 높은 챠량뚜워지펑(恰朗多吉峰)은 간즈차치주의 다오청(稻城)과 량샨자치주의 무리현(木里县) 간의 경계를 이룬다.

량샨은 기후상으로 아열대계절풍기구후(亚热带季节风气候区)에 속한다. 겨울철을 중심으로하는 6개월은 건기와 습기가 분명하고, 일조량이 충분하며, 강우량은 적고 따뜻하다. 여름철을 중심으로 하는 6개월은 강우량이 비교적 많으나, 공기는 상쾌하다. 연평균기온은 16~17℃이며, 일교차는 크고, 연교차는 작다.

3. 볼거리

량샨의 주요 볼거리로는 다음과 같은 것들이 있다.

(표) 량샨이족자치주의 주요 볼거리

경 점	개 요
루샨 (泸山)	루샨은 와샨(蛙山)으로도 불림. 씨창(西昌) 시가지에서 남쪽으로 5km 떨어진 총하이(邛海)호수 남쪽기슭에 있으며, 해발 2,317m의 높이임. 쓰촨성의 성급풍경명승구로 지정돼있음.
총두고성 (邛都古城)	총두고성은 씨창(西昌)의 별칭임. 옛 사람들은 총두고성의 멋을 "송풍수월(松风水月)"에 비유하였음. 루샨(泸山)의 소나무(松), 안닝허(安宁河)의 바람(风), 총하이(邛海)호수의 물(水), 그리고 씨창에 뜨는 달(月)을 꼽았던 것임.
루구후 (泸沽湖)	루구후는 쓰촨성 량샨이족자치주의 옌위엔현(盐源县)과 윈난성 리쟝시(丽江市) 닝랑이족자치현(宁蒗彝族自治县)에 공동으로 속하는 호수임. 루구후의 남쪽과 서쪽연안은 윈난성 관할이고, 동쪽과 북쪽연안은 쓰촨성 관할임. 옌위엔현의 루구후에는 마수워인(摩梭人) 촌락 12곳이 있으며, 인구수도 윈난성 쪽보다 많음. 마수워문화(摩梭文化)도 윈난성 쪽에 비하여 더 전형적이고, 더 원시적이며, 더 완벽하다고 사람들은 말함.

루산

루산패방

총두고성

총두고성풍광

총두고성

루구후

루구후풍광

루구후풍광

권역별관광

판쯔화시(攀枝花市)

21

다쯔우시의 위치

1. 전체모습

판쯔화시(攀枝花市)는 쓰촨성(四川省)의 남부, 윈난성(云南省)과의 경계 지역에 있으며, 이 지역에서 진샤쟝(金沙江)과 야롱쟝(雅砻江), 그리고 안닝허(安宁河)가 합류한다.

북쪽에서 남쪽으로 흘러 판쯔화시에 이르는 안닝허(安宁河)는 그 북쪽으로 거슬러 올라가 량샨이족자치주(凉山彝族自治州)의 씨챵시(西昌市)에 이를 때까지 340km에 걸쳐 산간평지를 끼고 있는데, 이 지역을 일컬어 판시지구(攀西地区)라 한다.

청두(成都)-쿤밍(昆明) 간을 연결하는 성곤철로(成昆铁路)도 이 지역을 통해 윈난성(云南省)으로 넘어간다. 판시지구는 6만4,000㎢(제주도의 34배) 면적에 452만 명의 인구가 거주한다(2008년).

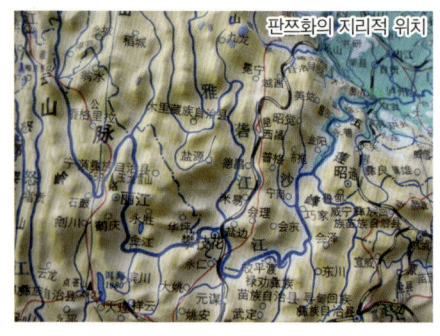
판쯔화의 지리적 위치

판시지구(攀西地区)는 원래 인적이 없던 황무지였으나 오늘 날에는 철강·전기 생산의 공업기지로 발전하고 있는 신흥도시로 변모했다. 그 배경에는 다음과 같은 마오쩌뚱(毛泽东)의 "대삼선(大三线)" 전략이 있다.

> 대삼선(大三线)은 지역개념이다. 총체적으로는 동서방향의 만리장성이남(万里长城以南)과 남북방향의 경광선철도(京广线铁道) 이서지역(以西地域)이 대상이 되며, 이 지역에서 세 방향(선)으로 전개되는 지역을 대삼선(大三线)이라 지칭하는 것이다. 경광선철도는 베이징(北京)-광쪼우(广州)간을 잇는 2,288km길이의 철로로 중국의 중동부(中东部)인 허베이(河北)·허난(河南)·후베이(湖北)·후난(湖南)·광뚱(广东)의 5개 성(省)을 차례대로 북쪽에서 남쪽으로 관통한다.
>
> 대삼선은 ①중국 서남부의 쓰촨성(四川省)-꾸이쪼우성(贵州省)-윈난성(云南省)으로 이어지는 지역, ②중국 서북부의 샨시성(陕西省)-칭하이성(青海省)-깐수성(甘肃省)으로 이어지는 지역, ③중국 중동부의 샨시성(山西省)-허난성(河南省)·후베이성(湖北省)·후난성(湖南省)·광뚱성(广东省)의 서부 지역으로 구성된다.
>
> 마오쩌뚱(毛泽东)의 대삼선 전략은 이제까지 중국의 동부지역에 편중·발전하는 공업을 이들 대삼선 지역으로 분산·발전시킴으로써 중국 내륙의 소외되고 가난한 인민들도 경제발전의 혜택을 향유할 수 있도록 하고자하는 배경에서 출현된 것이다.

판쯔화시는 그 면적이 7,440㎢이며, 인구는 111만 명(2008년)이다. 행정상으로는 동(东)·서(西)·런허(仁和)의 3구(区)와 미이(米易)·옌비앤(盐边)의 2현(县)으로 나뉘어 있다. 그 대체적인 현황은 다음과 같다.

(표) 판쯔화시의 행정구획

구현별	면적 (km²)	인구 (만명)	인구밀도 (인/km²)	정부소재지
동(东)	167	32	1,916.2	-
서(西)	124	16	1,290.3	-
런허(仁和)	1,727	21	121.6	
미이(米易)	2,153	22	102.2	판리앤(攀莲)
옌비앤(盐边)	3,269	20	61.2	통즈린(桐子林)

판쯔화시의 행정구획

2. 자연과 지리

판쯔화시는 서쪽으로 헝두안산맥(横断山脉)에 걸치고, 북쪽으로는 따쒜산(大雪山)이 막고 있으며, 동쪽으로는 량샨산맥(凉山山脉)에 접해있다.

그리고 남쪽으로는 진샤쟝(金沙江)이 동서방향으로 가로질러 흐른다.

이렇듯 큰 산과 큰 강으로 동서남북의 사방이 막힌 판쯔화시에는 동부(东部)·중부(中部)·서부(西部)에 각각 남북으로 놓인 산맥들이 흐르는데, 동부의 것이 루워지샨(螺髻山)-루난샨(鲁南山)이고, 중부의 것이 마오니유샨(牦牛山)-롱쬬우샨(龙肘山)이며, 서부의 것이 진핑샨(锦屏山)-빠이린샨(柏林山)이다. 판쯔화시는 안닝허(安宁河)가 흐르는 340km길이의 열곡(裂谷) 남부에 위치하는데, 열곡의 전반적인 해발고도는 1,500m이고, 판쯔화시가지는 1,000m수준이다.

판시지구(攀西地区)는 남아열대기후구(南亚热带气候区)에 속한다. 우기(雨期: 11월~익년5월)와 건기(干期: 6월~10월)가 뚜렷하고, 주야간 온도차가 크다. 연평균기온은 20.3℃이고, 가장 기온이 낮다는 1월의 평균기온은 13℃, 7~8월 평균기온은 26℃이다. 판쯔화의 겨울은 온난하다. 봄철은 건조하고 무더우며, 여름과 가을은 시원하고 상쾌하다.

3. 교통

판쯔화시에는 철로(铁路)·육로(陆路)·공로(空路)가 모두 통한다. 철로

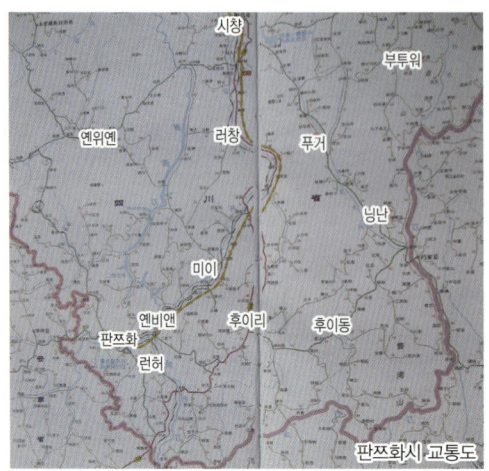
판쯔화시 교통도

는 판쯔화를 경유하는 성곤선(成昆线 成都-昆明)을 통해 전국 각지로 연결되며, 육로로는 108번 국도가 이곳을 지나간다. 또한 판쯔화 공항에서는 청두(成都)와 충칭(重庆)으로 가는 비행기가 매일 운항되고 있다.

4. 먹을거리

판쯔화시의 먹을거리들도 기본적으로는 쓰촨요리 범주에 속한다. 양고기를 삶아 우린 국물에 양고기와 더불어 쌀국수를 말은 양로우미씨앤(羊肉米线)을 비롯해서 재료가 소고기인 니우로우미씨앤(牛肉米线), 재료가 내장인 페이챵미씨앤(肥肠米线), 짜쟝미씨앤(杂酱米线) 등이 나름대로 판쯔화 고장의 특색을 지니고 있다.

옌비앤현(盐边县)의 음식은 판쯔화의 맛을 보다 진하게 느낄 수 있다. 기름에 튀긴 파사충(爬沙虫, 속칭 安宁土人参), 기름에 튀긴 벌의 번데기(蜂踊), 말린 소고기인 간바니우로우(干巴牛肉) 등이 그런 것들이다.

5. 볼거리

판쯔화시는 첩첩산중의 강변유역 평야에 자리 잡은 고장이기에 볼거리는 자연경관을 중심으로 한다. 주요 볼거리를 정리해보면 다음과 같다.

(표) 아빠짱족챵족자치주의 주요 볼거리

경점	개요	소재지
쑤티에린 (苏铁林)	100만 평의 면적에 10속(属) 110종(种)의 소철(苏铁) 나무가 자생하는 지역으로 "판쯔화소철자연보호구"로 지정돼있음. "파촉삼절(巴蜀三绝)"의 고장임. 파촉삼절은 판쯔화(攀枝花)의 소철(苏铁), 쯔공(自贡)의 공룡(恐龙), 핑우(平武)의 따숑마오(大熊猫, 팬더곰)를 이르는 것임.	시취 (西区)
거싸라 (格萨拉)	거싸라는 생태관광지로 옌비앤현 서북쪽 귀퉁이에 있음. 판쯔화(攀枝花)-루구후(泸沽湖)로 이어지는 황금관광노선의 필수 경유지임. 관광의 중심은 원시림과 고산풍광, 그리고 이족(彝族)마을의 풍정 등임. 이곳은 또한 지질박물관이라 불릴 만큼 땅의 모양새가 다양함. 수직의 동굴들과 더불어 깔때기지형이 특징적임. 1,000여 곳이 넘는 깔때기 모양의 구덩이가 널려있는데, 큰 것은 1,500평 넓이에 깊이가 30여 m가 되며, 그 크기와 깊이가 다양함.	옌비앤 (盐边)

경 점	개 요	소재지
위먼쩐 (漁门镇)	양식어업 중심의 어촌으로 야롱쟝(雅砻江) 상류에 있음. 강 수면에 부표와 함께 떠 있는 양어용 철망 통이 주위의 자연경관과 조화되어 이색풍경을 연출함.	〃
얼탄 (二灘)	"탄(灘)"은 모래톱을 의미함. "얼탄(二灘)"은 야롱쟝(雅砻江)하류에 있음. 이곳에 수력발전소가 있으며, 댐의 저수 수위 1,200m에 저수용량은 53억 톤임. 팔당댐의 23배 상당임.	미이 (米易)

소철원 표지석

소철군락

소철꽃

거싸라 풍광

거싸라 풍광

거싸라 풍광

위먼쩐

위먼쩐 풍광

얼탄

얼탄 풍광

얼탄 댐

3부 부록

1. 청두(成都) 티앤푸광장(天府广场) 문화등주(文化灯柱) 내용
2. 주요 볼거리 목록
3. 중국고유명사의 한국어 표기규준

1. 청두(成都) 티앤푸광장(天府广场) 문화등주(文化灯柱) 내용

티앤푸광장에는 광장의 둘레를 따라 모두 12개의 문화등주(文化燈柱)라는 것이 있다. 이들 문화등주에는 쓰촨성(四川省) 인문역사의 개요가 12개 부문으로 나뉘어 소개되어 있다. 각 등주는 문화를 해설하는 문장, 관련 유적지, 그리고 그 문화에 대한 상징적 그림의 세 부분으로 짜여 있다.

이들 문화등주에 대하여 광장 북쪽의 과학기술관을 보면서 왼쪽 첫 번째 것부터 그 내용을 살펴보면 다음과 같다.

쓰촨과기관과 문화등주

첫 번째 문화등주 : 천하명성(天下名城)

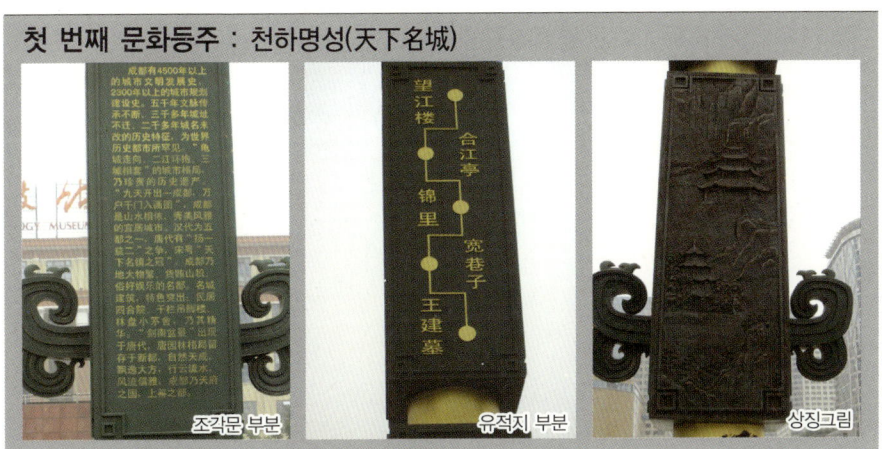

조각문 부분   유적지 부분   상징그림

○.조각문(雕刻文)

청두(成都)는 4,500년 이상의 도시문명 발전사와 2,300년 이상의 계획도시 건설역사를 가지고 있다. 5,000년 동안 면면히 이어오는 인문역사가 있으며, 3,000년이 넘게 왕조 도읍지로서의 자리지킴을 하고 있다. 또한 2,000년 이상의 세월이 흐르면서도 그 이름 "청두(成都)"를 그대로 지켜 내려오고 있는데, 이는 세계에서도 보기 드문 사례이다.

거북(龜) 모양으로 생긴 성시(城市)의 터를 두 강(江)이 에워싸고, 세 성(城)이 한데 어울린 모습은 진귀한 역사유산이다. 하늘과 땅 사이에 청두가 자리를 잡으매, 수많은 집들이 그림이라도 그린 것처럼 아름답게 들어차고, 산과 물이 어우러진, 빼어나게 아름답고 우아한 환경은 사람 살기에 참으로 좋은 고장이 되었다.

한대(漢代, BC206~AD220)에 5도(都) 중의 하나였고, 당대(唐代, AD618~907)에는 전국에서 가장 번화하기를 쟝쑤성(江蘇省)의 양쪼우(揚州)와 1, 2위를 다투었으며, 송대(宋代, 960~1279)에는 천하으뜸의 고장이라는 영예를 안았다.

청두(成都)는 땅이 넓고, 물이 풍부하며, 민심이 후한 고장이다. 건물들은 반듯하고, 특색이 있다. 가정집은 사합원이기도 하고, 누각집이기도 하며, 숲속의 초옥이기도 한데 그 됨됨이가 옹골차다.

당(唐)나라 때 출현한 정원격식은 "검남분경(劍南盆景)"이라는 이름으로 신두(新都) 지방에 전해오는데, 자연의 멋을 최대한 살린 정원의 됨됨이가 넉넉하고 의젓하다. 청두는 하늘이 준 빼어난 풍광의 자연이 거기에 있고, 풍류가 깊고 우아하니 청두야말로 천부지국(天府之國)이고, 좋은 도읍지인 것이다.

○.연관유적: 왕쟝로우(望江樓, 망경루), 허쟝팅(合江亭, 합강정), 진리(錦里, 금리), 콴썅즈(寬巷子, 관항자), 왕지앤무(王建墓, 왕건묘)

두 번째 문화등주 : 수윤천부(水潤天府)

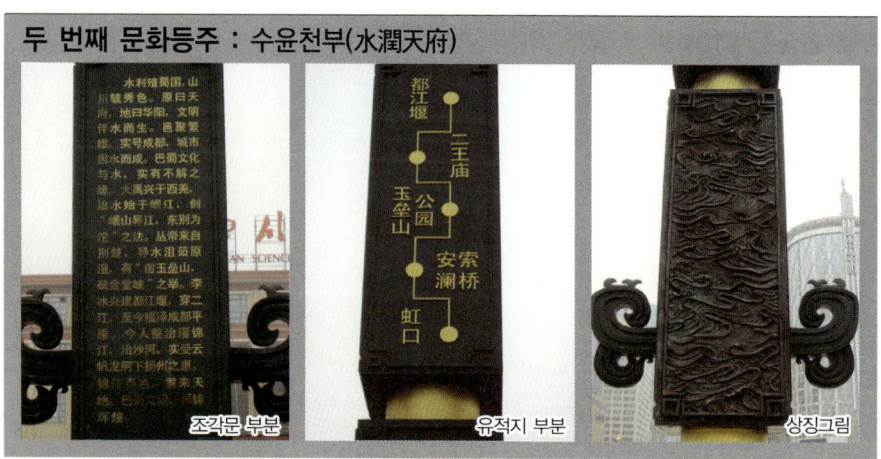

조각문 부분 / 유적지 부분 / 상징그림

○.조각문(雕刻文)

수리(水利)가 촉(蜀)나라를 기름지게 하니 산천 또한 경색이 빼어나다.

밝고 화창한 티앤푸(天府)는 물과 더불어 문명을 꽃피웠다. 물이 있으매 마을들이 번창했고, 물이 있었기에 파촉문화(巴蜀文化)가 피어난 것이다.

따위(大禹, 대우)가 씨챵(西羌)에서 일어나 치수사업에 공을 들이니 민샨(岷山)이 뚫려 물길이 만들어지고, 동쪽으로는 투워강(沱江)이 다듬어졌다.

촉(蜀)나라의 왕이 수리에 힘쓰니 리빙(李氷)은 쇠를 뚫어 길을 내듯 위레이샨(玉壘山)을 끊어 물길을 내고, 두장옌(都江堰)을 지어 민쟝(岷江)의 물을 황무지로 끌어 들여 많은 사람에게 복을 주는 청두평원(成都平原)을 일구었다.

오늘날 진쟝(錦江)과 샤허(沙河)의 물길을 따라 온갖 배들이 동쪽 쟝쑤성(江蘇省)의 양쪼우(揚州)로 나갈 수 있음은 옛 조상들이 치수에 힘쓴 덕분이다.

진쟝(錦江)의 봄 경치는 천지만물의 새로운 탄생과 파촉문명(巴蜀文明)의 부흥을 느끼게 한다.

○.연관유적: 두장옌(都江堰, 도강언), 얼왕먀오(二王廟, 이왕묘), 위레이샨공위옌(玉壘山公園, 옥루산공원), 안란쑤워챠오(安瀾索橋, 안란삭교), 홍코우(虹口, 홍구)

세 번째 문화등주 : 천유백미(川有百味)

조각문 부분 / 유적지 부분 / 상징그림

ㅇ.조각문(雕刻文)

촉(蜀)나라 때부터 있어온 술과 차, 그리고 쓰촨의 요리 등은 음식문화의 정수(精髓)이자 연회음식(宴會飮食)의 극치이다. 차를 마시는 습속은 촉(蜀)나라 때부터 시작됐고, 뚜껑이 있는 찻잔은 그 기원이 청두(成都)이다. 향내 그윽한, 갓 돋아난 새싹 잎으로 만든 차는 육청(六淸)이라는 영예를 안았고, 신선들이 노닌다는 동천(洞天)의 선차(仙茶)는 액생(腋生) 같다. 또한 청두(成都)의 감칠맛 나는 술을 어찌 잊을 수 있겠으며, 술항아리 부셔내는 그 모습이 정겹다. 검남(劍南)에서 피통주(郫筒酒)와 더불어 봄날을 즐길 때, 우물은 서쪽에 있고, 술도가는 동쪽에 있다.

천식(川食)이라 불리는 쓰촨의 요리는 남송(南宋, 1127~1279) 때 생겨났고, 당시 카이펑(開封)에 찬판(川飯)으로 소개됐다. 매운맛 뒤끝의 개운함과 오랫동안 기억되는 음식 맛이 쓰촨요리의 전통적인 특색이다. 모든 음식의 맛이 거기에 있고, 음식마다 격이 있으니 남북 간의 음식이 조화를 이룬다. 촉(蜀)의 동파증돈(東坡蒸豚)은 대식가에게 제격이고, 나이든 사람들이 먹는 율무볶음은 자칭 도덕군자들도 탐식한다.

지난날 신진(新津)의 겨울철 구황(韭黃)부추는 세상에 다시없고, 동문(東門)의 돼지고기는 기막히게 좋다. 동파의 돼지허벅지고기(東坡肘子)·동파떡(東坡餠)·마파두부(麻婆豆腐)·물만두(鐘水餃) 등 수많은 음식들이 세계에 소개되고, 그 음식맛과 더불어 촉(蜀)나라를 음미하게 되는 것이다.

ㅇ.**연관유적:** 수이징팡(水井坊, 수정방), 롱챠오쇼우(龍抄手, 용초수), 종슈이쟈오(鐘水餃, 종수교). 푸치페이피앤(夫妻肺片, 부처폐편), 가이완챠(盖碗茶, 개완차)

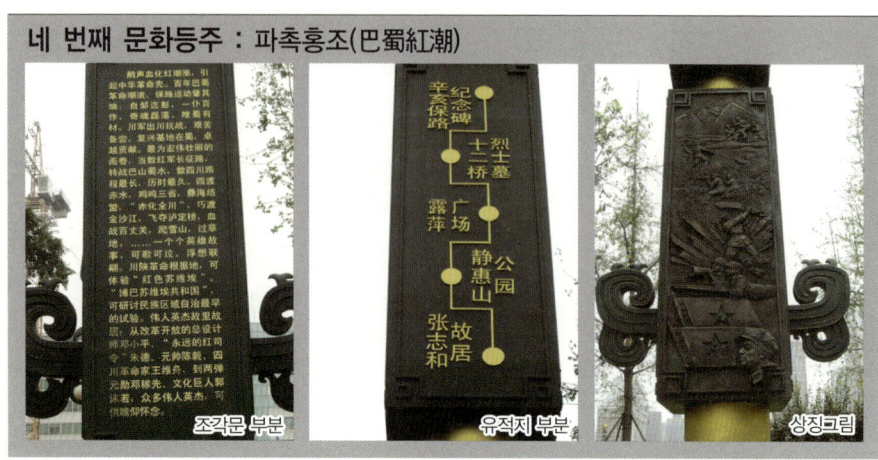

네 번째 문화등주 : 파촉홍조(巴蜀紅潮)

조각문 부분 / 유적지 부분 / 상징그림

ㅇ.조각문(雕刻文)

피를 토하듯 우는 두견새 소리와 더불어 들고일어난 붉은 물결이 이 땅의 중화혁명을 이끌었다. 파촉(巴蜀)의 백년 혁명물결이, 20세기 초 영(英)·불(佛)·독(獨)·미(美) 등 외세의 침입으로부터 중국의 철로를 지키고자 벌인 보루운동(保路運動)을 그 발단으로 하고, 추(鄒, BC1046~BC256 시기에 산동성에 있었던 나라, 그 나라가 있었던 지역)로부터 팽(彭, 사천성에 있는 현의 이름)에 이르기까지의 모든 사람이 동참하니 촉(蜀)땅의 앞날이 유망하다.

쓰촨의 군사들이 항전에 나서서 온갖 고초를 다 겪었다. 그리하여 촉(蜀) 땅에 재기의 기지를 구축하는, 역사에 길이 남을 공헌을 하였다. 그것은 이 세상의 그 무엇보다도 장엄하고 아름다운 두루마리그림으로서, 홍군(紅軍)이 파산촉수(巴山蜀水)를 누비며 싸우던 장정로(長征路)가 거기에 생생하고, 그 역사가 장구했던 쓰촨로정(四川路程)이 거기에 담겨있다. 4도적수(四渡赤水)·계명삼성(鷄鳴三省)·이해결맹(彝海結盟)·진샤쟝(金沙江) 도강·루딩챠오(瀘定橋) 점령·난공불락의 요새관문 혈전·설산 넘기 등 거기에서 일어났던 하나하나의 영웅고사들은 그 자체가 눈물 없이 볼 수 없는 가극이고, 온갖 생각을 떠올리게 한다. 쓰촨과 샤안시의 혁명근거지 현장은 "홍색소비에트"를 느껴볼 수 있게 한다. 부오바소비에트공화국(博巴蘇維埃共和國), 그것은 민족구역자치에 관한 연구토론의 첫 번째 실험이었다.

위대한 영웅들의 옛 고향 또한 이곳에 있으니 개혁개방을 이끈 덩샤오핑(鄧小平), 영원한 혁명군 사령관 쮸더(朱德), 원수(元帥) 천이(陳毅), 쓰촨 혁명가 왕웨이쪼우(王維舟), 문화거인 궈슈루워(郭沫若) 등 수많은 영웅영걸을 떠올리며 존경하는 마음을 갖게 한다.

ㅇ.연관유적: 신해보루기념비(辛亥保路紀念碑), 12교열사묘(十二橋烈士墓), 로핑광장(露萍廣場), 정혜산공원(靜惠山公園), 장지화고거(張志和故居)

다섯 번째 문화등주 : 민족화찬(民族花燦)

조각문 부분   유적지 부분   상징그림

o. 조각문(雕刻文)

　　수많은 물줄기가 하나로 모아져 큰 강을 이루듯이 쓰촨분지의 14개 소수민족과 바런(巴人)·슈런(蜀人)·커쟈런(客家人)의 생활풍속이 한 데 모여 파촉(巴蜀)의 역사와 문화가 창조되었다.

　　지유짜이(九寨)·황롱(黃龍)·하이루워빙천(海螺氷川)·쌍거리라(香格里拉)의 자연기관(自然奇觀)에서부터 단바(丹巴)의 구댜오(古碉)·창위엔(羌原)의 구바오(古堡)·풍우랑교(風雨廊橋)·간랑짠다오(千欄栈道)에 이르기까지, 캉바(康巴)·안뚜워(安多) 짱족(藏族)의 경번(經幡)·당카(唐卡)와 더거(德格)의 인경원(印經院)에서부터 먀오족(苗族)의 라란(腊染)에 이르기까지, 거사얼왕(格薩兒王) 전설의 고향·캉딩정가(康定情歌)의 고향·창족(羌族)의 피리인 창디(羌笛)에서부터 량샨(凉山) 이족(彛族)의 휘빠지에(火把節)·바런(巴人)의 바쌍구(巴象鼓)·빠이마짱댜오 12인상(白馬藏跳十二人相)에서부터 루구후(瀘沽湖) 무오수워런(摩梭人)의 모계습속(母系習俗)에 이르기까지 파촉문화(巴蜀文化)의 신비로움은 그 끝 간 데를 알 수 없다.

o. 연관유적 : 루워다이커쟈(洛帶客家), 총라이핑러쩐(邛峽平樂鎭), 난팡쓰쵸우쯔루(南方絲綢之路), 지유짜이황롱(九寨黃龍), 루구후(瀘沽湖)

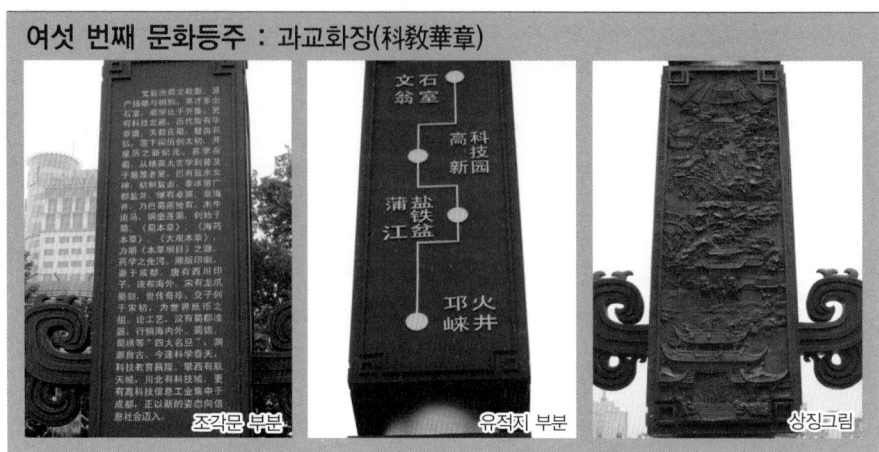

여섯 번째 문화등주 : 과교화장(科敎華章)

조각문 부분 / 유적지 부분 / 상징그림

○.조각문(雕刻文)

　원옹(文翁, BC156~BC101, 安徽人)이 촉(蜀)나라의 문교(文敎)를 맡아 다스릴 때, 양웅(揚雄, BC53~AD18, 成都人)과 썅루(相如, BC329~BC259) 등의 인재가 배출 될 수 있는 기반을 닦았다. 국가교육기관으로서의 석실(石室)을 세웠음이니, 촉(蜀)나라의 학문이 문화교육의 본고장인 제로(齊魯, 山東)에 비견되었다. 더불어 과학기술이 발전하니, 고금을 막론하고 칭송이 자자하였다.

　창홍(茛弘)의 순국이 애국의 귀범이 되고, 광대한 의미를 품은 태극(太極)을 창조하며, 날짜와 요일이 창안되어 천문기록의 신기원을 열었다. 촉(蜀)나라에서는 주역(周易)이 도교학자들 사이에 강론될 뿐만 아니라 미천한 시골농부에게까지 전파되었다.

　파(巴)나라에서는 염수여신(鹽水女神)이 있어 간수를 처음으로 만들었다. 리빙(李氷)은 소금물이 샘솟는 우물을 파고, 오래도록 쓸 수 있는 관리기술을 개발하니, 오직 파촉(巴蜀)에만 있는 해정(海井)이 생겨났다. 강물을 이용하여 짐을 실어 나르는 목우유마(木牛流馬)와 구리로 만든 물시계가 촉(蜀)에서 만들어졌다.

　명(明, 1368~1644)나라 때 집대성되는《본초강목(本草綱目)》의 근간서적《촉본초(蜀本草)》·《해약본초(海藥本草)》·《대관본초(大觀本草)》등이 촉(蜀)나라 때 창시되었으니, 촉(蜀)의 땅은 가위 중의약학의 근원지인 것이다.

　글자를 판에 새겨 찍어내는 조판인쇄(雕版印刷)도 그 근원은 청두(成都)에 있다. 당(唐, 618~907)나라에 이르러 조판인쇄가 실용화되고, 해외로까지 보급되었다. 송

(宋, 960~1279)나라 때는 용과촉각(龍瓜蜀刻)이라는 것이 생겨났고, 그 진귀함이 대를 이어 전해온다. 송(宋)나라 초기에 쟈오즈(交子)를 만들어 물건을 사고팔 때 교환의 척도로 삼게 하니 이것이 세계 최초의 화폐가 되었다.

공예에서는 촉군(蜀郡)의 칠기(漆器)가 해외로 팔려나갔다. 촉금(蜀錦)·촉수(蜀繡) 등 이른바 촉(蜀)의 4대 특산품도 그 역사가 오래다. 과학발전에도 힘써온 결과 오늘날에 이르러서는 과학기술이 꽃을 피우고 있다. 판씨(攀西)에 우주기지가 있고, 천북(川北)에는 과학기술기지이자 첨단과학기술정보공업이 집중되어 있는데, 그 중심에 청두(成都)가 있고, 정보사회로의 발전을 견인하고 있다.

○.**연관유적** : 원웡석실(文翁石室), 까오신과기원(高新科技園), 푸쟝염철분(蒲江鹽鐵盆), 총라이화정(邛崍火井)

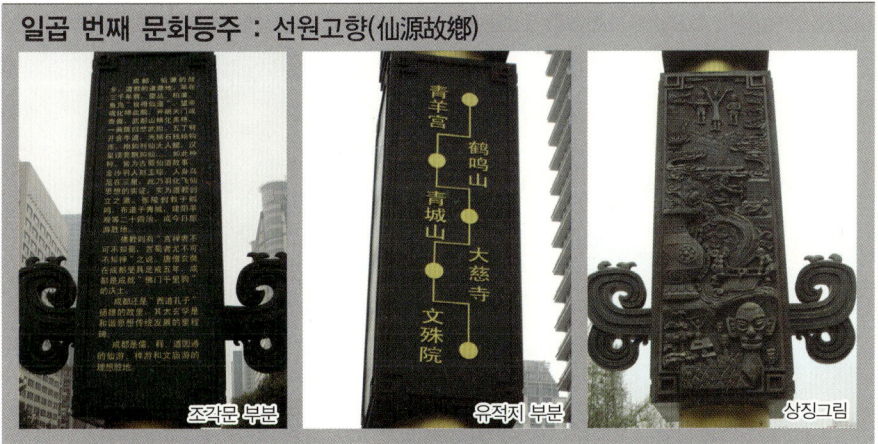

일곱 번째 문화등주 : 선원고향(仙源故鄕)

조각문 부분 / 유적지 부분 / 상징그림

○.**조각문(雕刻文)**

　청두(成都)는 신선(神仙)이 태어난 고향이며, 도교(道敎)의 발상지이다. 일찍이 3,000년 전에 찬총(蠶叢, 잠촌)·빠이관(柏灌, 백관)·위푸(魚鳧, 어부) 등이 신선의 세계에 등장하였다. 망제(望帝)의 혼(魂)이 제혈견(啼血鵑)이 되어 피를 토하듯 울어대고, 촉왕(蜀王) 개명(開明)이 고향을 그리며 죽어간 왕비 정화미녀를 무단산에 묻고 부른 롱취곡(隴曲曲)이 슬프다. 다섯 장정이 금우도(金牛道)를 열고, 깎아지른 절벽에는 잔도(棧道)가 이어져간다.

쌍루(相如, BC329~BC259)가 쓴 책《열선대인부(列仙大人?)》에서 한왕(漢王) 두징(讀竟)은 신선처럼 날아다니는데, 이런 유(類)의 갖가지 고사가 촉(蜀)나라에서부터 비롯된다. 금사우인(金沙羽人)이 옥그릇을 깎고, 사람 몸에 날짐승 다리를 한 조족인신(鳥足人身)이 싼씽뚜이(三星堆)에서 발굴되니, 우화비선사상(羽化飛仙思想)의 실증이요, 도교개종(道敎開宗)의 근원인 것이다.

짱링(張陵)이 허밍(鶴鳴)에서 도교를 창시하고, 칭청(靑城)에서 이를 펼치기 시작하여 지앤양(建陽)·핑관(平觀) 등 그 교구가 24개로 확대되었다. 불교에서 이르기를 선(禪)을 말하는 사람은 촉(蜀)을 모를 리가 없고, 촉(蜀)을 말하는 사람이 선(禪)을 모를 리가 없다고 하였다. 당(唐)나라의 승려 현장(玄裝)이 청두(成都)에서 해탈하니 청두(成都)는 현장의 종교세계의 터전이다. 청두(成都)는 또한 "서도공자(西道孔子)"로 불리는 양웅(揚雄, BC53~AD18, 成都人)의 고향이다. 그의 태현학(太玄學)은 화합사상(和合思想, 和諧思想) 계승발전의 이정표이기도 하다.

청두는 유교의 선유(仙游)·불교의 선유(禪游)·도교의 문묘유(文廟游)를 함께 체험해 볼 수 있는 종교관광지이기도 하다.

o. **연관유적** : 칭양궁(靑羊宮, 청양궁), 허밍산(鶴鳴山, 학명산), 칭청산(靑城山, 청성산), 다츠스(大慈寺, 대자사), 원슈위엔(文殊院, 문수원)

여덟 번째 문화등주 : 고촉문명(古蜀文明)

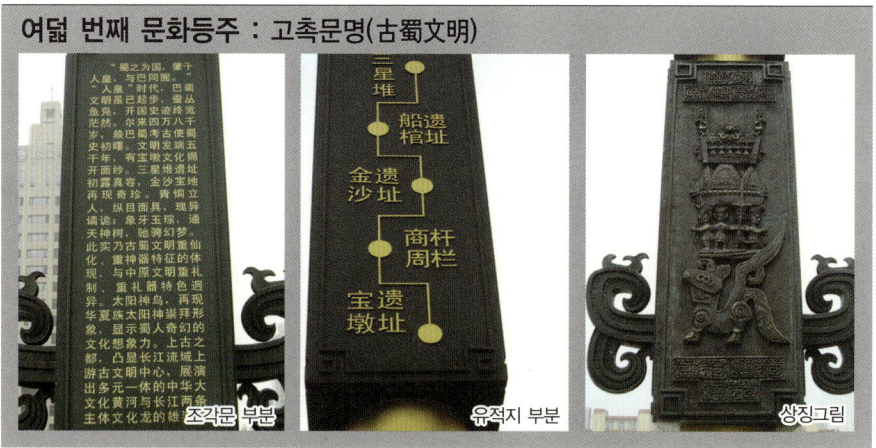

조각문 부분 / 유적지 부분 / 상징그림

o.**조각문(雕刻文)**

"촉(蜀)이 나라가 되고, 인황(人皇)이 다스리니 파(巴)가 한 우리에 들어왔다."고 전해온다. 인왕(人王) 시대에 이미 파촉문명(巴蜀文明)이 일어났고, 촉(蜀)나라의 왕인 찬총(蠶叢)과 위푸(魚鳧)의 개국사적(開國史迹)은 일일이 열거할 수 없을 정도로 많다. 그 후로 장구한 세월이 흐른 지금, 고고학의 연구에 힘입어 촉(蜀)의 그 역사가 서서히 들어나고 있다. 파촉문명이 일어난 지 5,000년의 세월이 흐른 지금 청두(成都)지방을 중심으로 하는 신석기시대 문화가 그 얼굴을 내보이기 시작했다. 싼씽뚜이(三星堆) 유적지가 그 모습을 들어내고, 진귀한 진샤빠오디(金沙寶地)가 재현됐음이다.

청동입인(靑銅立人)과 종목면구(縱目面具)가 괴이쩍은 거짓말 같고, 상아옥종(象牙玉琮)과 통천신수(通天神樹)가 허황된 꿈만 같다. 이러한 것들은 고촉문명(古蜀文明)이 신선세계에 바랑을 두고 있음을 나타내는 것이고, 각종 제례(祭禮)와 예기(禮器)에 있어서는 중원문명(中原文明)과 공통되기도 한다. 태양신조(太陽神鳥)는 화하민족(華夏民族)의 태양신승배 형상을 재현한 것으로 촉인(蜀人)의 기발한 문화적 상상력을 엿볼 수 있다.

청두(成都)는 먼 옛날의 도읍지로서 창쟝(長江) 상류 문명의 중심지로 역할 했고, 황허(黃河)와 챵쟝(長江)의 두 대하문화(大河文化)가 하나로 융화된, 웅장한 자태를 펼쳐 보이고 있다.

o.**연관유적** : 싼씽뚜이(三星堆, 삼성퇴), 촨관이찌(船棺遺址, 선관유지), 진샤이찌(金沙遺址, 금사유지), 상주간란(商周杆欄), 빠오둔이찌(寶墩遺址, 보돈우지)

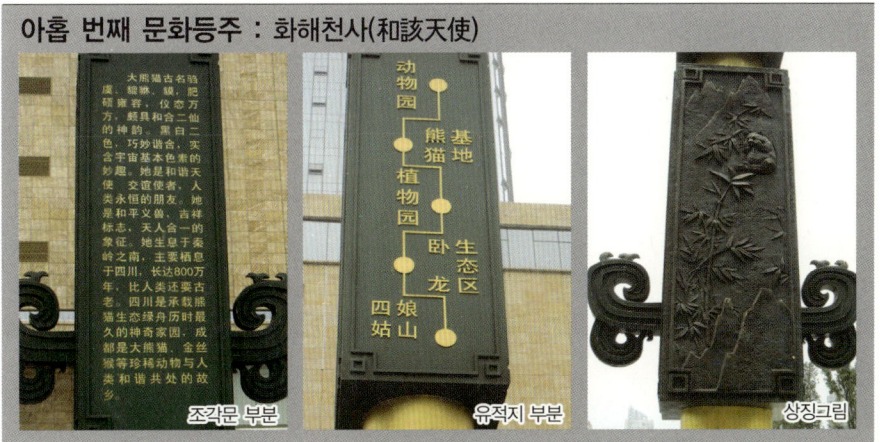

아홉 번째 문화등주 : 화해천사(和該天使)

조각문 부분 | 유적지 부분 | 상징그림

ㅇ.조각문(雕刻文)

다슝마오(大熊猫, 팬더곰)는 옛날에 추우(騶虞), 비휴(貔貅), 맥(貊) 등으로 불렸다. 몸체가 비대하고, 성질이 온순하며, 점잖다. 용모와 몸가짐이 단정하면서 신선의 기품을 지니고 있다.

검은 색과 흰색이 절묘하게 조화를 이루고 있는 것은 우주가 지니고 있는 기본색소의 오묘함을 나타내는 것 같다.

다슝마오는 화목의 천사이자 우정의 사자(使者)이며, 인간의 영원한 반려자이다. 다슝마오는 인간과 친근한 동물로서 행운을 의미하며, 천인합일(天人合一)을 상징한다.

다슝마오는 그 생존역사가 인간보다 긴 800만 년을 헤아리며, 친링(秦岺)의 남쪽, 특히 쓰촨(四川)지역에 주로 서식한다.

쓰촨은 오래전부터 숑마오의 생태환경 유지에 힘써왔으며, 그 결과 오늘날에는 다슝마오와 진쓰호우(金絲侯)원숭이 등 진귀한 동물이 사람들과 조화를 이루며 사이 좋게 지내는 고장이 되었다.

ㅇ.연관유적 : 동물원(動物園), 숑마오기지(熊猫基地), 식물원(植物園), 위롱생태구(臥龍生態區, 와룡생태구), 쓰꾸냥샨(四姑娘山, 사고낭산)

열 번째 문화등주 : 문종재촉(文宗在蜀)

조각문 부분   유적지 부분   상징그림

○.**조각문(雕刻文)**

"예로부터 파촉(巴蜀)에서 문장의 대가들이 많이 배출됐고, 촉(蜀)의 여인들은 아름답기 그지없다."는 말이 있듯이 파촉(巴蜀)지역에서 천하으뜸의 수재들이 많이 나왔다.

한(漢, BC206~AD220)나라 때는 고매한 성품의 쓰마썅루(司馬相如)와 "서도공자(西道孔子)" 양슝(揚雄)이 있었으며, 청두(成都)는 한대부(漢大賦)의 고향이다. 당(唐, 618~907)나라 때에는 문호 천즈앙(陳子昻)과 두보(杜甫) 등이 있음으로써 청두(成都)는 시성(詩城)의 성지(聖地)로 불렸다. 송(宋, 960~1279)나라 때에는 문학계의 종주였던 소식(蘇軾)과 검남시인(劍南詩人) 육유(陸游)가 있었고, 청두(成都)와 메이샨(眉山)은 시수성(詩書城)으로 향기 짙은 시(詩)들이 넘쳐났다. 명(明, 1368~1644)나라 때에는 저술가의 1인자 양성옌(楊升厓)이 있었고, 청(清, 1616~1911)나라 때에는 성령(性靈)의 대가 장문도(張問陶), 백과함해(百科函海)의 대가 이조원(李調元)이 있었다.

근대에 들어서는 중국 문학계의 거두 궈쮜루워(郭沫若)와 바진(巴金)이 있다. 또한 500년 이래의 제1인 화가 쨩다치앤(張大千)이 있고, 중국의 쫄라(Zola, 1840~1902, 프랑스 자연주의 문학유파의 영수)로 불리는 리지에런(李劫人, 이할인)이 있다. 여성 인물로는 쮜워원퀸(卓文君, 탁문군)·비타오(薛濤, 벽도)·황총지아(黃崇嘏, 황숭하)·화루이부인(花蕊夫人, 화예부인)·황어(黃娥, 황아) 등이 있다. 이들은 한 시대의 문화세계를 이끌었고, 그들의 기풍은 후세에까지 전해 내려오고 있다. 이들 모두는 파촉문화(巴蜀文化) 발전에 기여한 인물들이다.

두보초당(杜甫草堂)과 환화씨공원(浣花溪公園)에는 "시가대도관(詩歌大道觀)"이 있으며, 중국 시가문화(詩歌文化)의 중심으로 되어 있다.

○.**연관유적**: 두보초당(杜甫草堂, 두푸차오탕), 환화씨공원(浣花溪公園, 완화계공원), 메이샨소동파(眉山甦東坡), 신두구이후(新都桂湖, 신도계호), 충주옌화치(崇州罨畫池, 숭주암화지)

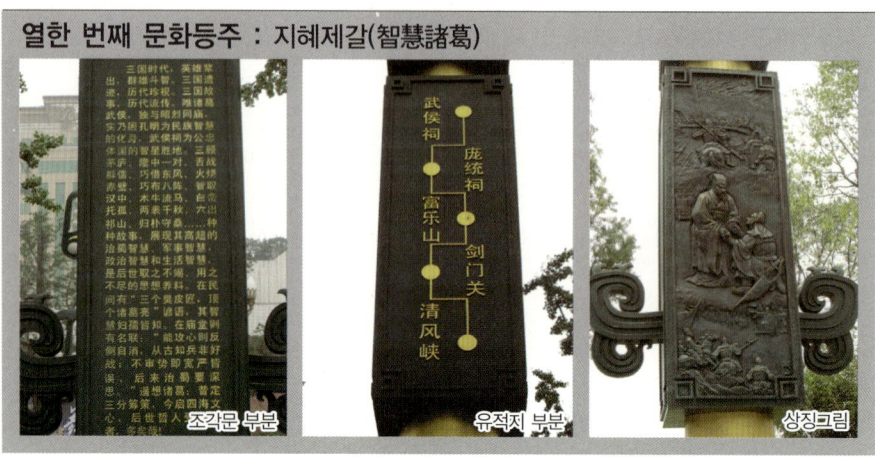

열한 번째 문화등주 : 지혜제갈(智慧諸葛)

조각문 부분   유적지 부분   상징크림

o. 조각문(雕刻文)

3국시대(三國時代, AD220~280)에 영웅들이 배출되어 지혜를 겨뤘다. 3국의 유적은 역사적으로 보기드믄 경관이다. 3국의 고사(故事)는 대를 이어 전해오고 있다. 오직 쮸거량(諸葛亮, 제갈량)의 사당만이 촉왕(蜀王) 류뻬이(劉備, 유비)의 사당과 한 경내에 있으니, 이는 쮸거량이 충성스럽게 나라의 이익을 도모했기 때문이다.

삼고모려(三顧茅廬)·융중일대(隆中一對)·설전군유(舌戰群儒)·교차동풍(巧借東風)·화소적벽(火燒赤壁)·교포8진(巧布八陣)·지취한중(智取漢中)·목우유마(木牛流馬)·백제탁고(白帝托孤)·양표천추(兩表千秋)·육출기산(六出祁山)·귀박수산(歸朴守桑) 등 각종 고사들을 통해 치촉지혜(治蜀智慧)·정치지혜(政治智慧)·생활지혜(生活智慧)가 상당히 고차원적임을 알 수 있다. 그러한 지혜들은 오늘날에도 널리 통용되고 있을 뿐만 아니라 인문사상을 풍부하게 하는 바탕이 되고 있다.

민간에 "삼개취피장(三個臭皮匠), 정개제갈량(頂個諸葛亮)"이라는 속담이 있다. 그 의미는 누구나 다 할고 있듯이 별 볼 일 없는 세 사람이 협동하여 짜낸 지혜는 출중한 쮸거량 한 사람의 지혜보다 더 훌륭하다는 것이다. 쮸거량을 회상하면, 지난 날 그가 세운 세 갈래 계책이 오늘날 온 세상의 문심(文心)으로 되살아나고 있다. 쮸거량의 무후사(武侯祠) 사당에 다음과 같은, 유명한 글귀가 새겨져 있다.

能攻心則反側自消(적이 전의를 잃게 하면 싸우지 않고 상대를 물리칠 수 있다).
從古知兵非好戰(자고로 병사들은 싸우기를 좋아하지 않는다).

不審勢卽寬嚴皆誤(판세를 살피지 않으면 너그러움이나 엄함이 모두 빗나갈 수 있으니),
后來治蜀(훗날 촉을 다스림에 있어 깊이 생각하라).

o. 연관유적 : 우호우츠(武侯祠, 무후사), 팡퉁츠(龐統祠, 방통사), 푸러샨(富樂山, 부락산), 지앤먼관(劍門關, 검문관), 칭펑샤(淸風峽, 청풍협)

열두 번째 문화등주 : 금성사관(錦城絲管)

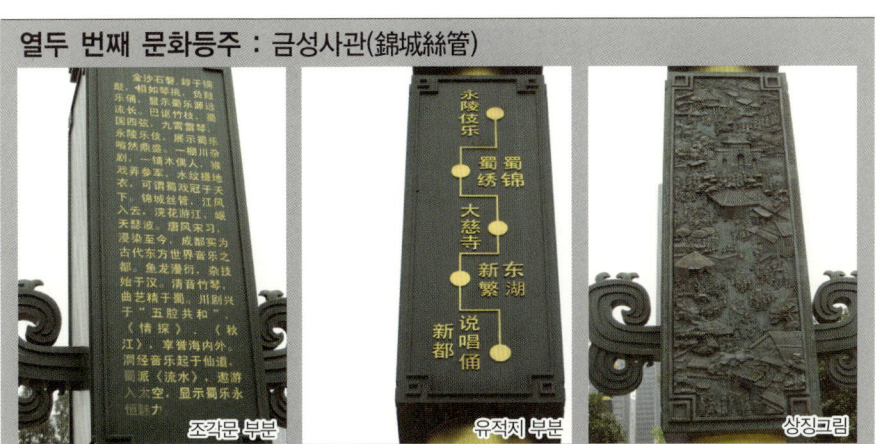

조각문 부분 　 유적지 부분 　 상징그림

ㅇ.조각문(雕刻文)

　　금사석경(金沙石磬) · 순우동고(醇于銅鼓) · 상여금도(相如琴挑) · 부고락용(負鼓樂俑) 등은 촉(蜀) 음악의 근원이 유구함을 말해준다. 또한 촉국4현(蜀國四弦) · 구소뢰금(九宵雷琴) · 영릉락기(永陵樂伎)는 촉(蜀) 음악이 매우 활기차고 흥성했음을 보여준다. 또한 쓰촨(四川)의 연극, 나무로 깎아 만든 인형, 참군희(參軍戲) 연극에 등장하는 원숭이, 북소리의 떨림 현상을 유발하는 수문섭지의(水紋攝地衣) 등은 가위 촉(蜀) 연극이 천하으뜸이었음을 짐작케 한다.

　　당(唐)나라의 풍류가 송(宋)나라로 이어지고, 그것이 오늘날의 음악에 스며있으니, 청두(成都)야말로 고대 동방세계의 음악지도(音樂之都)라 할만하다. 어룡(魚龍)이 넘쳐나 멀리 퍼지고, 잡기(雜技)가 촉한(蜀)에서 시작되었다.

　　죽금(竹琴)의 소리가 맑고, 촉(蜀)나라의 곡예가 잘 다듬어져 있다. 쓰촨 연극의 곡조(曲調)에서 곤곡(昆曲) · 고강(高腔) · 등희(燈戲) · 호금(胡琴) · 탄희(彈戲) 등 5종의 소리가 하나로 모아지니 《정탐(情探)》 · 《추강(秋江)》과 같은 작품들이 해외에서까지 그 이름을 떨친다.

　　칭청샨(青城山)에서 도교음악이 생겨나고, 촉파(蜀派)의 《유수(流水)》음악이 로켓에 실려 우주로까지 퍼져나간다.

　　이 모든 것이 촉(蜀) 음악이 갖는 영원한 매력이다.

ㅇ.연관유적 : 영릉기락(永陵伎樂), 촉수촉금(蜀繡蜀錦), 대자사(大慈寺), 신번동호(新繁東湖), 신도설창용(新都說唱俑)

2. 주요 볼거리 목록

중국어발음중심

(ㄱ)

강투워대교(崗拖大橋)	254
거사얼온천(格薩爾溫泉)	257
거싸라(格薩拉)/옌비앤(鹽邊)	270
겅칭스(更慶寺)	254
계명삼성(鷄鳴三省)/쉬용(敍永)	117
공가산(貢嘎山)	243
공룡화석군유적지(恐龍化石遺址)	127
관인씨아(觀音峽)/완위옌(万源)	206
광더스(廣德寺)/쑤이닝(遂寧)	145
광우산(光霧山)/난쟝(南江)	215
광파스(廣法寺)/진촨(金川)	222
구로우샨(古樓山)/쥔리앤(筠連)	102
궈무오러구쥐(郭沫若故居)/샤완(沙灣)	69

(ㄴ)

누워슈이허(諾水河)/통쟝(通江)	215

(ㄷ)

다펑딩(大風頂)/마비앤(馬邊)	70
단샨(丹山)/쉬용(敍永)	117
당링(黨岺)	247
덩샤오핑고리(鄧小平故里)/광안(廣安)	202
도우츄이샨(竇垂山)/쟝요우(江油)	164
동푸오로우(東坡樓)/우통챠오(五通橋)	70
두보초당(杜甫草堂)/청두시내	34
두쟝옌(都江堰)/두쟝옌(都江堰)	35
따관로우(大觀樓)/이빈(宜賓)	102
따보러동(大般若洞)/안위예(安岳)	139
뚜워푸고우(多瀑溝)	254

(ㄹ)

라오어산(老峨山)/단렁(丹稜)	60
라오쟈오치(老窖池)/쟝양(江陽)	117
랑쭝고성(閬中古城)/랑쭝(閬中)	192
러샨다포오(樂山大佛)/러샨(樂山)	68
레이쭈구리(嫘祖故里)/옌팅(鹽亭)	165
롱나오챠오(龍腦橋)/루현(瀘縣)	117
롱쉬고우(龍鬚溝)/린슈이(隣水)	202
롱짜오타(龍爪塔)/통촨(通川)	206
롱챵석패방(隆昌石牌坊)/롱챵(隆昌)	133
롱치(龍池)/두쟝옌(都江堰)	35
롱펑샤(龍鳳峽)/셔홍(射洪)	146
롱현대불(榮縣大佛)/롱현(榮縣)	127
루구후(瀘沽湖)	265
루샨(瀘山)	265
루워다이쩐(洛帶鎭)/롱취앤이(龍泉驛)	35
루워청쩐(羅城鎭)/러샨(樂山)	69
루워한스(羅漢寺)/쉬팡(什邡)	154
리유빠이치(流杯池)/이빈(宜賓)	102
리유씨장원(劉氏庄園)/다이(大邑)	35
리쨩구쩐(李庄古鎭)/이빈(宜賓)	102
링바오타(凌寶塔)/우통챠오(五通橋)	69
링윈스(凌云寺)/우통챠오(五通橋)	69
링취앤스(靈泉寺)/쑤이닝(遂寧)	145

(ㅁ)

마니간거(馬尼干戈)	253
마애조상(摩崖造像)/난쟝(南江)	215
마하오야무(麻浩崖墓)/우통챠오(五通橋)	70
멍딩샨(蒙頂山)/위청(雨城)	92
명월협잔도(明月峽棧道)	175
모우니고우(牟尼溝)/송판(松潘)	221
무거추워(木格措)	243
무런추워(木仁措)	253
무어얼뚸워(墨爾多)	248
무오야쉬커(摩崖石刻)/우통챠오(五通橋)	69
무후사(武侯祠)/청두시내	34
문묘(文廟)/징양(旌陽)	154
문수원(永陵)/청두시내	34
미야루워(米亞羅)/리(理)	221

(ㅂ)

바거마니챵(巴格口麻口尼墻)	257
바오인타(報恩塔)/쟝양(江陽)	118
반월산대불(半月山大佛)/옌쟝(雁江)	138
방투워스(棒托寺)/랑탕(壤塘)	222
보광사(寶光寺)/신두(新都)	35
부오런쉬엔관(博人懸棺)/공(珙)	102
부오왕산(博望山)/씽원(興文)	102
비펑씨아(碧峰峽)/위청(雨城)	92
빠방스(八邦寺)	254
빠이리샤(百里峽)/쉬옌한(宣漢)	207
빠이타위옌(白塔園)/지앤양(簡陽)	138
빠타이샨(八台山)/완위옌(万源)	206

(ㅅ)

샤완메이뉘펑(沙灣美女峰)/샤완(沙灣)	69
샹리쩐(上里鎭)/밍샨(名山)	92
서진회관(西秦會館)	127
석림여유구(石林旅游區)/화잉(華鎣)	202
성슈이스(聖水寺)/네이쟝(內江)	133

쉬쑨산(石筍山)/총라이(邛崍)	35
쉬하이동샹(石海洞鄉)/씽원(興文)	102
슈난쮸하이(蜀南竹海)/챵닝(長寧)	101
슈이징(水井)/청두시내	35
시링설산(西岺雪山)/다이(大邑)	35
신두챠오(新都橋)	243
신루하이(新路海)	254
싼쑤츠(三甦祠)/동포어(東坡)	60
싼씽뚜이(三星堆)/광한(廣漢)	154
써쉬스(色鬚寺)	256
쑤티에린(甦鐵林)/시취(西區)	270
쓰꾸냥샨(四姑娘山)/샤오진(小金)	222
쓰촨박물관(四川博物館)/청두시내	35

(ㅇ)

아쉬초원(阿鬚草原)	253
아쉬초원(阿鬚草原)	257
야딩(亞丁)	258
야오빠구쩐(堯土貝古鎭)/허쟝(合江)	117
앤코우고진(沿口古鎭)/광안(廣安)	202
어메이샨(峨眉山)/러샨(樂山)	68
언양쩐(恩陽鎭)/바쪼우(巴州)	215
얼탄(二灘)/미이(米易)	271
염업역사박물관(鹽業曆史博物館)	127
영릉(永陵)/청두시내	34
옌즈고우(燕子溝)	245
온천(溫泉)	243
와우산(瓦屋山)/홍야(洪雅)	60
와쩌향(瓦澤鄉)	243
용흥사(龍興寺)/펑쪼우(彭州)	35
우량예옌취(五粮液園區)/이빈(宜賓)	102
우요우스(烏尤寺)/우통챠오(五通橋)	70
우지선사정(无際禪師亭)/안위예(安岳)	138
우통챠오(五通橋)/우통챠오(五通橋)	69
위린샤(御臨峽)/린슈이(隣水)	202
위먼쩐(漁門鎭)/옌비앤(鹽邊)	271
위쉐고우(禹穴溝)/베이촨(北川)	165

위챤샨(玉蟾山)/루현(瀘縣)	117	칭쥐곡류(青居曲流)/랑쭝(阆中)	192
인경원(印經院)	254		
잉화샨(瑩華山)/쉬팡(什邡)	154		
		(ㅋ)	
		카롱고우(卡龍溝)/흐이슈이(黑水)	222
(ㅈ)		콩샨공원(空山公園)/난쟝(南江)	215
쟈쟝천불암(夾江千佛岩)/쟈쟝(夾江)	70		
쟈쥐짱쟈이(甲居藏寨)	248		
중국사해(中國死海)/다잉(大英)	146	**(ㅌ)**	
줴위옌스(覺苑寺)/지앤거(劍閣)	175	타공초원(塔公草原)	242
지앤먼관(劍門關)/지앤거(劍閣)	175	타오핑챵쟈이(桃坪羌寨)/리(理)	221
지앤먼슈다오(劍門蜀道)/지앤거(劍閣)	175	티에샨(鐵山)/다씨앤(達縣)	206
지에씨앤링(截賢岺)/난쟝(南江)	215		
지유쟈이고우(九寨溝)/지유쟈이고우(九寨溝)	222		
징닝스(靜寧寺)/웨이위앤(威遠)	133	**(ㅍ)**	
짜시카(紮溪卡)	256	파오마샨(跑馬山)	243
쟈오화고성(昭化古城)	175	펑샨(鳳山)/위예치(岳池)	202
쟝다치앤기념관(張大千紀念館)/네이쟝(内江)	133	푸러샨(富樂山)/미앤양(綿陽)	165
쟝페이사당(張飛廟)/랑쭝(阆中)	192	푸쉰문묘(富順文廟)/푸쉰(富順)	127
쩐우샨(眞武山)/이빈(宜賓)	102		
쩐포어샨(眞佛山)/다씨앤(達縣)	206		
쫑펑동(中峰洞)/난쟝(南江)	215	**(ㅎ)**	
쯔공등회(自貢燈會)	127	하이루워고우(海螺溝)	245
		하이즈샨(海子山)	258
		하이챠오후(海潮湖)/루현(瀘縣)	117
(ㅊ)		한췌(漢闕)/취씨앤(渠縣)	207
천불애조상(千佛崖造像)	175	허밍샨(鶴鳴山)/지앤거(劍閣)	175
천연대불(天然大佛)/우통챠오(五通橋)	70	홍롱후(紅龍湖)/구린(古藺)	117
청양궁(清羊宮)/청두시내	34	화광루(華光樓)/랑쭝(阆中)	192
총두고성(邛都古城)	265	화어샨(花山)/완위앤(万源)	206
촨씨쮸하이(川西竹海)/러샨(樂山)	69	화옌동(華嚴洞)/안위예(安岳)	139
추이원랑(翠云廊)/지앤거(劍閣)	175	황롱(黃龍)/송판(松潘)	221
추이핑샨(翠屏山)/추이핑(翠屏)	102	황롱시쩐(黃龍溪鎭)/솽리유(雙流)	35
추이후(翠湖)/위예치(岳池)	202	황쩌스(黃澤寺)	174
췌얼샨(雀兒山)	254	흐이쮸고우(黑竹溝)/어비앤(峨邊)	70
치씨앤후(七仙湖)/까오(高)	102		
치취샨(七曲山)/쯔통(梓潼)	165		
칭리앤쩐(青蓮鎭)/쟝요우(江油)	164		

3. 중국고유명사의 표기규준

1. 전제 : 한어병음방안(汉语拼音方案)에 기초를 둠

"한어병음방안"은 라틴어의 자모(字母)를 이용하여 현대 중국어 보통화(普通话)의 음성을 표기하는 방식으로, 중국정부가 1958년에 공포한 것이다. 현재 중국은 표준말이라 할 보통화(普通话)의 보급에 있어서나 사전에서의 발음표기에 있어서 "한어병음방안"을 채택하고 있으며, 세계 여러 나라들도 중국의 인명 지명 등을 표기할 때 "한어병음방안"을 기초로 하고 있다.

2. 표기규준

중국어의 음절은 성모(声母)와 운모(韵母)가 결합하여 이루어진다. 예컨대, "北"의 음절은 "bei"인데, 여기서 b가 성모이고, ei가 운모이다. 성모는 음절의 처음에 나오는 자음을 가리키고, 운모는 음절에서 성모 뒤의 부분을 말한다. 성모와 운모가 결합되어 구성되는 음절의 한국어 표기방법을 다음과 같이 한다.

가) 첫 소리가 입술을 맞대어 내는 소리인 경우

성모	운모									
	a	o	e	ai	ei	ao	ou	an	en	ang
b	바	보		바이	베이	바오		반	번	방
p	파	포		파이	페이	파오	포우	판	펀	팡
m	마	모	머	마이	메이	마오	모우	만	먼	망
f	파	포			페이	파오	포우	판	펀	팡

○ p와 f가 같은 모양으로 표기되었으나 영문자의 발음차이와 같음.
○ "bo"를 "보"로 표기하였으나 실제의 발음은 어감상으로 "브오"로 발음되는 느낌이 있음.

○ b는 때로는 "ㅃ"으로 발음되기도 하는데, 그런 경우 발음을 따라가는 것으로 함.
○ 표기예 : 北의 중국어 병음 발음은 "bei", 한국어 표기는 "베이"
　　　　　白의 중국어 병음 발음은 "bai", 한국어 표기는 "빠이"

나) 첫 소리가 혀끝과 윗니 뒤쪽이 맞닿아 나는 소리인 경우

성모	운								모
	a	o	e	ai	ei	ao	ou	an	en	ang
d	다		더	다이	데이	다오	도우	단	던	당
t	타		터	타이		타오	토우	탄		탕
n	나		너	나이	네이	나오	노우	난	넌	낭
l	라		러	라이	레이	라오	로우	란		랑

○ "de"의 경우 "드어"의 어감이 있음.
○ 표기예 : 南의 병음 발음은 "nan", 한국어 표기는 "난"
　　　　　头의 병음 발음은 "tou", 한국어 표기는 "토우"
　　　　　德의 병음 발음은 "de", 한국어 표기는 "더"
○ d는 때로는 "ㄸ"으로 발음되기도 하는데, 그런 경우 발음을 따라가는 것으로 함.

다) 첫 음이 인후의 여닫음으로 나는 소리인 경우

성모	운								모
	a	o	e	ai	ei	ao	ou	an	en	ang
g	가		거	가이	게이	가오	고우	간	건	강
k	카		커	카이	케이	카오	코우	칸	컨	캉
h	하		허	하이	헤이	하오	호우	한	헌	항

○ g는 때로는 "ㄲ"으로 발음되기도 하는데, 그런 경우 발음을 따라가는 것으로 함.
○ 표기예 : 高의 병음발음은 "gao", 한국어 표기는 "까오"
　　　　　口의 병음발음은 "kou", 한국어 표기는 "코우"

라) 첫 음이 입술을 양옆으로 잡아당긴 상태에서 혀끝과 윗니뒤쪽이 맞닿아 나는 소리인 경우

○ 표기예 : 西의 병음발음은 "xi", 한국어 표기는 "시"
　　　　　钱의 병음발음은 "qian", 한국어 표기는 "치앤"
　　　　　熊의 병음발음은 "xiong", 한국어표기는 "숑"
○ 예컨대, 香(xiong)과 上(shang)에서 둘을 모두 "샹"으로 표기할 경우 구분이 안되므

로 "xiong"은 쌍(씨앙)으로 표기함.

성모	운모								
	i	ia	ie	iao	iu	ian	in	iang	ing	iong
j	지	쟈	지에	쟈오	지유	지앤	진	쟝	징	죵
q	치	챠	치에	챠오	치유	치앤	친	챵	칭	츙
x	시	샤	시에	샤오	시유	시앤	신	샹	싱	숑

마) 혀의 형태에 따라 어감이 달라지는 소리의 경우

성모	운모										
	a	e	-i	ai	ei	ao	ou	an	en	ang	eng	ong
z	짜	쩌	쯔	짜이	쩌이	짜오	쪼우	짠	쩐	짱	쩡	쫑
c	차	처	츠	차이		차오	초우	찬	천	창	청	총
s	사	서	스	사이		사오	소우	산	선	상	성	송
zh	쨔	쪄	쯔		쪄이	쨔오	쬬우	쨘	쪈	쨩	쩡	쫑
ch	챠	쳐	츠	챠이		챠오	쵸우	챤	쳔	챵	쳥	춍
sh	샤	셔	스	샤이	셰이	샤오	쇼우	샨	션	샹	셩	
r		러	르			라오	로우	란	런	랑	렁	롱

○ z c s 는 혀가 윗니뒷면에 닿으면서 단모음으로 발음되나 zh ch sh 는 말아 올린 혀가 입천장에 닿으면서 복모음으로 발음됨. r 역시 zh 등과 같이 혀를 말아 올리는 형태는 같으나 그 발음은 단모음으로 됨.
○ "정주(鄭州)"의 병음은 "zhengzhou"이다. 위의 규준대로라면, 우리말 표기로는 "쩡쪼우"이다. 그런데 이를 "정저우"로 표기하는 경우가 있다. 이와 같이 표기하는 경우 쓰기에 간편함이 있기는 하나 이는 "한어병음방안"의 발음과는 동떨어지므로 이 책에서는 본래의 발음에 충실하게 하기로 한다. 또한 한글표기를 단순화 하기 위하여 "쩡쪼우"로 쓰는 경우가 있는데, 이는 병음 "zengzou"와 발음상으로 혼돈되므로 취하지 않기로 한다.
○ "上海"의 병음은 "shanghai"이고, 위의 규준에 따른 우리말 표기는 "샹하이"이다. 그런데 이를 "상하이"로 표기하는 경우가 있다. 이 역시 "한어병음방안"의 발음과는 동떨어지므로 이 책에서는 본래의 발음에 충실하게 하기로 한다.
○ s는 때로는 "ㅆ"으로 발음되기도 하는데, 그런 경우 발음을 따라가는 것으로 함.
○ 표기예 : 四川의 병음표기는 "sichuan", 한국어 표기는 "쓰촨"

바) 기타

성모	운							모			
	u	ua	uo	uai	-ui	uan	un	uang	u	ue	uan	un
d	두		두어		두이	두안	둔					
t	투		투어		투이	투안	툰					
n	누		누어			누안				뉘	눼	
l	루		루어			루안	룬			뤼	뤠	
z	쭈		쭈어		쭈이	쭈안	쭌					
c	추		추어		추이	추안	춘					
s	수		수어		수이	수안	순					
zh	쭈	쫘	쭈어	쫘이	쭈이	쭈안	쭌	쫘앙				
ch	추	촤	추어	촤이	추이	추안	춘	촹				
sh	슈	솨	슈어	솨이	슈이	슈안	슌	솽				
r	루	롸	루어		루이	루안	룬					
g	구	과	구어	과이	구이	관	군	광				
k	쿠	콰	쿠어	콰이	쿠이	관	쿤	쾅				
h	후	화	후어	화이	후이	환	훈	황				
j									쥐	쥬에	쥐앤	쥔
q									취	췌	취앤	췬
x									쉬	쉐	쉬앤	쉰

3. 적용의 한계

○ "xiang"과 "xi"의 경우 "썅"과 "샹", "씨"와 "시"로 그 표기가 다를 때가 있는데, 이는 어감에서 비롯되는 것임.
○ "zhe"과 "ze"의 경우 그 발음표기는 전자는 "ㅉ + ㅓ"로 복모음이고 후자는 "ㅉ + ㅓ"로 단모음이나 관련 프로그램 사정상 둘 모두를 단모음 "쩌"로 표기함.

짱워 사천성관광명소

인쇄 | 2012년 1월 12일
발행 | 2012년 1월 12일

지은이 | 이수헌
발행인 | 이수헌
아트디렉터 | 전진완
본문디자인 | 유현정
진행에디터 | 서동수
펴낸곳 | 도서출판 중우
주소 | 경기도 안양시 만안구 안양6동 427-7번지
전화 | 031-449-7127, 010-5453-0051
팩스 | 031-442-7127
E-mail | shlixx@hanmail.net
찍은곳 | 부광아트(02-2264-4111)
등록 | 2006년 4월 28일 제384-2006-000026호

ISBN 978-89-958156-6-3